Sommaire

Introduction..**p 03**

Les différents types de marchés..**p 05**
Les cryptomonnaies..p 05
Les métaux...p 05
Les actions...p 06
Les NFTs..p 06
Le Forex...p 06

Définitions..**p 07**
Drawdown..p 07
ETF...p 07
Blockchain..p 07
Exchange...p 07

Mise en garde...**p 08**

Présentation d'un graphique...**p 09**

Les tendances de marché...**p 10**

Les bougies...**p 12**

Composition d'une bougie..**p 14**

Les supports et résistances (Price Action)...............................**p 15**

Les indicateurs de base...**p 23**
Les moyennes mobiles...p 23
Le RSI..p 33
Le MACD..p 42
Les volumes..p 52

Méthodes et profils d'investisseurs..**p 55**
Scalping...p 55
Day trading..p 56
Swing trading...p 57
Investissement...p 58

Trading : Mode d'emploi..p 60
Ordre d'achat et de vente..p 60
Protection du capital grâce au stop loss et take profit....................p 65
Fibonacci, ATH..p 73
Les effets de levier, les longs et les shorts..................................p 81
Marge isolée et marge croisée...p 82
Copy trading et drawdown...p 83
Les formations ABC (méthode simple)..p 84
Le price action...p 87
Le ratio risque/récompense...p 88
Stratégie et backtest...p 92

Analyses et indicateurs techniques poussés..........................p 98
Les divergences..p 98
VMC cipher B divergence..p 105
Les volumes profiles..p 110
Le CVD spot et perp (crypto)..p 121
L'indicateur "COT"..p 126

Les figures chartistes...p 134

Formes et configurations des bougies....................................p 159

L'importance du backtest..p 179

Investissement et méthode (DCA)**...p 182**

Gestion du risque, mindset, psychologie.................................p 228

Infos utiles..p 237
Cryptomonnaies...p 237
Les arnaques..p 242
Actions..p 243

Conclusion..p 247

INTRODUCTION

Ce livre a pour intention de vous montrer que peu importe la période que vous traversez dans la vie, il est toujours possible d'apprendre de nouvelles choses. Si vous me lisez à ce moment précis, cela signifie qu'une étape a déjà été franchie dans votre soif de découverte, et pour cela, félicitations.

Né en France à bourgoin-jallieu à mis chemin entre grenoble et lyon, et issu d'une famille modeste, j'ai rapidement voulu gagner de l'argent pour être indépendant et profiter au maximum d'une certaine liberté. Dès la fin du lycée, j'ai commencé à travailler comme vendeur dans une enseigne de prêt à porter. Pendant des années, j'ai occupé ce poste et j'ai consacré tout mon temps libre aux loisirs avec mes amis et ma famille. Même si cela était routinier, cela m'a convenu pendant les premières années.

Dans un premier temps, j'aimais le fait de travailler et j'aimais aussi mon travail. Toutefois, au fil des années j'ai progressivement eu la sensation de tourner en rond. La perspective d'une vie réglée et conditionnée sur un schéma classique, me convenait de moins en moins et je sentais une frustration grandir en moi.

Avec le temps, je suis devenu directeur adjoint de magasin, et cette progression m'a fait réaliser que je ne ressentais aucune impression d'évolution, mais au contraire un sentiment de stagnation, avec la certitude que la date butoir tant redoutée était maintenant imminente. Désormais trentenaire, j'allais peut-être devoir fonder une famille, acheter une maison, puis, écrasé par les obligations, je ne pourrais plus quitter mon emploi. Je m'imaginais déjà derrière mon bureau tous les matins, puis étiquetant les vêtements tous les midis, en cherchant dans mes souvenirs de jeunesse le réconfort nécessaire. Ce jour-là, lorsque je me suis imaginé cet avenir, j'ai pris conscience qu'en réalité, ce qui me rassurait dans le fait d'être jeune, c'était d'avoir la sensation que tout était encore possible. En fait, à mes yeux, la vraie liberté était de pouvoir transformer une envie en idée afin de construire de nouveaux projets tout au long de sa vie.

Finalement, l'expérience est une plus grande source d'aventure que la jeunesse. J'ai fait le grand saut : j'ai quitté mon emploi, j'ai déménagé et j'ai pris le risque de vivre sur mes économies. Pendant plus de deux ans, j'ai consacré tout mon temps et toute mon énergie à lire, à apprendre de nouvelles choses qui me faisaient envie : entre autres, une langue, la création de site internet, la photographie. Néanmoins, le domaine qui m'a le plus attiré, intéressé, et qui m'a donné une certaine excitation, la même excitation que l'on peut avoir lorsqu'on est enfant, était tout ce qui touchait au domaine du trading, des marchés financiers et des graphiques.

Après de longs mois d'apprentissage ponctué de périodes difficiles et de découragement, je suis aujourd'hui autonome sur le sujet. j'ai eu l'opportunité de travailler comme trader pour un fonds d'investissement. j'y ai appris énormément de choses et les connaissances que j'ai acquises seront présentées dans ce livre. En privé, J'ai pu créer des algorithmes et des stratégies de trading qui m'ont été efficaces, donner des cours en ligne d'analyse graphique, gérer un modeste compte Twitter qui traite du sujet et où j'aide une petite communauté.

Dans ce livre, je souhaite partager humblement ce que j'ai appris en matière de trading, des connaissances que j'aurais aimé acquérir au début de mon apprentissage, car même si l'apprentissage ne connaît jamais de fin, je pense être en mesure de vous apporter toutes les bases à avoir pour bien débuter dans ces domaines là, et même plus!

Au travers de ces lignes, j'ai voulu vous transmettre une partie de ma vie et de ce que j'en est appris. Peu importante d'où vous venez, qui vous êtes et votre revenu, le trading, l'investissement, et surtout l'apprentissage, sont à la portée de tout le monde.

Les différents types de marchés.

Je vais vous énumérer ici les différents types de marchés sur lequel vous pouvez investir, on ne le répétera jamais assez, mais une des bases et règles à appliquer est la diversification.
Aussi, vous devez certainement connaître la célèbre expression " ne jamais mettre ses œufs dans le même panier " et bien cette règle s'applique aussi, et plus que jamais, dans le domaine de l'investissement (investissement immobilier, marchés financiers...etc), gardez bien ça en tête.
Ici nous parlerons de trading, d'investissement sur les marchés financier, boursier, de la crypto-monnaie, vous verrez qu'il est tout autant possible de diversifier ses placements.
Pour cela rien de plus facile, il suffit d'une connexion internet, d'un smartphone, d'un ordinateur (idéalement les deux).

■ **Les Cryptos-monnaies :** monnaies numériques reposant sur la technologie de la blockchain. Celle-ci s'est vu se développer à une vitesse hallucinante ces dix dernières années. Bon nombre de nouveaux projets prometteurs ont vu le jour depuis la création du Bitcoin, le marché ne cesse de croître, de se développer d'année en année et d' attirer de nouveaux investisseurs. Les crypto-monnaies se sont développées à tel point que maintenant même certaines banques, institutions privées ou publiques et pays investissent dans ces actifs, utilisent le réseau de la blockchain et peuvent voire en elle une technologie révolutionnaire et d'avenir. **Attention ce marché est très volatile, il peut vous apporter énormément de gain en peu de temps et donc aussi à l'inverse vous exposer à des pertes plus significatives, ainsi qu'un drawdown plus élevé que dans d'autres marchés.**

■ **Les métaux :** on y retrouve l'or (gold), l'argent (silver), le palladium, l'aluminium, etc. Pour une bonne diversification, il peut être intéressant de posséder certains métaux comme l'or. On peut vérifier par exemple que le cours de l'or est en constante augmentation depuis plus d'une dizaine d'années et donc de fait, en fait un très bon investissement long terme (attendez d'avoir lu le livre avant n'importe quelle action).

■ **Les Actions** : une action est un titre de propriété d'une entreprise, d'une société, d'une banque, d'une multinationale, etc, qu'il est possible d'acheter ou de vendre. Vous pouvez investir dans le secteur que vous souhaitez, la société dans laquelle vous croyez. Vous pouvez même investir dans les matières premières et les ETF, comme le gaz, le pétrole ou autres, vous l'aurez compris. Il est également possible d'investir directement dans la bourse d'un pays, par exemple le CAC 40 en France ou le Nasdaq aux États-Unis via les indices ou ETF.

■ **Les NFT :** à la différence d'une crypto-monnaie qui est un jeton ou un token fongible numérique (c'est-à-dire un token pouvant être échangé ou remplacé par un autre et possédant exactement les mêmes propriétés et valeurs), un NFT est un token non fongible (cela veut dire qu'il est unique et indivisible, on ne peut ni le diviser ni le copier). Il a son numéro de série unique enregistré dans la blockchain, en résumé. Pour contextualiser cela dans la vraie vie, je vais par exemple citer les pièces de monnaie ou les billets de banque. Une pièce de 1 euro aura toujours la même valeur qu'une autre pièce de 1 euro détenue par quelqu'un d'autre, de même avec un billet de 5 dollars détenu par Jacques et qui aura la même valeur qu'un autre billet de 5 dollars détenu par Paul. Ce sont en quelque sorte des éléments fongibles. Maintenant, prenons l'exemple d'un tableau dans un musée, un Picasso ou un Léonard de Vinci. Ils sont uniques, ont leur propre prix et bien qu'ils soient souvent recopiés ou contrefaits, la valeur des originaux reste supérieure à celle des copies. Vous l'aurez compris, il est maintenant possible grâce à la technologie de la blockchain que des artistes ou même des particuliers proposent leurs œuvres, créations, leur art sur le net, tout en gardant une notion de “rareté”.

■ **Le Forex :** le Forex, également connu sous le nom de marché des changes, est une plateforme dédiée aux échanges de devises provenant de divers pays du monde. Dans le Forex, le trading est prédominant par rapport à l'investissement à long terme. Ce marché est souvent utilisé pour spéculer sur les fluctuations des taux de change entre différentes monnaies et peut être utilisé comme une mesure de protection contre les éventuelles chutes de valeur d'une monnaie par rapport à une autre.

Définitions :

■ **Drawdown** : le drawdown est la perte en pourcentage à laquelle vous vous exposez lorsque vous avez investi ou investissez sur un actif. Exemple : j'ai acheté cet actif à 100 dollars le lundi, mardi sa valeur est descendue à 50 dollars, aujourd'hui elle est à 150 dollars. Pendant la durée de votre investissement, vous avez subi un drawdown de 50 % avant de finir en positif.

■ **Blockchain** : c'est une technologie de stockage et de transmission d'informations sans organe de contrôle. Une blockchain est fondamentalement une base de données partagée, c'est pourquoi elle est également connue sous le nom de grand livre (au sens de grand registre) distribué (bien que des grands livres distribués puissent reposer sur d'autres technologies). La blockchain se différencie de la technologie traditionnelle des bases de données : au lieu d'une unique base gérée par un unique propriétaire qui partage les données, dans le réseau blockchain, les participants au réseau ont leur propre copie de la base. Le mécanisme de la blockchain peut assurer un accord unanime sur le contenu correct des données, garantir la conformité des copies des données convenues et assurer l'absence ultérieure de tricherie par altération des données. Cela permet à un certain nombre de personnes ou d'entités “collaborateurs ou concurrents” de convenir d'un consensus sur des informations et d'enregistrer de manière immuable ce consensus de la vérité. Pour cette raison, la blockchain a été décrite comme une infrastructure de confiance.

■ **ETF** : Exchange Traded Fund ou fonds négocié en bourse est un fonds de placement qui peut être négocié en bourse comme les actions. Il reproduit un actif choisi et varie donc à la baisse comme à la hausse de l'indice qu'il reproduit. On peut retrouver des ETF qui reflètent des indices boursiers de tous les pays, d'une certaine catégorie d'actions, etc.

■ **Exchange (plateforme d'échange)** : site ou logiciel où vous pouvez acheter, vendre, stocker, trader des actifs (crypto, nft, actions, ETF...)

Attention ! Mise en garde :

Spéculer, investir ou trader sur les marchés financiers comporte un risque de perte financière, pouvant même dépasser votre investissement initial, notamment lorsque vous utilisez un effet de levier, pratique fortement déconseillée (vous pourriez tout perdre), surtout si vous débutez. Les marchés sont constamment sujets à des fluctuations à la hausse et à la baisse.

Ce que je vais partager avec vous dans les pages qui suivent est basé sur mon expérience personnelle. Il est important de comprendre qu'il n'existe pas de boule de cristal dans le monde des marchés financiers. À la fin de ce livre, vous serez amené à prendre vos propres décisions et à effectuer vos propres recherches.

L'objectif de ce livre n'est pas de vous dire quoi faire, mais de vous enseigner la lecture et la compréhension des graphiques, ainsi que de vous fournir toutes les informations nécessaires pour débuter, mettre en place vos propres plans d'action et investir de manière plus sereine, en vous basant sur des connaissances solides. Il est essentiel de comprendre que les marchés peuvent être impitoyables pour un débutant, et je parle en connaissance de cause.

Je vous présenterai les bases de l'analyse technique, qui, selon moi, sont les plus efficaces. Nous aborderons la lecture des graphiques, l'analyse des cours, la signification des différentes bougies et figures chartistes, ainsi que les sites et outils nécessaires pour mettre tout cela en pratique, et bien plus encore.
Quel que soit votre profil d'investisseur ou de trader, je tiens à souligner qu'il est absolument essentiel de ne pas investir plus que ce que vous pouvez vous permettre de perdre. C'est la première leçon à retenir.

Enfin, sachez que vous ferez des erreurs, et ce sont ces erreurs qui vous permettront d'acquérir de l'expérience et de progresser. Prenez le temps d'assimiler tous les conseils fondamentaux qui vous seront présentés dans ce livre afin de commencer votre parcours de la meilleure manière possible.

Présentation d'un graphique

Voici une vue d'ensemble d'un graphique avec la ligne de cours d'un actif (ici le Bitcoin) étalée sur plus d'un an. On peut constater que son prix fluctue en fonction du nombre d'acheteurs ou de vendeurs.

La partie horizontale du graphique représente l'échelle de temps tandis que la partie verticale représente l'échelle de prix.

Pour pouvoir prétendre à des gains il faut évidemment avoir acheté une action, un actif à un prix inférieur par rapport au moment où vous le vendez. Cela va de soi. En trading il est aussi possible de parier sur la baisse d'un cours, il faudra alors, au contraire, trouver des points hauts pour sortir plus bas.

Les tendances de marché

Il vous sera nécessaire de connaître et identifier les différentes tendances de marché lorsque vous commencerez à trader ou à investir sur les marchés, nous allons les décortiquer ici.

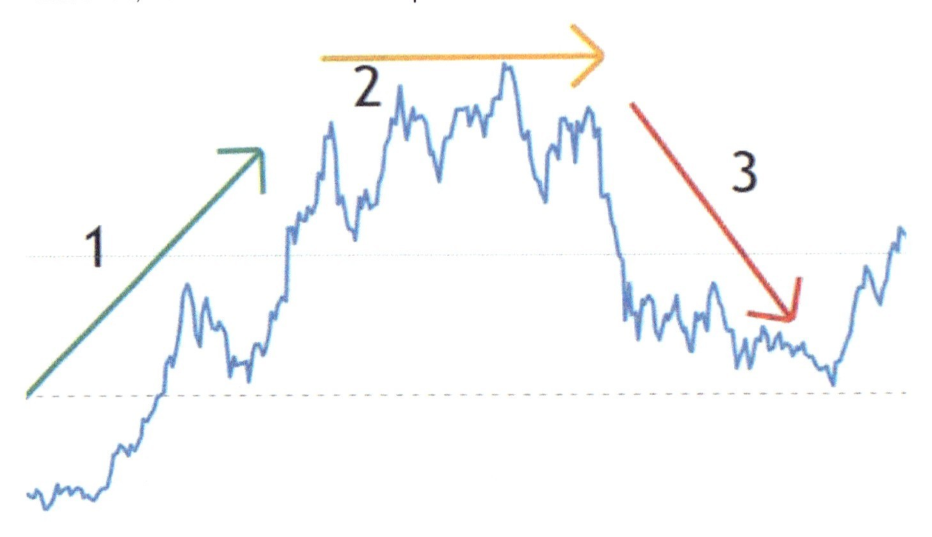

1. Le cours est en tendance haussière, le prix est en hausse (Bull Market), les acheteurs sont majoritaires et plus nombreux que les vendeurs (personnes qui vendent leurs actifs ou parient sur la baisse du cours). **Le cours atteint des sommets de plus en plus élevés et des creux de plus en plus hauts.**

2. Le cours est en phase de range (latéralisation, consolidation, distribution, ou incertitude), il se stabilise, le prix stagne. Ici, les vendeurs et les acheteurs sont au coude à coude. Cela arrive aussi après une période de baisse.

3. Le cours est en tendance baissière (Bear Market), le prix chute, les acheteurs ont capitulé, une majorité de personnes vendent leurs actifs. Il est normal qu'après une période de hausse, les actifs soient vendus avec les gains, ce qui entraîne automatiquement une baisse du cours. **Le cours atteint des sommets et des creux de plus en plus bas.**

■ **Tendance neutre :**

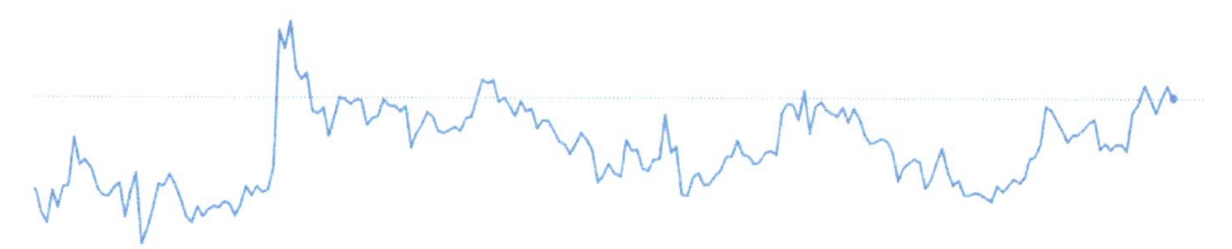

■ **Tendance haussière :** cercle rouge = sommet et cercle vert = creux.

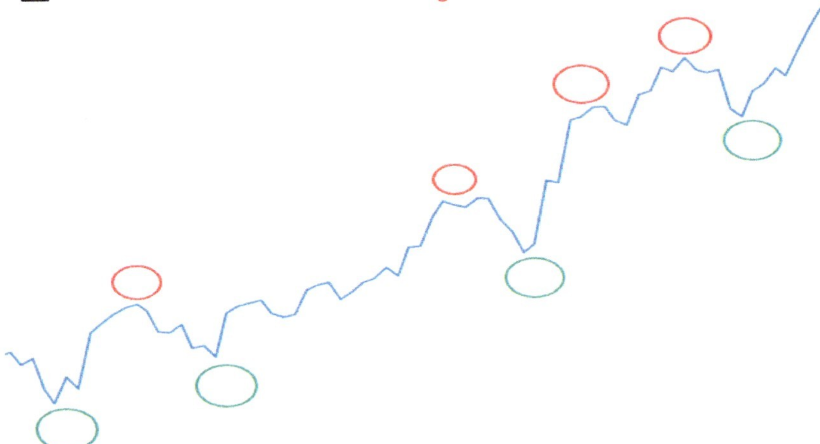

■ **Tendance baissière :** cercle rouge = sommet et cercle vert = creux.

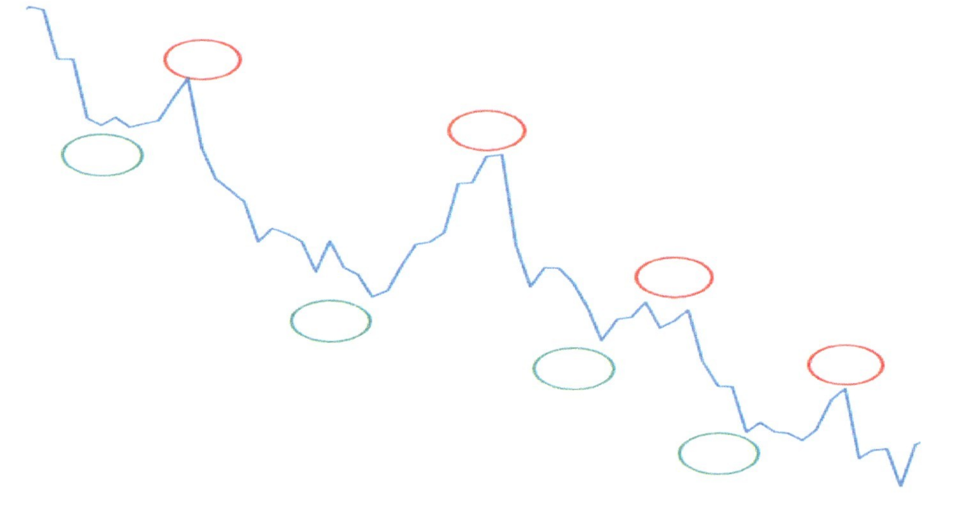

Les bougies

Pour analyser plus en profondeur l'évolution du cours d'un actif sur un graphique, vous devrez remplacer la simple courbe de prix par des bougies (chandeliers japonais). Tout au long de ce livre, nous travaillerons avec le site TradingView. Selon moi, c'est l'outil le plus puissant disponible en ligne, le plus facile à prendre en main et le plus complet, offrant la possibilité de visualiser les cours de différentes catégories (cryptomonnaies, indices, actions, ETF, matières premières, etc.). En résumé, tout y est ! La version gratuite est largement suffisante pour commencer, et TradingView est déjà inclus de base sur la plupart des plateformes d'échange.

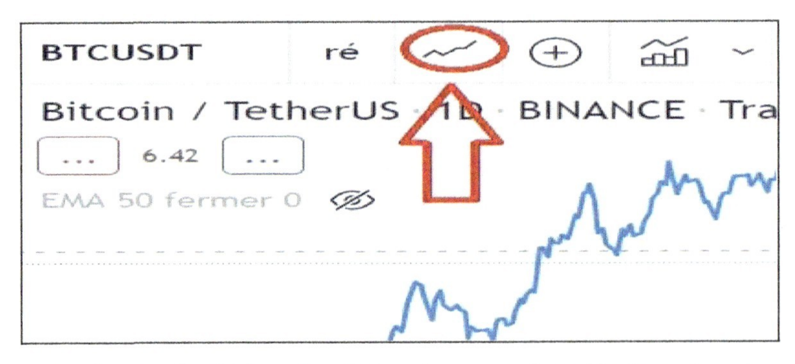

Une fois sur l'actif de votre choix, cliquez sur la petite ligne dans le sous-menu comme ci-dessus et sélectionnez "candles" (bougie en francais).

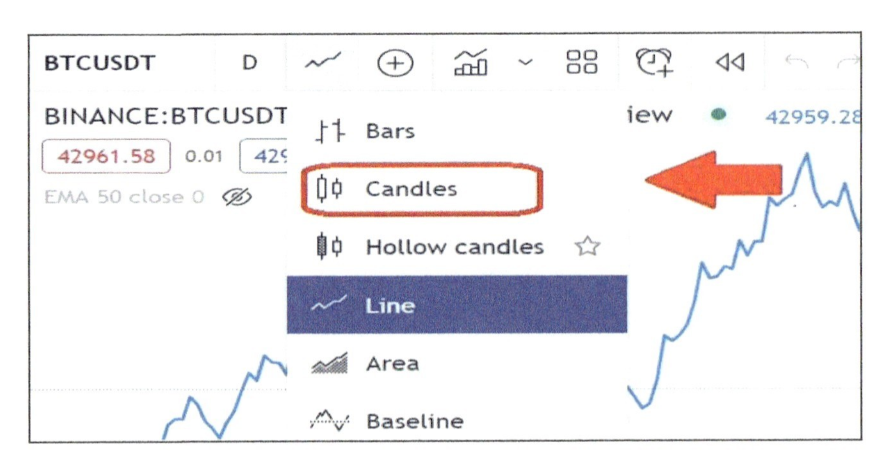

Une fois que c'est fait, on peut constater que le cours ne change pas beaucoup en termes de forme, mais son apparence change. Au lieu d'une simple ligne représentant les fluctuations de prix, nous avons maintenant des bougies de couleur verte ou rouge. Selon vos paramètres, une bougie peut représenter une journée, quatre heures, trois minutes, etc. Vous avez le choix entre une période allant de une minute à un mois, une année. En bref, une bougie équivaut à l'unité de temps que vous avez sélectionnée.

Comme expliqué ci-dessus, vous remarquerez des bougies rouges et vertes de différentes formes et longueurs sur le graphique. Sur ce graphique, une bougie représente une journée. **Lorsqu'une bougie est verte, cela signifie qu'elle a clôturé à un prix supérieur au prix de clôture de la bougie précédente** (dans ce cas, par rapport à la journée précédente).

En revanche, **lorsque la bougie est rouge, cela signifie qu'elle a clôturé sous le prix de la clôture de la bougie précédente**. (Pour rappel, un graphique se lit de gauche à droite.) On peut également observer fréquemment des tiges ou des mèches présentes aux extrémités inférieure ou supérieure des bougies, voire les deux. Rendez-vous à la page suivante pour examiner cela de plus près !

Composition d'une bougie

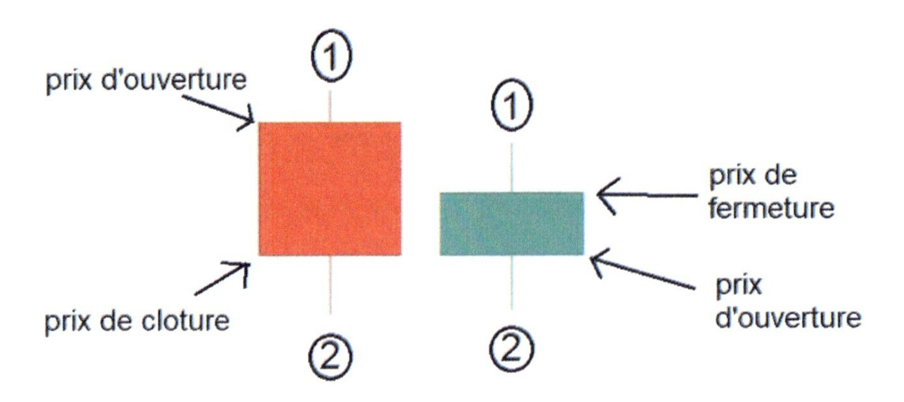

1 - Mèche supérieure : montre jusqu'à quel prix le cours est monté pendant le cycle de vie d'une bougie. Si la bougie finale ne comporte pas de mèche supérieure, cela signifie qu'elle a clôturé à son niveau le plus haut au cours de sa durée de vie pour une bougie haussière (verte). Pour une bougie baissière (rouge), cela signifie que le cours est monté au-dessus de l'ouverture puis a chuté et clôturé sous la clôture de la bougie précédente.

2 - Mèche inférieure : montre jusqu'à quel prix le cours a chuté pendant le cycle de vie de la bougie sans avoir clôturé à ce niveau. Pour une bougie baissière, si la bougie finale ne comporte pas de mèche inférieure, cela signifie qu'elle a clôturé au plus bas pendant son cycle. Si une bougie haussière ne comporte pas de mèche inférieure, cela veut dire que le cours a directement grimpé depuis son ouverture jusqu'à sa clôture.

Note : *vous savez maintenant que sur un graphique, on retrouve des bougies vertes (haussières) et rouges (baissières). La formation et l'apparence de ces dernières nous permettent de découvrir de nombreuses informations sur le sentiment du marché, la santé d'un cours à un instant donné et de pouvoir anticiper certains mouvements. Nous étudierons cela plus en détail dans le livre, avec des exemples et des illustrations.*

Les supports et résistances (price action)

Les supports et résistances sont des lignes droites qui se forment dans un graphique au fur et à mesure de son évolution, quelle que soit l'unité de temps sur laquelle vous souhaitez travailler.

Ces lignes, les supports et résistances, représentent des zones du graphique où le cours peut potentiellement rebondir à la hausse ou à la baisse.

Il est important de comprendre que les supports et résistances jouent un rôle crucial dans l'interprétation du cours, car ils agissent comme un aimant attirant souvent le cours vers eux.

Au premier abord, ils ne sont pas visibles directement sur le graphique, vous devrez les trouver et les analyser afin de les tracer et nous allons voir comment procéder.

Dans un graphique où vous avez sélectionné une unité de temps journalière, (1 bougie = 1 journée), vous trouverez des supports et résistances.

Si vous changez l'unité de temps en 1 heure (1 bougie = 1 heure) dans le même graphique, vous remarquerez que de nouveaux supports ou résistances deviennent visibles, et ainsi de suite.

Pour cet exemple un support et une résistance sont présents, et **forment un canal, un support peut, avec le temps devenir une résistance et inversement.**

Les supports et résistances (suite)

À partir de **deux creux** et de **deux sommets** visibles sur le graphique, il est possible de tracer nos fameux supports et résistances, comme illustré sur le graphique ci-dessus. Cela facilite ainsi l'anticipation des mouvements du cours et permet d'agir en conséquence. Observez les mouvements qui s'ensuivent, le cours rebondit entre les supports et les résistances. Comme mentionné précédemment, ils agissent comme des aimants sur le prix du cours.

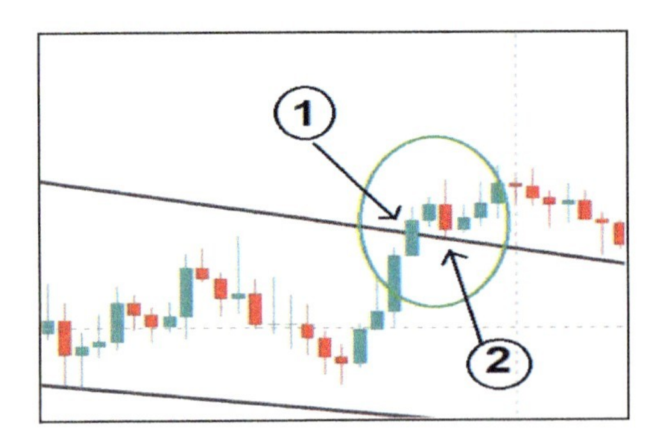

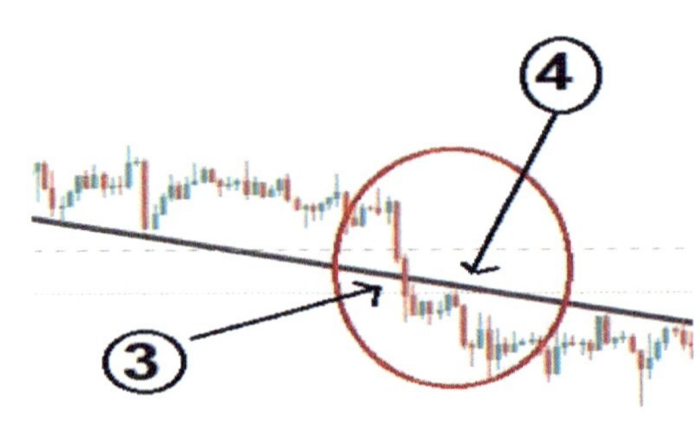

1: *La résistance a été cassée à la hausse. Cela peut indiquer un changement de tendance selon la configuration du graphique. Attention toutefois aux fausses cassures.*

2: *Le prix est revenu tester son ancienne résistance et à rebondit dessus, ce qui valide son nouveau rôle de support.*

3: *Le support a été cassé à la baisse (possible changement de tendance selon la configuration du graphique).*

4: *Le prix est revenu tester son ancien support et a été rejeté. La résistance peut être validée.*

Les supports et résistances (suite)

Plus les résistances et les supports seront longs et étendus dans le temps, plus ils seront efficaces, puissants et auront d'influence sur le cours. On parle alors de résistance ou de support long terme. Les résistances et les supports seront toujours plus puissants dans les unités de temps supérieures. Par exemple, un support en unité de temps de 1 journée (daily) aura plus d'influence qu'un support en unité de temps de 2 heures, et ainsi de suite. Voici quelques exemples ci-dessous.

Prenons l'exemple de l'historique du bitcoin en unité de temps hebdomadaire (une bougie = une semaine). Ici, une résistance majeure s'est formée et a rejeté le cours pendant plus d'un an. Nous nous trouvons donc sous une résistance significative. Le franchissement de cette résistance à la hausse par le prix constitue un puissant signal haussier. Toutefois, il est important d'attendre la clôture de la bougie au-dessus de la résistance pour valider un tel scénario. Étant donné que nous sommes en unité de temps hebdomadaire, **il faudra attendre la fin de la semaine pour voir si la bougie clôture effectivement au-dessus de la résistance.**

En revanche, lorsque qu'un support à long terme est cassé à la baisse et que la clôture est confirmée en dessous du support, cela génère généralement un signal très puissant de changement de tendance à la baisse. Comme mentionné précédemment, plus nous nous situons dans des unités de temps élevées, plus les signaux liés aux supports et aux résistances sont puissants.

Comment les tracer : Sur le site TradingView.com, dirigez-vous vers la partie gauche de l'écran et cliquez sur l'icône en forme de barre. Ensuite, sélectionnez l'option "ligne de tendance". Pour tracer une ligne horizontale automatiquement, cliquez sur "ligne horizontale".

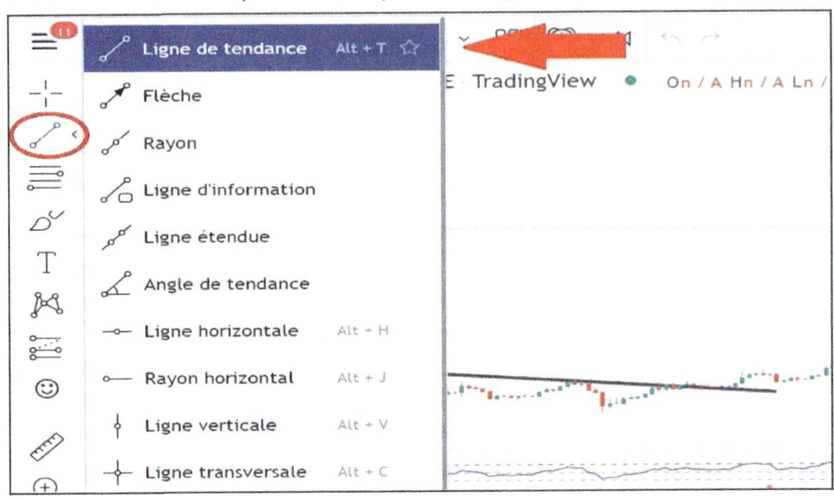

Une fois vos lignes tracées, vous pourrez les sélectionner pour modifier leur couleur, leur épaisseur et leur apparence. Vous avez également la possibilité de les raccourcir, de les allonger, de les déplacer et de les supprimer. Important : lors du traçage de vos lignes de support ou de résistance, veillez à ce que les points bas ou les points hauts du cours touchent bien la ligne, que ce soit par l'intermédiaire de la mèche ou de la clôture du corps de bougie. Vous devez avoir au minimum deux points de contact, comme illustré dans les exemples précédents.

Les supports et résistances (suite)

■ Pour trouver de nouveaux supports ou résistances :

Vous savez déjà que la recherche de résistances et de supports nécessite de trouver au moins deux sommets ou deux creux (2 points de contact minimum) et de tracer une ligne en les reliant par leurs extrémités.

■ Pour trouver d'anciennes lignes de support et de résistance :

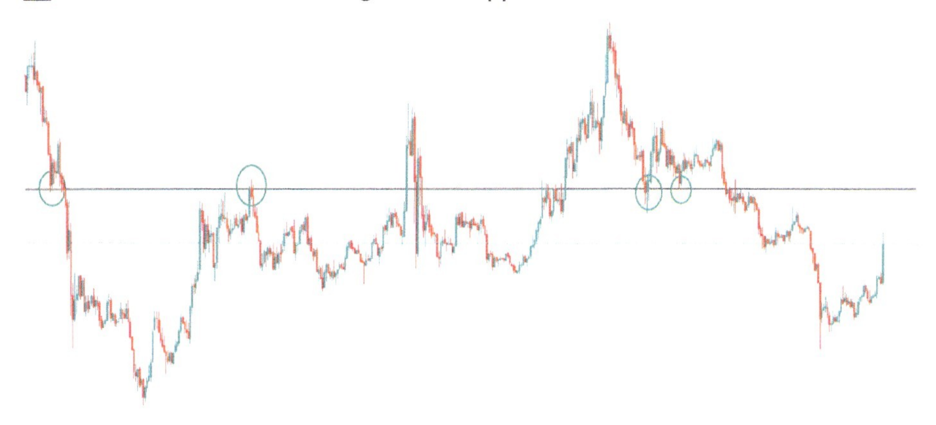

Ici, en vue journalière, les anciens creux situés au-dessus du prix actuel peuvent également servir à identifier notre prochaine zone potentielle de résistance majeure. De la même manière, pour les supports, cherchez les anciens sommets ou creux qui ont repoussé le cours dans le passé.

■Pour trouver d'anciennes zones de support et de résistance :

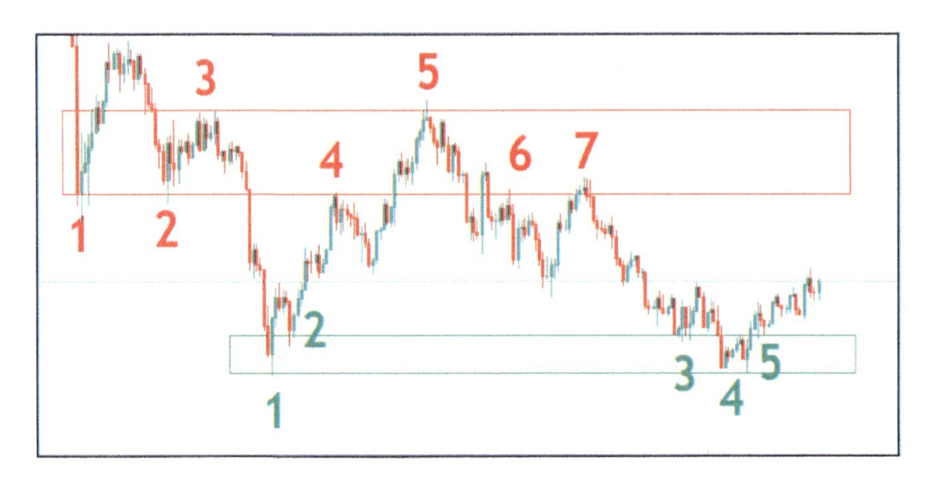

Il est parfois possible de trouver des **zones de résistance** où le cours a tendance à être rejeté et des **zones de support** où le cours peut rebondir. Dans la zone rouge, le bas et le haut du rectangle ont rejeté le cours à 7 reprises, tandis que dans la zone verte, le bas et le haut du rectangle ont fait rebondir le cours à 5 reprises.

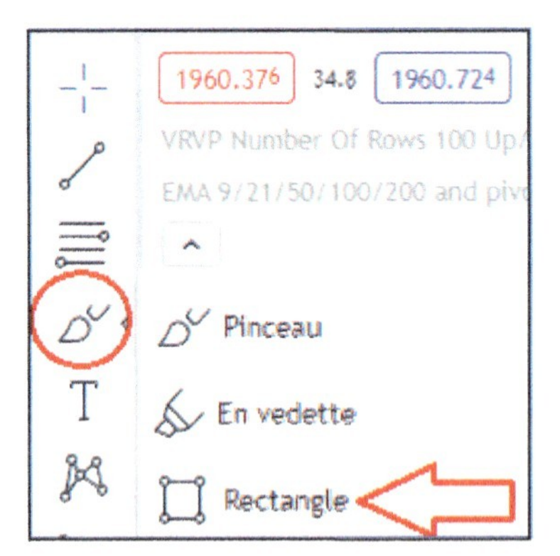

Pour ce faire, allez à gauche de l'écran dans le panneau d'outils, sélectionnez l'icône en forme de pinceau, puis cliquez sur l'outil Rectangle.

■Pour trouver et tracer des canaux parallèles :

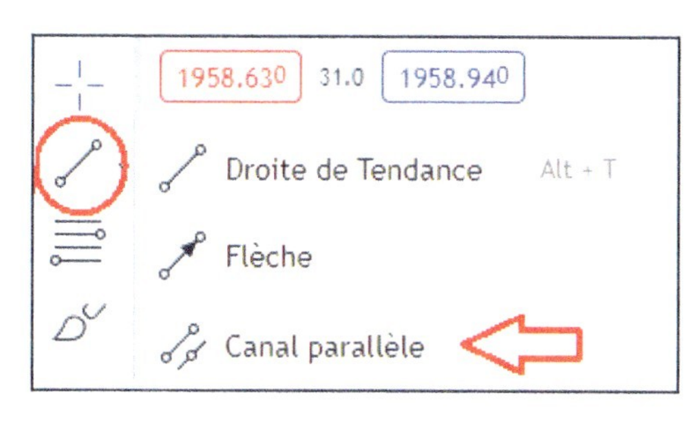

Dans la barre d'outils située à gauche de l'écran, cliquez sur l'icône en forme de ligne, puis sélectionnez "Canal parallèle". Il est possible de tracer un canal dans n'importe quelle direction.

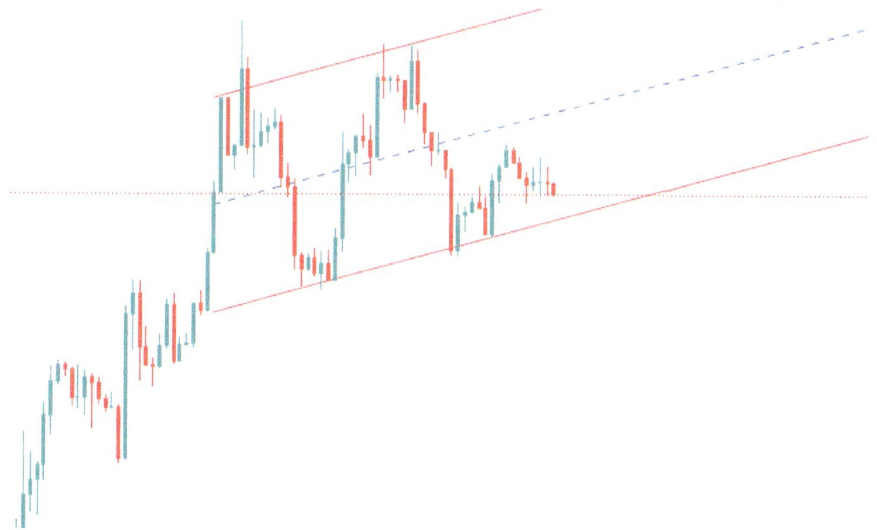

Il est nécessaire de trouver deux sommets et deux creux pour obtenir une validation plus crédible. Il est possible d'anticiper en ne trouvant que deux creux et un sommet, ou deux sommets et un creux, mais il y aura davantage de chances que votre canal soit ultérieurement invalidé.

Le canal sera divisé en plusieurs parties : une zone basse avec le support comme extrémité et une zone haute avec la résistance comme extrémité. Ces deux zones seront séparées par une ligne de tendance positionnée au centre du canal parallèle, et elle fera office d'un petit support ou d'une résistance en fonction du positionnement du prix dans le canal.

Avant de continuer plus loin, il est capital de comprendre les concepts de résistance et de support. En analyse technique, ils jouent un rôle crucial dans le trading et même dans l'investissement. Entraînez-vous à les trouver, à les tracer et à étudier les graphiques. Il est essentiel que vous ayez une compréhension claire de ces principes.

En termes simples, ces concepts impliquent d'acheter lorsque le prix est proche ou en contact avec un support, et de vendre lorsque le prix se rapproche ou entre en contact avec une résistance. Comme dans le cas du canal que nous avons tracé sur la page précédente :

Une fois que vous aurez acquis la capacité de trouver et de tracer ces lignes et zones de manière efficace et aisée, vous pourrez combiner vos signaux avec d'autres outils et indicateurs que vous découvrirez dans la suite de ce livre, afin d'augmenter la crédibilité de ces signaux et d'améliorer les chances de succès de vos actions.

N'oubliez pas de rechercher des résistances et des supports proches du prix dans des unités de temps supérieures à celle avec laquelle vous travaillez. Ces niveaux auront tendance à exercer une plus grande influence sur le cours que les unités de temps inférieures.

Les indicateurs de base

Les moyennes mobiles

Une moyenne mobile est une courbe qui suit le cours ; **elle représente la moyenne du prix de l'actif sur une période donnée**. (minutes, heures, jours, semaines, mois ou années)

Par exemple, ci dessus, la moyenne mobile est paramétrée en unité de temps (UT) 50, ce qui signifie que la courbe qui suit le graphique représente la moyenne du prix des 50 dernières bougies.
Les moyennes mobiles nous donnent une indication sur la tendance d'un actif. Elles sont tout aussi importantes, que vous fassiez du trading sur de petites unités de temps (1 minute, 1 heure par exemple) ou que vous vous concentriez sur le moyen à long terme (4 heures, 1 semaine par exemple).
Elles agissent comme des supports et résistances, c'est-à-dire que le cours, le prix, **est attiré comme un aimant vers celles-ci**.
Comme ci-dessus, que le prix soit au-dessus ou en dessous de la moyenne mobile, **le cours finit toujours par revenir à son contact**.
Pour une meilleure analyse du cours, il est préférable d'ajouter et de travailler avec plusieurs moyennes mobiles paramétrées sur différentes unités de temps.

Moyennes mobiles (suite) : comment les configurer et laquelle choisir (SMA OU EMA)

Comme mentionné précédemment, pour une analyse optimale avec les moyennes mobiles, il ne faut pas se contenter d'une seule, mais en configurer plusieurs, au minimum deux. Il existe deux types de moyennes mobiles : les moyennes mobiles simples (SMA) ou MMS en français, et les moyennes mobiles exponentielles (EMA) ou MME en français. Retenez bien les termes MA et EMA car ils sont très souvent utilisés dans le monde du trading et de l'analyse technique, et nous les utiliserons dans la suite de la formation.
Il y a peu de différence entre ces deux types de moyennes mobiles.

■ **Moyennes mobile simple (SMA)** : elle prend les données d'une période de temps définie et génère le prix moyen. Si la période de temps choisie est, par exemple, 20, alors la moyenne mobile sera le résultat de la moyenne des prix des 20 dernières bougies et sera mise à jour au fur et à mesure que le temps passe. Pour une SMA, dès que de nouvelles données sont entrées, celles-ci remplacent les plus anciennes. Dans cet exemple de 20 bougies, l'ensemble est constamment mis à jour pour inclure les 20 dernières bougies dans la courbe.

■ **Moyennes mobiles exponentielles (EMA)** : les EMA fournissent également une analyse technique basée sur les fluctuations passées des prix. Elles sont similaires aux SMA, à la différence que l'EMA est programmée pour accorder plus de pondération et de valeur aux données de prix les plus récentes. Les EMA sont donc plus sensibles aux fluctuations et aux renversements de prix, et elles ont tendance à anticiper plus rapidement qu'une SMA un changement de tendance ou un mouvement du prix.

Chacun se fera son avis et les deux types de moyennes mobiles se valent, mais personnellement, je préfère travailler avec les moyennes mobiles exponentielles (EMA).
À la fin de ce module je vous montrerais en détail pourquoi.
Mais tout d'abord, place à la configuration de celles-ci sur le graphique !

Moyennes mobiles (suite) : comment les configurer

Les moyennes mobiles les plus souvent utilisées sont les moyennes mobiles 20, 50 et 200. Personnellement, je préfère effectuer mes analyses avec les MM9, 20 et 100, et n'utiliser les autres que lors de recherches approfondies ou dans d'autres cas particuliers la plupart du temps.

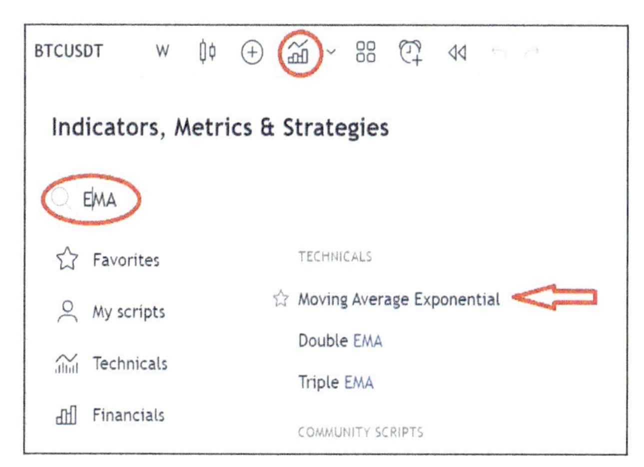

Pour TradingView, dans le menu en haut du graphique, cliquez sur l'icône, puis tapez "ema" dans la barre de recherche et sélectionnez "Moving Average Exponential" pour l'EMA. Pour la SMA, recherchez "mm" (moving average) et sélectionnez "Moving Average" pour la moyenne mobile simple (SMA).

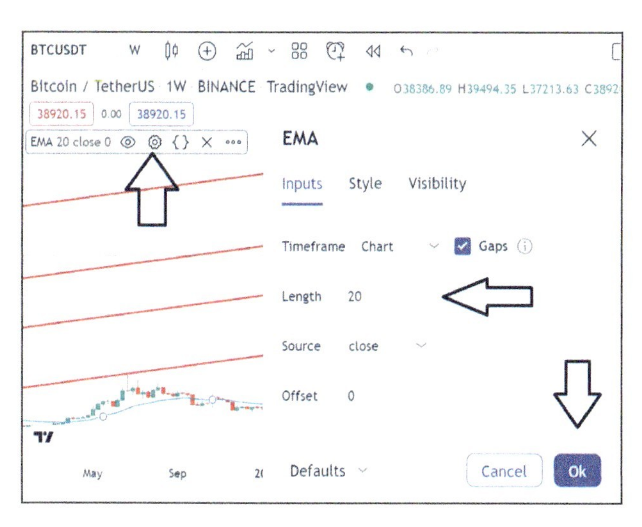

Après validation, en haut à droite de l'écran, vous trouverez la ligne de votre SMA ou EMA. Cliquez sur la molette des réglages. Un menu apparaîtra et dans la barre "Length", saisissez l'unité de temps souhaitée, telle que 20, 50 ou autre. Cliquez sur "OK" et votre moyenne mobile sera visible sur le graphique. Répétez l'opération pour ajouter d'autres moyennes mobiles. Dans les réglages, dans l'onglet "Style", vous pouvez choisir la couleur et l'apparence de la moyenne mobile. Dans "Visibility", vous pouvez choisir dans quelle unité de temps celle-ci sera disponible.

Moyennes mobiles : définir la tendance

Pour cet exemple, l'unité de temps choisie est de 4 heures (1 bougie équivaut à 4 heures). Les EMA 9, 20 et 50 ont été programmées.
Plus une moyenne mobile est réglée sur une unité de temps élevée, plus elle aura de force en tant que support ou résistance. La EMA 9 est représentée en bleu, la EMA 20 en bleu marine et la EMA 50 en violet foncé et avec une épaisseur plus importante.

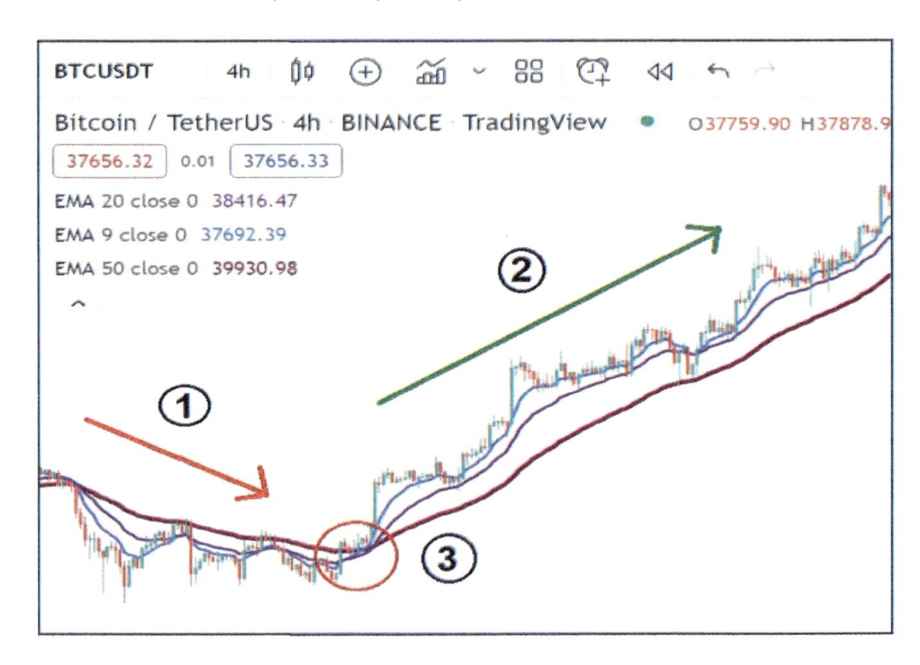

1 : La tendance est baissière, le cours se retrouve sous les moyennes mobiles, qui plus est dans l'ordre 9, 20, 50, et est rejeté par celles-ci.
2 : La tendance est haussière, le cours se retrouve au-dessus des trois moyennes mobiles et dans le bon ordre (croissant) et rebondit sur celles-ci.
3 : Breakout à la hausse, les trois moyennes mobiles qui faisaient office de résistance ont été cassées à la hausse. Le prix traverse celle-ci et vient rebondir sur la EMA 9, ce qui valide la nouvelle tendance haussière.

▲ *Plus les moyennes mobiles sont parallèles et espacées entre elles, plus la tendance de baisse ou de hausse est puissante.*

Moyennes mobiles : définir la tendance (suite)

Nous allons maintenant examiner différents cas où il faudra s'abstenir de prendre une position ou de trader et attendre un signal, une confirmation de changement de tendance.

Ici, le cours est en phase de latéralisation, le prix fluctue et ne montre pas de direction claire. Les moyennes mobiles s'entrelacent et changent de position et d'ordre de manière constante. (Il est toujours important de regarder la tendance de fond dans les unités de temps supérieures.)

Ci- dessus, le cours latéralise aussi, les moyennes mobiles ne sont pas entrelacées entre elles et la moyenne mobile la plus forte (ema 50) est complètement au-dessus de toutes les autres, la tendance de fond est donc déjà baissière mais le cours ne se résout pas à prendre de direction précise. Il est recommandé d'attendre un signal clair.

Golden cross et death cross

Les golden et death cross sont des croisements entre deux moyennes mobiles, elles indiquent souvent un retournement de situations à la hausse ou à la baisse. Ce sont des signaux puissants et très utilisés dans le monde du trading et des investissements. Ils ne garantissent pas toujours un retournement de situation à la hausse ou à la baisse d'autres facteurs doivent également être pris en compte dans la prise de décisions.

1. golden cross : Les moyennes mobiles (EMA 20 et 50) se croisent à la hausse ce qui constitue un **signal pour un éventuel passage en tendance haussière**. La EMA 20, qui se trouvait initialement en dessous la EMA 50, la croise pour revenir au-dessus.

2. death cross : Les moyennes mobiles (EMA 20 et 50) se croisent à la baisse, ce qui constitue un **signal pour un éventuel passage en tendance baissière)**. La EMA 20, qui se trouvait au-dessus de la EMA 50, la croise et repasse en dessous de celle-ci.

"Plus d'unité de temp est grande, plus le signal est fort"

Les moyennes mobiles : pourquoi la EMA

Précédemment, je vous ai mentionné que j'utilise personnellement les moyennes mobiles exponentielles pour mes analyses. Je vais maintenant vous montrer, à l'aide d'exemples, de détails et de calculs, pourquoi je les préfère. Dans ce cas précis, nous allons comparer les résultats sur une période de plusieurs jours pour le même actif et analyser les différences entre les moyennes mobiles simples (MA) et les moyennes mobiles exponentielles (EMA) lors de la réalisation de transactions. Tout au long de la période choisie, un achat sera effectué lors d'un golden cross et une vente lors d'un death cross.

Un trade en utilisant les EMA 20 ET 50

Ici, si j'achète au moment où la golden cross est validée et si je revends lorsque la death cross est confirmée, **j'obtiens un bénéfice approximatif de 17%**. Ce résultat a pu être mesuré en utilisant l'outil de mesure disponible dans le sous-menu de gauche sur TradingView.

Un trade en utilisant les MA 20 ET 50

Toujours pareil, j'achète au moment où la golden cross est validée et je vends lorsque la death cross est confirmée. Pour cet exemple, en tradant avec les moyennes simples, **j'obtiens un moindre bénéfice de 14%**, soit une différence de 3% par rapport à l'utilisation des EMA.

Conclusion : inutile de plus argumenter pourquoi je préfère me fier au EMA plutôt qu'aux MA, mais cela reste subjectif, faites vos propres tests et analyses pour déterminer ce qui vous convient le mieux.

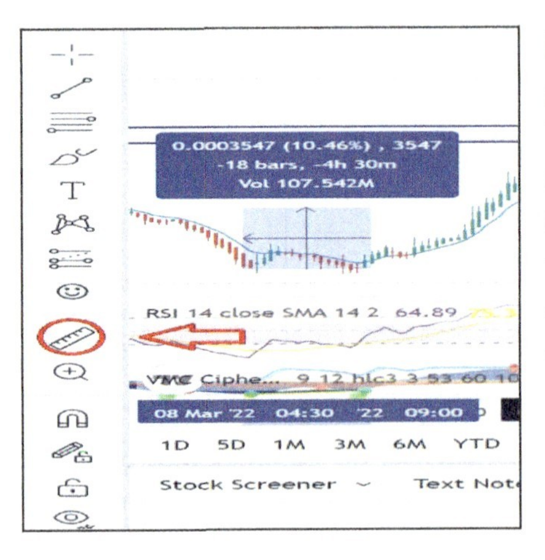

Pour utiliser l'outil de mesure de pourcentage, rendez-vous sur TradingView. Dans la barre de menu verticale à gauche de l'écran, cliquez sur l'icône en forme de règle. Ensuite, choisissez à partir de quel prix et de quelle bougie vous souhaitez mesurer le pourcentage. Cliquez, puis déplacez le curseur vers le haut ou vers le bas jusqu'au niveau souhaité sur le graphique.

Moyennes mobiles. Bon à savoir !

Sur le site ou l'application TradingView.com, vous avez accès à seulement trois indicateurs en simultané pour travailler sur vos graphiques dans la version gratuite. Dans la première version payante, vous en avez cinq, ce qui reste relativement limité. Cela peut poser problème si vous souhaitez utiliser deux moyennes mobiles différentes, car celles-ci utilisent déjà deux des trois indicateurs auxquels vous avez droit. Si vous voulez travailler avec les trois moyennes mobiles, vous ne pourrez plus ajouter d'autres indicateurs à moins d'en supprimer pour en rajouter de nouveaux. Cependant, cette constante ajout/suppression d'indicateurs peut rapidement devenir inconfortable et frustrante, surtout lorsque les moyennes mobiles les plus utilisées et souvent les plus importantes sont au nombre de cinq.

Voici la solution pour pallier à ce problème :

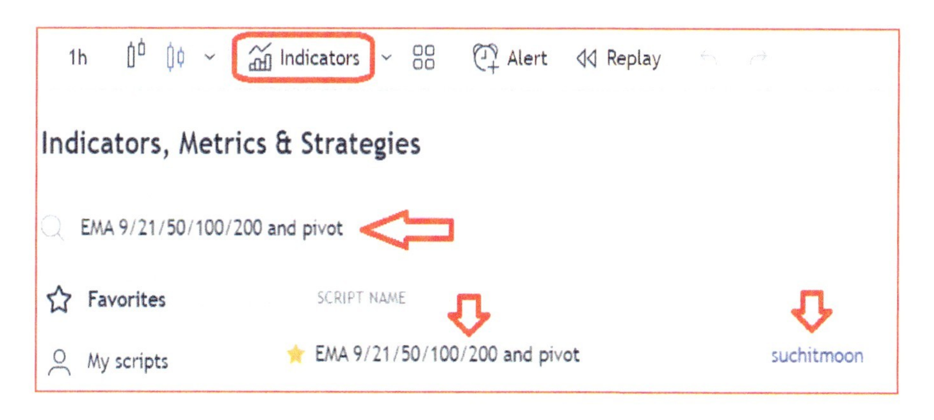

Après avoir cliqué sur l'onglet "Indicateur", inscrivez "EMA/9/21/50/100/200". Vous verrez apparaître un indicateur proposé par l'auteur "suchitmoon". Sélectionnez cet indicateur et vous aurez enfin accès à ces cinq moyennes mobiles, le tout étant comptabilisé par TradingView comme un seul indicateur.

Pratique, non?

Moyennes mobiles. Bon à savoir ! (suite)

Les moyennes mobiles apparaîtront sur votre graphique et l'indicateur sera affiché en haut à gauche de l'écran du cours.

Cliquez sur l'icône de réglage de celui-ci.

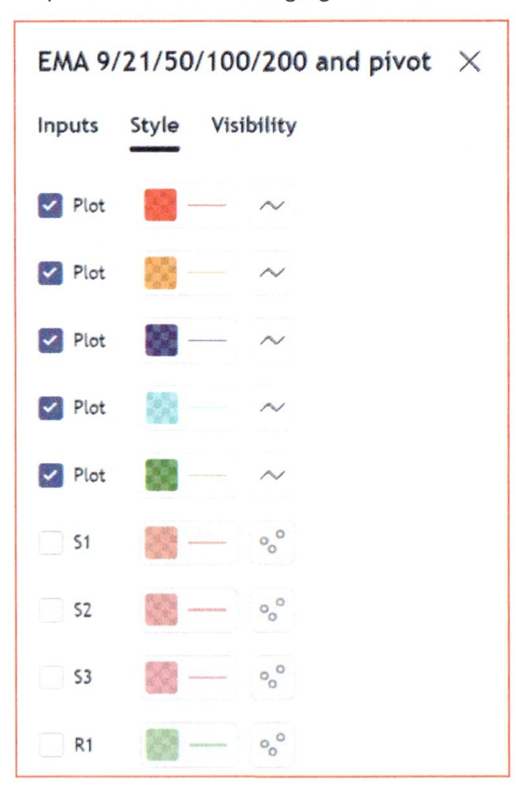

Dans l'onglet "Style", ne cochez que les emplacements "Plot", ou du moins ceux qui vous intéressent. Ils correspondent, dans l'ordre, aux EMA 9, 21, 50, 100, et 200. Assurez-vous de **décocher** toutes les cases correspondant aux remplacements S1 à S3 et R1 à R3.

Grâce à cet indicateur, vous pouvez, par exemple, travailler simultanément avec le RSI, le MACD et, bien sûr, les moyennes mobiles 9, 21, 50, 100, et 200, le tout en n'utilisant que trois indicateurs. Vous économisez de l'espace.

Les indicateurs de base :

Le RSI

Le RSI, bien qu'étant un indicateur technique avancé, est tout comme les moyennes mobiles, un indicateur indispensable, et doit être utilisé comme base pour toute analyse de graphique. **Il se présente sous la forme d'une courbe qui évolue en fonction et en même temps que le prix de l'actif, et permet de repérer si le marché est neutre, en survente ou en surachat**. Lorsque le marché baisse, le RSI baisse également, et lorsque le marché monte, le RSI augmente également. Pour simplifier sans entrer dans les détails, il est le résultat d'un calcul combinant la moyenne mobile exponentielle des hausses au cours des "n" derniers jours avec la valeur absolue de la moyenne mobile exponentielle des baisses au cours des "n" derniers jours.

Comment l'afficher sur tradingview :

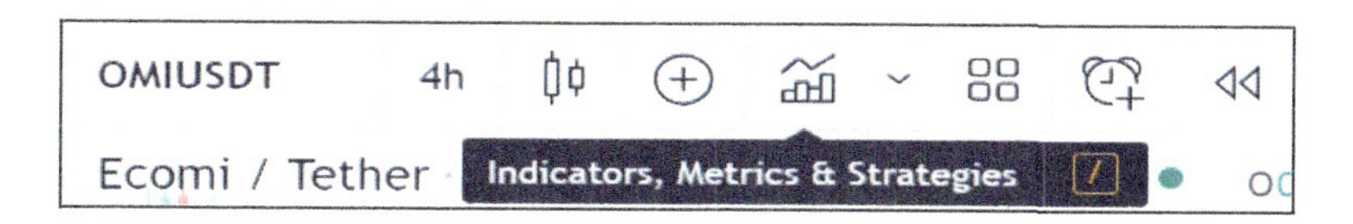

Cliquez sur cette icône dans la barre de menu en haut du graphique.

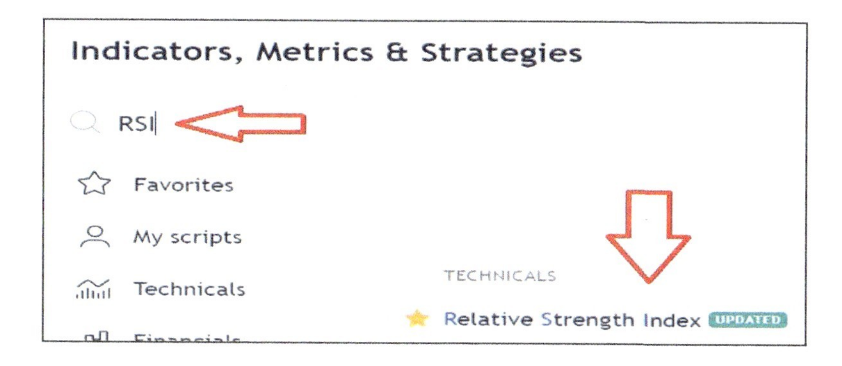

Dans la barre de recherche, écrivez "RSI" et sélectionnez ensuite "Relative Strength Index"

Présentation du RSI :

Voici le RSI, comme stipulé précédemment, il suit en direct le cours, mais présente néanmoins quelques différences. Il existe trois niveaux : la **zone de survente**, la **zone neutre** et la **zone de surachat**, et la graduation se fait de 0 à 100, comme montré dans l'exemple ci-dessus. **Lorsque le RSI se situe au-dessus de 70 points, il est dans la zone de surachat, tandis que lorsqu'il est en dessous de 30 points, il se trouve dans la zone de survente**.

■ **Survente :** le marché est considéré comme survendu, ce qui peut indiquer un retournement ou un changement de tendance à la hausse

■ **Surachat :** le marché est considéré comme suracheté, ce qui peut entraîner un essoufflement du marché ainsi qu'une correction ou un retracement à la baisse.

1 - Le surachat

Ici, on peut observer que le RSI s'est retrouvé deux fois dans la zone de surachat.
En conséquence, le marché s'essouffle et une correction du prix à la baisse survient peu de temps après. Par exemple, sur le graphique, le prix rencontre une résistance à deux reprises, ce qui correspond aux deux fois où le RSI se trouve en surachat.
Ces deux signaux nous incitent donc à vendre et à réaliser des gains si nous avions précédemment effectué des achats, ou à prendre une position vendeuse (shorter) sur le marché en pariant sur la baisse du prix.

Il est important de rappeler qu'il est toujours préférable de croiser plusieurs sources et indicateurs en trading pour prendre de meilleures décisions. Dans cet exemple, nous avons combiné le RSI avec les résistances du cours.

2 - La survente

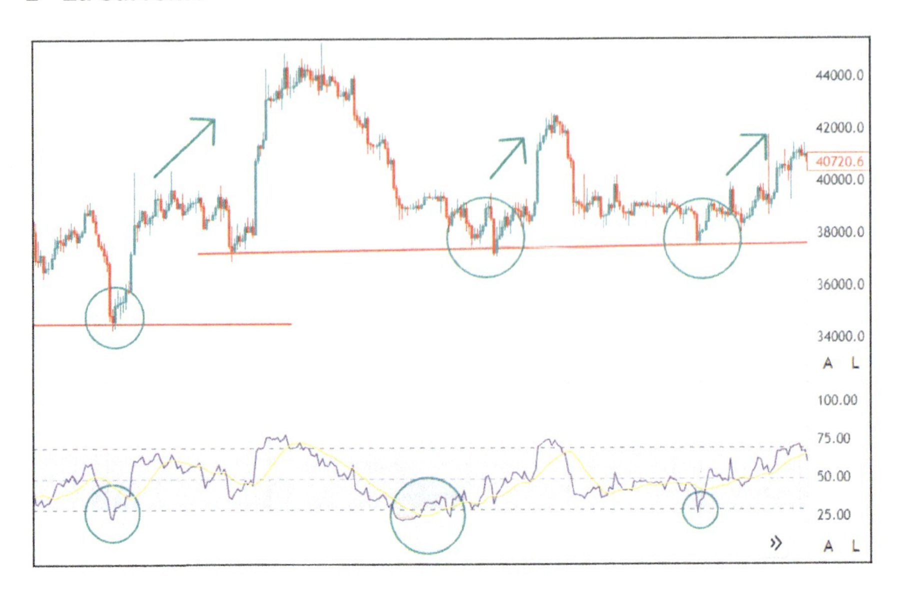

Ici, le RSI s'est retrouvé deux fois dans la zone de survente.
Peu de temps après, on observe une poussée significative du prix à la hausse.
Dans cette situation, nous pouvons également combiner l'utilisation du RSI avec celle des supports.
Lorsque le RSI est en survente, le prix du marché se retrouve au niveau de supports à long terme.
Ces deux indicateurs nous confortent dans la décision d'acheter à ces niveaux.

Comme mentionné précédemment, il est crucial de travailler avec plusieurs indicateurs, de croiser les sources et les signaux pour la prise de décisions.

Exemple de Trade en utilisant le RSI et les supports, résistance.

■ **Quand acheter ?** Dans cet exemple, le RSI tombe dans la zone de survente, représentée ici par les cercles **verts**. En regardant ensuite le graphique, on constate que le prix se retrouve sur un important support au même moment où le RSI est au plus bas dans la survente. Par conséquent, je peux me permettre de lancer un trade en achetant dans cette zone.

■ **Quand vendre ?** Confirmer des gains est crucial en trading et en investissement. Une fois votre achat effectué, vous pourrez revendre lorsque le RSI sera en surachat, représenté ici par les cercles **rouges**, et lorsque sur le graphique, nous aurons un autre élément nous permettant de verrouiller une vente, comme une résistance majeure. Toutefois, il est important de noter que si juste après avoir effectué votre achat, vous observez une chute du marché avec une rupture à la baisse d'un support, il est évident qu'il faudra vendre avant de subir de trop grosses pertes. Nous aborderons plus tard comment vous protéger.

Le RSI (suite) : **Point d'attention!**

▲ **Important** : lorsque le RSI est en zone de surachat, cela ne signifie pas systématiquement qu'une correction aura lieu par la suite. Il peut arriver que le RSI reste plus longtemps que prévu en zone de surachat, surtout lorsque la tendance de fond est haussière. De même, lorsque le RSI est en zone de survente, cela ne signifie pas nécessairement que le cours va changer brusquement de direction. Il peut rester dans la zone de survente pendant un certain temps, surtout lorsque la tendance de fond est baissière. **C'est pourquoi il est primordial de ne pas se baser uniquement sur cet indicateur, mais de l'associer à d'autres.**
À ce stade du livre, vous devriez être capable de comprendre et de travailler avec les supports et résistances, les moyennes mobiles avec leurs death et golden cross, ainsi que le RSI. Il est possible de combiner ces trois outils pour trouver un point d'entrée d'achat ou de vente.
Il est également important de noter que, comme pour tout indicateur, le RSI a une influence plus significative sur le marché lorsqu'il est utilisé sur des unités de temps plus grandes. Par exemple, si vous regardez un graphique en unité de temps hebdomadaire, le RSI aura plus d'impact sur le marché que le RSI d'un graphique en unité de temps de 4 heures. Ainsi, il aura plus de chances de donner le résultat attendu.
Cela s'applique à tous les indicateurs.

Exemple :
- Je suis devant mon graphique en unité de temps de 2 heures (une bougie = 2 heures). Au moment où je regarde le graphique, je remarque que le RSI est proche ou en zone de survente (signal supposé pour effectuer un achat).

- Ensuite, je change l'unité de temps du graphique et passe en journalier (une bougie = un jour), et je remarque que le RSI est ici en zone de surachat (signal supposé d'essoufflement et donc de vente).

- Résultat : Mon trade en unités de temps "2 heures" a des chances d'échouer, car au même moment dans les unités de temps supérieures, le RSI est sur une autre position. **Plus l'unité de temps est élevée, plus l'indicateur est puissant et efficace.**

Le RSI (suite) : **résistance et support.**

Comme sur le graphique, il est possible de tracer des supports et des résistances dans le RSI. La marche à suivre sur tradingview.com est exactement la même que pour les tracer sur le graphique. Grâce à ces supports et résistances trouvés dans le RSI, il est possible d'anticiper des changements de tendance, des hausses ou des baisses du cours.

Pour ce cas de figure, nous sommes en unité de temps journalières, on remarque que le RSI depuis 6 mois est rejeté plusieurs fois par une énorme résistance que j'ai pu tracer ici et que à chaque fois cela a un impact sur le cours qui réagit à la baisse.
On remarque aussi que lorsque des mois après cette résistance est cassé au niveau du RSI, le cours s'envole. Nous somme ici en journalier, la résistance au niveau du RSI fonctionne depuis des mois, le cassage à la hausse de celle-ci représente un signal fort d'achat.
Bien entendu ces signaux ne sont jamais infaillibles et les réactions peuvent varier, mais de tels signaux peuvent s'avérer efficaces.

Voici une autre mise en situation où le cours piège les acheteurs :

Le prix se trouve ici en bas de range proche du support sur le cours. Grâce à deux importants sommets sur le RSI, nous avons pu tracer une ligne de résistance sur celui-ci. Nous sommes éloignés de la résistance RSI et proches du support du cours, donc un achat a été effectué.

Le lendemain, une hausse a eu lieu et nous observons le cours dépasser le haut de range (résistance) et casser la résistance RSI.

C'est à ce moment-là qu'il faudra être vigilant. Notre but initial était d'acheter en bas de range pour revendre en haut de range. Cependant, le cours casse celui-ci à la hausse en transperçant la résistance et le RSI casse également sa résistance tracée plus tôt.
Il ne faut pas oublier qu'à ce moment précis, la bougie (4 heures pour cet exemple) n'est pas clôturée. Cette dernière interviendra dans 1 heure. Ma stratégie initiale était d'acheter en bas de range et de revendre en haut de range. La meilleure chose à faire est de respecter son plan initial, d'attendre une réelle confirmation et d'agir une seconde fois en fonction du cours.

On constatera par la suite que cela était un piège haussier visant à attirer des liquidités supplémentaires pour ensuite faire le bonheur des gros intervenants.
Quel que soit l'outil, l'indicateur ou la méthode, il faut toujours attendre la clôture de la bougie qui valide notre signal pour passer à l'action.
Ici, nous avons bien fait de revendre au moment où le prix a touché le haut de range et où le RSI a en même temps touché sa résistance. Nous sommes sortis du trade avec des gains. Le contact de notre double résistance (RSI/cours) était un motif de vente, tandis que les autres acheteurs se sont fait manipuler et ont été piégés par une fausse cassure.

Le MACD

Le MACD (Moving Average Convergence Divergence) est un indicateur qui représente la différence entre deux moyennes mobiles sur deux périodes différentes, généralement réglées sur les périodes 12 et 26. En d'autres termes, l'une des courbes représente la différence entre la moyenne exponentielle des 12 dernières bougies et la moyenne exponentielle des 26 dernières bougies. Une deuxième courbe représente simplement la moyenne mobile sur 9 périodes (EMA).

Voici une vue d'ensemble du graphique avec l'indicateur MACD, entouré en rouge.

On peut y voir la courbe EMA 12-26 ainsi que la courbe EMA 9.

Il y a également un petit histogramme, parfois vert, parfois rouge, en fonction des fluctuations.

Les EMA du MACD, tout comme les MA et EMA présentes sur le graphique, forment des "Golden Cross" et des "Death Cross" en fonction des fluctuations du marché.

Le MACD permet généralement de trouver des points d'entrée ou de sortie avant un changement de tendance, et cela, souvent avant les formations de moyennes mobiles présentes sur le graphique.

Comme pour tout autre indicateur, plus l'unité de temps est grande, plus les signaux seront fiables.

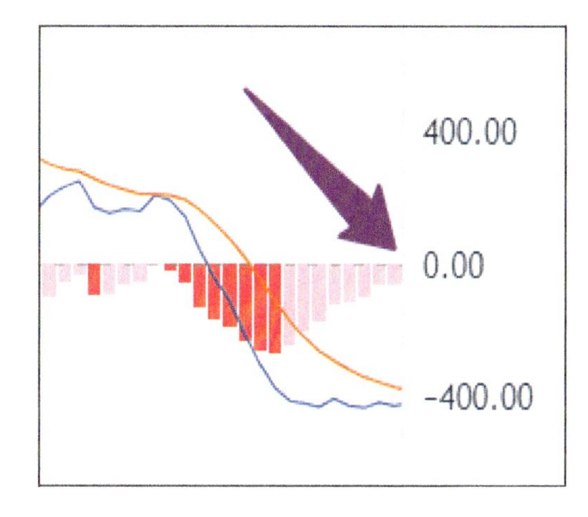

On retrouve deux zones : une zone au-dessus de la ligne zéro et une zone en dessous de celle-ci. Lorsque les moyennes mobiles se trouvent en dessous de la ligne zéro, la tendance est généralement baissière. En revanche, lorsque les moyennes mobiles se situent au-dessus de la ligne zéro, la tendance est généralement haussière.

Composition du macd :

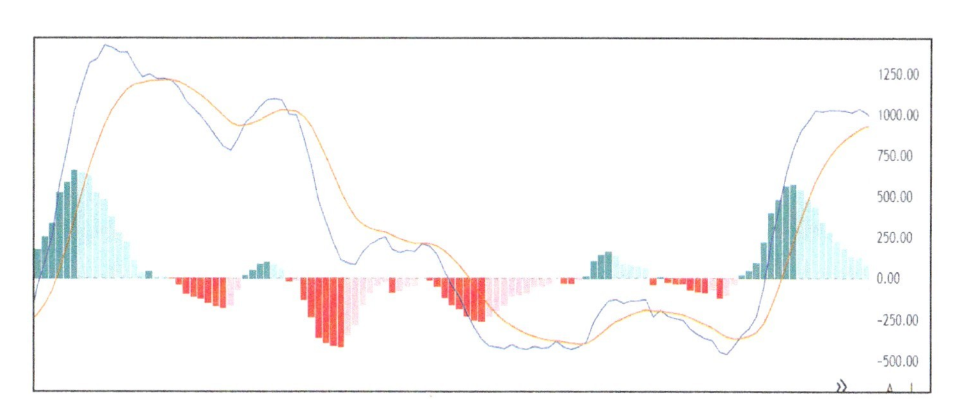

1. Ligne macd "12.26" : représentée par la **courbe bleue**.
2. Ligne 9 de signal (EMA9) : représentée par la **courbe orange**.
3. Ligne de neutralité 0 : représenté par une ligne droite **horizontale**.
4. L'histogramme : tantôt en vert au-dessus de la ligne signal 0, tantôt rouge en dessous de celle-ci, il représente l'écart visuel entre la ligne macd et la ligne signal, ainsi que les croisements entre ces deux lignes.

Comment interpréter et utiliser le MACD?

Dans cette série d'exemples, nous allons adopter une approche particulière pour interpréter et utiliser le MACD. Nous considérons que chaque fois que la ligne MACD croise la ligne de signal à la hausse (Golden Cross) en dessous de la ligne zéro, nous effectuerons un achat. De même, lorsque nous observons un croisement à la baisse (Death Cross) au-dessus de la ligne zéro, nous clôturons le trade.

Situation 1 : *range en UT 4h, précédemment le cours était en forte hausse. Sur 7 trades, 4 sont gagnants et 3 sont perdants.*

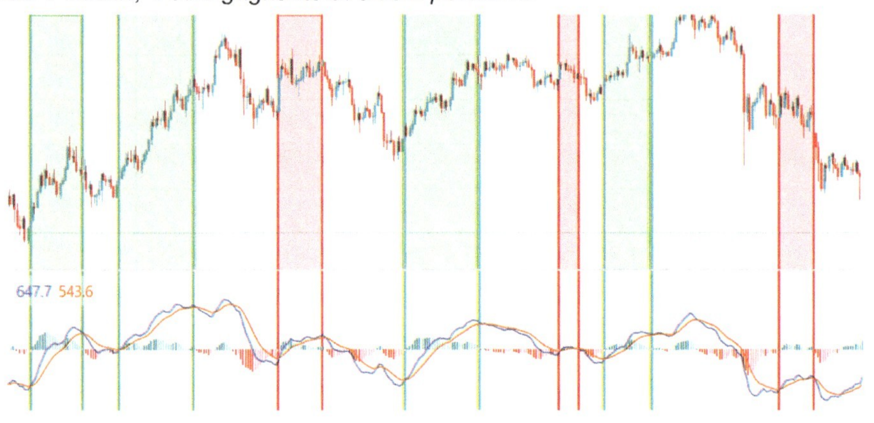

Situation 2 : *période baissière en UT 4h, après une période de hausse, puis de range. Sur 9 trades, 4 sont gagnants et 5 sont perdants.*

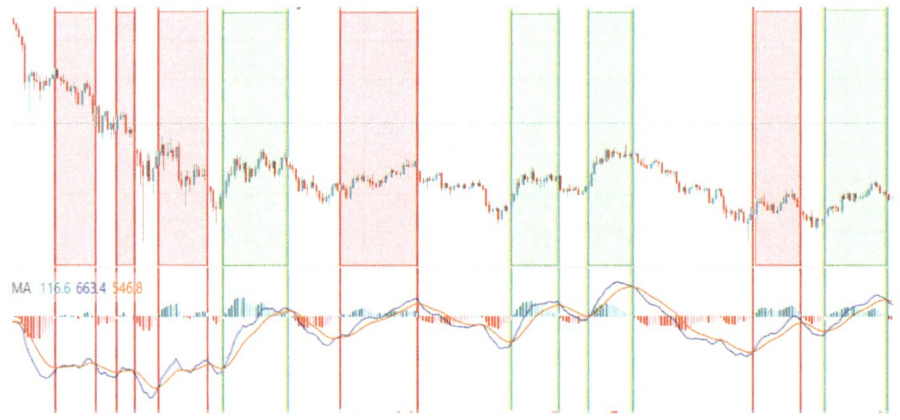

Le MACD (suite)

Situation 3 : *tendance haussière en H4 après une période de baisse. Sur 5 trades, 4 sont gagnants contre 1 nul (ni perdant, ni gagnant).*

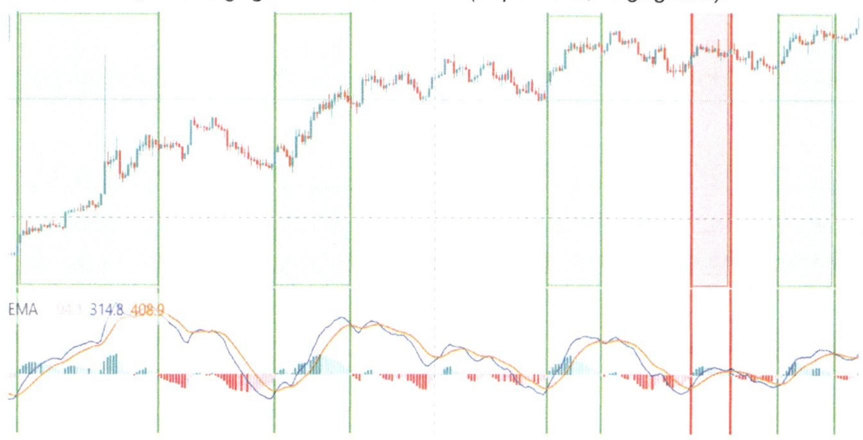

Situation 4 : *tendance fortement haussière, qui vient après une petite correction d'une tendance haussière précédente. Lorsque la tendance est fortement haussière, les courbes macd peuvent rester très longtemps au-dessus de la ligne 0. Ici on prend aussi les croisements à la hausse au-dessus de la ligne 0. résultat : 4 trades gagnants, 1 nul.*

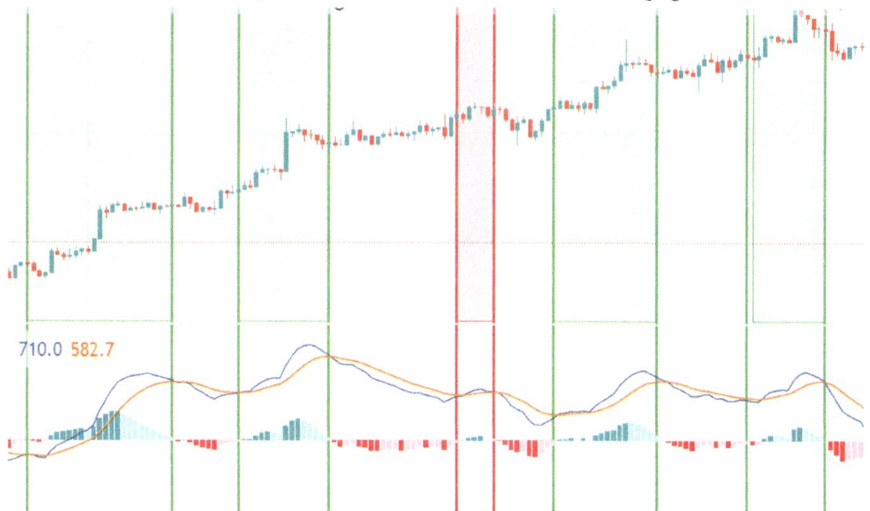

En conclusion, les exemples cités illustrent comment le MACD peut être utilisé dans certaines situations, mais il est important de noter que les résultats peuvent varier en fonction du marché, de l'unité de temps et de la capacité à analyser les tendances haussières ou baissières. De plus, il est essentiel de croiser différentes sources, signaux et indicateurs pour augmenter ses chances de réussite.

Par exemple, l'analyse du marché en combinant le RSI et le MACD, ou l'utilisation du MACD avec les niveaux de résistance et de support, sont des approches complémentaires qui peuvent être explorées. Au fur et à mesure de la lecture du livre, vous en apprendrez davantage et pourrez augmenter votre panoplie de techniques et d'indicateurs pour vos futures analyses. Il est important de continuer à se former et à explorer de nouvelles méthodes afin de développer une approche plus complète et adaptée à votre style de trading.

Le MACD (suite) : **Comprendre l'histogramme**

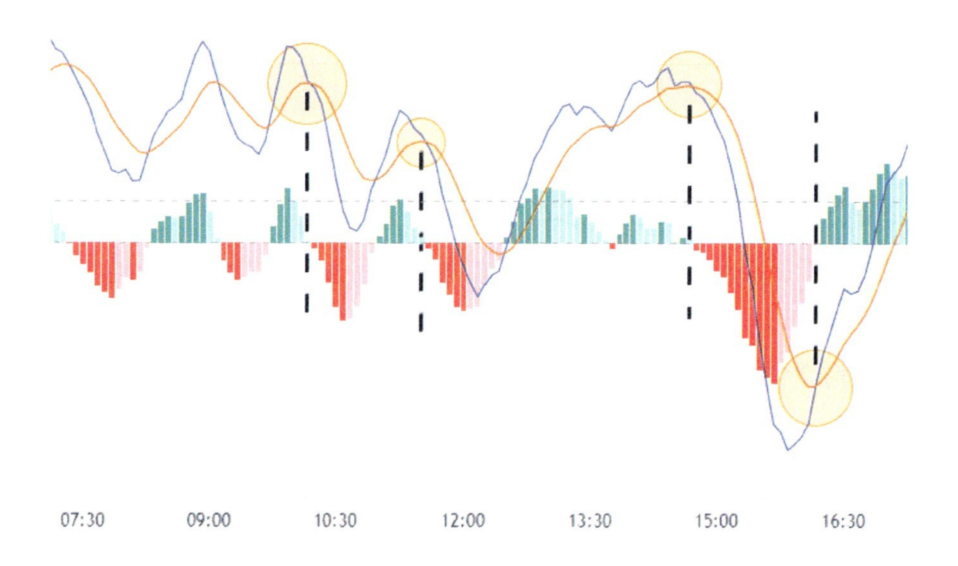

Un histogramme est présent dans le MACD. Dans cet exemple, lorsque l'histogramme est positionné sous la ligne 0, il est de couleur rouge, et lorsque celui-ci est positionné au-dessus de la ligne 0, il est de couleur verte.
On peut constater que l'histogramme change lorsqu'il y a un croisement des courbes MACD. Le vert indique une période supposée haussière, tandis que le rouge indique une période baissière. Cependant, cela n'est pas toujours exact dans toutes les situations, mais globalement, cet indicateur peut nous montrer les moments de force et de faiblesse. Je vous encourage à le vérifier par vous-même sur vos ordinateurs ou smartphones et à comparer différents actifs sur différentes unités de temps pour vous entraîner et vous familiariser, comme avec chaque indicateur d'ailleurs.

Maintenant, si l'on observe l'histogramme du MACD, on peut distinguer des barres de différentes nuances de vert foncé, vert clair, rouge foncé et rouge clair, (l'interprétation des nuances de couleurs sur l'histogramme du MACD peut varier en fonction du logiciel ou de la plateforme utilisée).

▲ Pour simplifier, lorsque l'histogramme passe de la couleur verte (au-dessus de la ligne 0), cela indique une inversion de tendance vers la hausse. Lorsque les couleurs de l'histogramme deviennent vert clair, cela signifie que l'actif montre des signes de faiblesse. Ensuite, lorsque l'histogramme passe du vert clair au rouge foncé, cela indique une tendance baissière. Lorsque l'histogramme passe du rouge foncé au rouge clair, cela suggère que la force du mouvement baissier diminue et peut indiquer un possible changement de tendance.

1 : Croisement de rouge foncé à rouge clair.

Dans cet exemple, lorsque l'histogramme passe du rouge foncé au rouge clair, cela indique que la phase baissière a perdu de sa force et est suivie d'une hausse. Cela se produit avant même que les lignes MACD se croisent, ce qui permet potentiellement d'anticiper certains mouvements **avant tout croisement**.

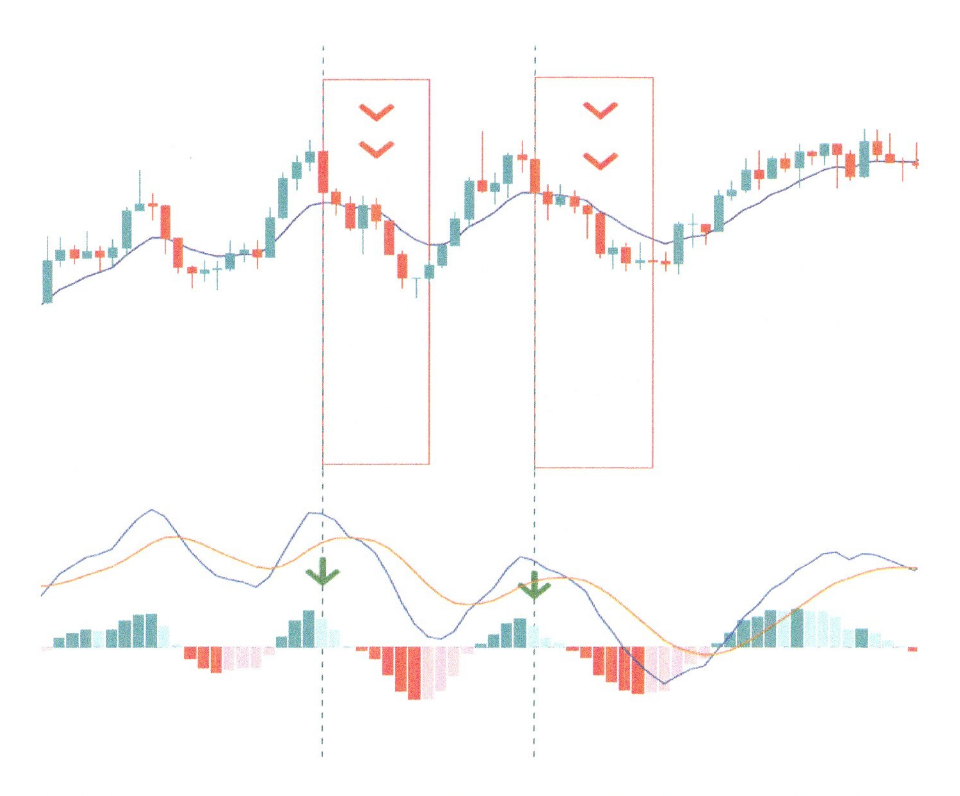

Cette fois-ci, nous passons du vert foncé au vert clair, indiquant que la période de hausse a perdu en force. Sur cet exemple, le cours finit par chuter suite à ce signal.

À titre d'exemple :

➠ **Possibilité donc d'ouvrir un SHORT (pari sur la baisse) à l'apparition de la couleur verte claire et de clôturer celui-ci à l'apparition de la couleur rouge claire.**

➠ **Possibilité d'ouvrir un LONG (achat pour parier à la hausse) à l'apparition de la couleur rouge claire et clôture de celui-ci lorsque la couleur devient verte claire.**

▲ Les faux signaux :

Attention, d'un actif à un autre, d'une unité de temps ou d'une période à une autre, le diagramme peut montrer des faux signaux ou des résultats différents. Il est donc important de trouver d'autres signaux qui pourraient nous aider à prendre des décisions. Il convient de prendre en compte les autres unités de temps pour analyser la tendance de fond ou utiliser d'autres indicateurs, par exemple. En bref, l'indicateur peut être efficace sur un actif et inefficace sur un autre, fonctionner correctement sur une unité de temps spécifique et moins bien sur une autre, et il peut avoir bien fonctionné une période et 6 mois plus tard, être moins pertinent.

Ci-dessous quelques exemples de faux signaux.

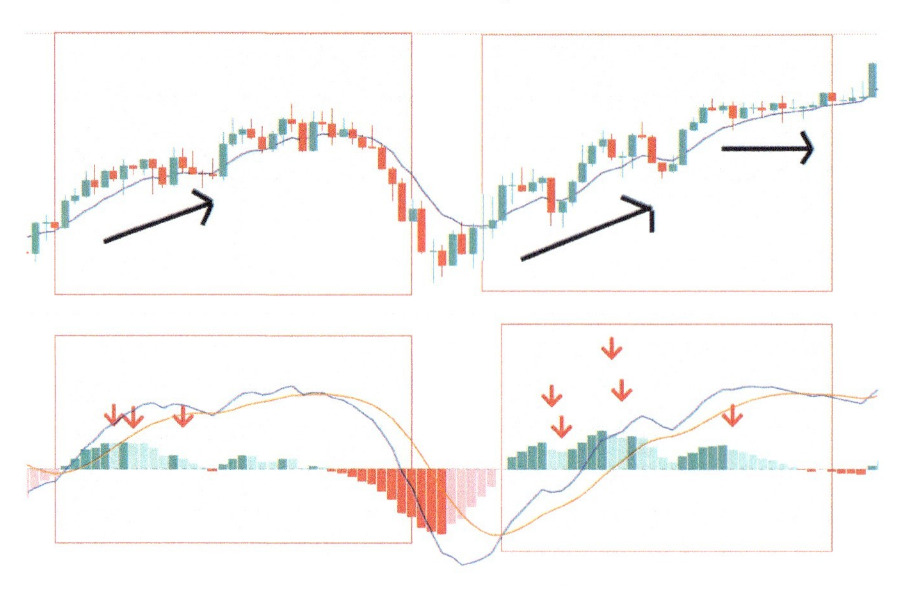

Ceci dit, si vous trouvez le bon actif dans la bonne période de temps à trader et que vous réussissiez à déterminer quand utiliser cette partie du MACD, cela pourra s'avérer extrêmement efficace et rentable.

Le MACD : Point d'attention !

Le MACD, dans sa globalité, est donc un indicateur efficace permettant de définir les tendances et les changements de tendances.
Plus l'unité de temps (UT) est longue, moins les faux signaux sont fréquents et plus les indicateurs sont crédibles. Cependant, il est important de ne pas se fier uniquement à cet indicateur lors de vos trades et recherches, car il n'est pas fiable à 100%. Il est préférable de le combiner avec d'autres indicateurs ou outils.
ATTENTION : Pour que tout indicateur soit validé (golden cross, death cross, croisement MACD), il est toujours recommandé d'attendre la clôture de la bougie. Par exemple, si vous êtes en UT 1 journée et qu'un croisement haussier apparaît sur le MACD et sur les moyennes mobiles (croisement haussier), il est nécessaire d'attendre la fin de cette journée pour que le signal soit valide. Cela s'applique à tous les indicateurs.

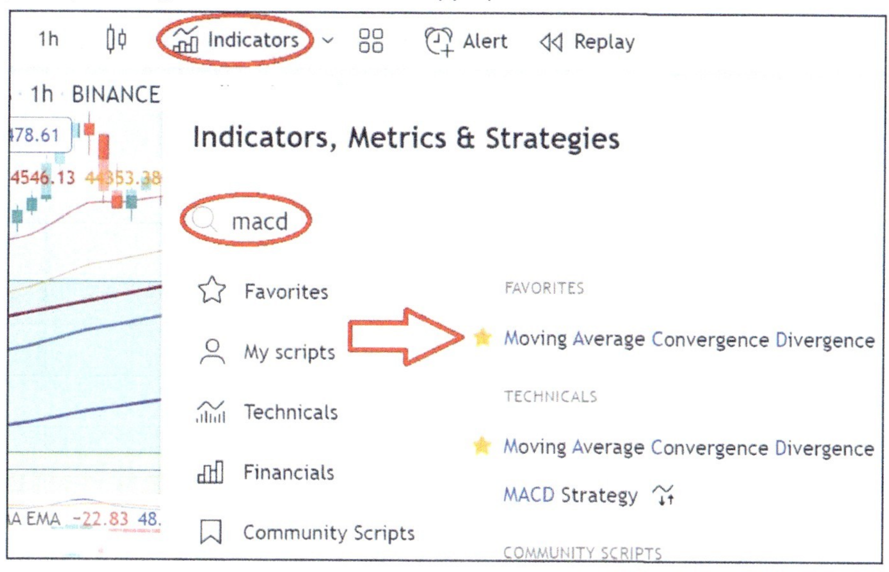

Pour afficher le MACD sur TradingView, cliquez sur "indicator", écrivez MACD dans la barre de recherche et sélectionnez "moving average convergence divergence".

▲N'hésitez pas à vous entraîner à analyser le MACD sur plusieurs unités de temps, à étudier les différents croisements et les impacts qu'ils ont sur le cours, et à combiner le MACD avec d'autres indicateurs pour une analyse plus approfondie.

Les volumes

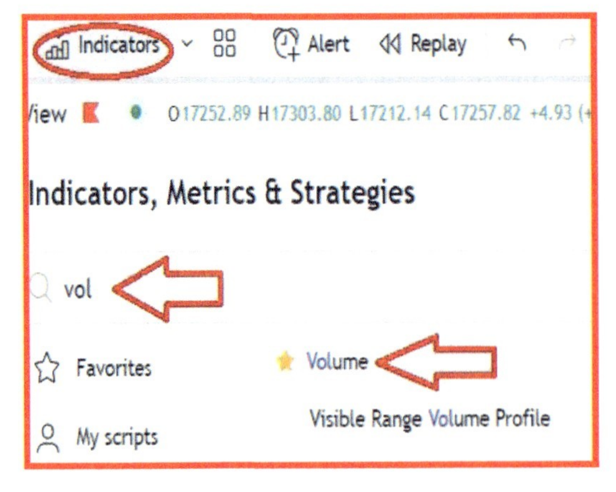

Les volumes nous montrent, sous forme d'histogrammes, la quantité des échanges (ventes et achats) qui ont eu lieu sur une période donnée. Plus la colonne est longue, plus la quantité des échanges est importante.
Ils représentent aussi la pression vendeuse ou acheteuse d'un actif.

Les volumes doivent être utilisés en conjonction avec d'autres indicateurs ou outils techniques.

Le diagramme apparaît sous le graphique: une bougie = une colonne.

➠Une colonne verte : Les acheteurs sont majoritaires.

➠Une colonne rouge : Les vendeurs sont majoritaires.

➠Les petites colonnes : Faible volume = souvent plus de faux signaux.

➠Les grandes colonnes : Fort volume = souvent moins de faux signaux.

Les volumes (suite)

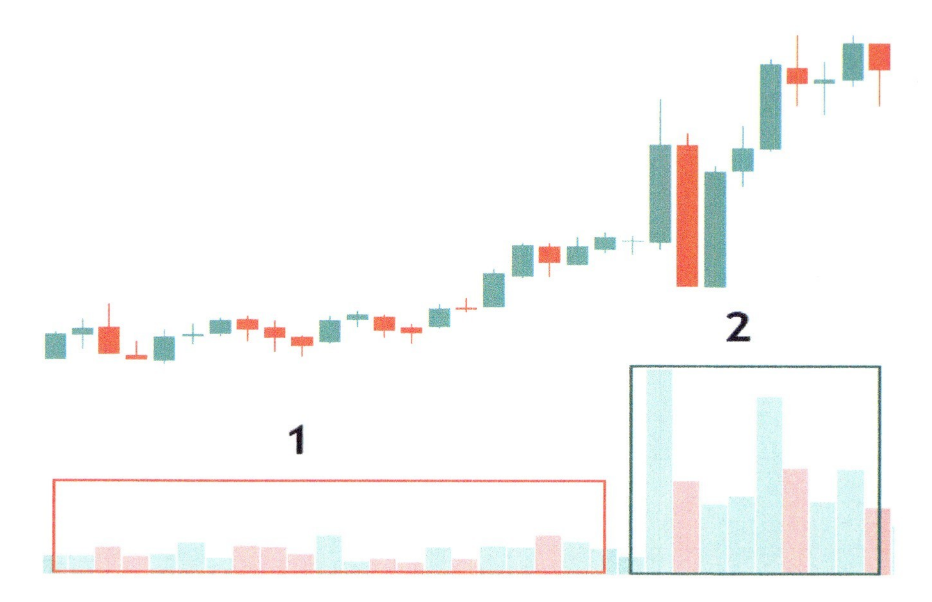

On peut observer un exemple de différence de volume dans la première partie. Les volumes sont très faibles jusqu'à la zone 2, puis ils deviennent forts. En réaction, le cours lui-même est influencé.
Les volumes peuvent être utilisés pour confirmer une décision d'achat. Par exemple, lorsque le cours casse une résistance, le volume à l'instant T devient massif par rapport au volume précédent.

Les volumes (suite)

Voici un autre exemple ci-dessus : On observe une hausse significative après la cassure de la ligne de cou et suite à l'apparition d'une importante colonne verte de volume. Ci-dessous, on retrouve le même principe, mais sur un graphique dézoomé.

Méthodes et profils d'investisseurs

1. Scalping :

Le scalping est une méthode de trading rapide qui consiste à acheter et vendre sur de petites unités de temps dont la durée d'un trade peut aller de quelques secondes à quelques minutes (souvent 15).

Suggestions des unités de temps :

- **pour un scalping "rapide"**, l'unité de temps de base sera de **1 minute** et les unités de temps à surveiller pour la tendance de fond sera celle de **5 minutes et 15 minutes.**

- **pour du scalping "standard"**, l'unité de temps de base sera de **1 à 5 minutes** et les unités de temps à surveiller pour la tendance de fond seront de **15, 30 minutes** et pourquoi pas **1 heure**.

Unité de temps	**BASE**	**TENDANCE DE FOND**		
scalping rapide	1 MIN	5 MIN	15 MIN	30 MIN
scalping	5 MIN	15 MIN	30 MIN	1 H

Avantages :

1. Encaissement des gains très rapides.
2. Les pertes sont moins importantes, à condition de ne pas utiliser d'effet de levier trop élevé, voire pas du tout.
2. En fin de journée ou en fin de session, tous vos trades sont clôturés.

Inconvénients :

1. Gains moins conséquents.
2. Difficultés élevées.
3. Beaucoup de faux signaux.
4. Nécessite beaucoup de concentration, d'assiduité et de discipline (maîtrise de soi). prise de décision très rapide.
4. Peut s'avérer plus fatiguant.
5. Nécessite une forte expérience en trading et en analyse technique.

2. Day Trading :

Trading court terme ou l'on se basera sur des unités plus grandes que le scalping mais comme celui-ci, à la fin de la session ou de la journée, toutes les positions seront clôturées.

Suggestions des unités de temps :

➠ **Pour du Day Trading rapide**, l'unité de temps de base sera de **15 minutes** et les unités de temps à surveiller pour la tendance de fond seront de **1, 3 et 6 heures**.

➠ **Pour du day trading standard**, l'unité de temps de base sera de **1 heure** et les unités de temps à surveiller pour la tendance de fond seront de **4, 6 heures et enfin journalière**.

Unité de temps	BASE	TENDANCE DE FOND		
daytrading rapide	15 MIN	1 H	3H	6H
daytrading	1H	4H	6H	1J

ATTENTION : ce tableau est à titre informatif, il représente juste une structure sur lequel se baser, vous pouvez très bien trader sur d'autres unité de temps qui ne sont pas cités ci dessus, comme par exemple l'UT 30 min ou encore l'UT 2h, c'est avant tout vous qui choisissez l'unité de temps avec lequel vous êtes le plus à l'aise et celle ou les structures et indicateurs vous parlerons le plus. N'oubliez pas d'étudier la tendance de fond dans les unités de temps supérieur quoi qu'il arrive.

■ **Avantages :**

1. Moins de faux signaux, les trades sont clôturés en fin de sessions.
2. Encaissement de gains rapides et plus conséquent que le scalping.
3. Moins difficile que le scalping pour apprendre.

■ **Inconvénients :**

1. Il vous faudra un peu plus de patience
2. Les pertes peuvent être un peu plus importantes que dans le scalping.
3. Les prises de décisions doivent être rapides (moins que le scalping).

3. Swing Trading :

Stratégie moyen à long terme, où les positions peuvent rester ouvertes pendant plusieurs jours, semaines ou mois. Les unités de temps à utiliser peuvent varier de plusieurs heures à des périodes journalières, hebdomadaires ou mensuelles.

Suggestions des unités de temps :

➠ **Pour un swing trading à court terme**, l'unité de temps de base sera de **4** ou **6 heures**, et la tendance de fond sera **journalière** et **hebdomadaire**.

➠**Pour un swing trading à moyen à long terme**, la base sera **journalière**, et la tendance de fond sera **hebdomadaire** et **mensuelle**.

Unité de temps	**BASE**	**TENDANCE DE FOND**		
swing trading court	4, 6 H	1 J	3 J	1 S
swing trading	1 J	3 J	1 S	1 M

■ **Avantage :**

1. Moins de faux signaux, les signaux dans les unités de temps élevées sont plus fiables et puissants que dans les unités de temps inférieures.
2. Gains plus importants par trade.
3. Méthode de trading plus facile ou plus accessible.
4. Ne nécessite pas d'être constamment devant ses écrans, n'est pas chronophage.
5. Méthode plus calme, moins stressante, avec moins d'interférences liées aux biais cognitifs.
6. Possibilité de réaliser d'autres activités en parallèle du trading.

■ **Inconvénient :**

1. Attente parfois longue avant de réaliser des gains.
2. Nécessite de la patience.
3. Les pertes peuvent être importantes, surtout en l'absence de protection (stop loss).
4. Nécessite de prêter attention à l'actualité pouvant influencer les marchés (économie, épidémie, guerre...).

4. Investissement :

Stratégie à long terme/très long terme qui consiste à investir d'un coup ou périodiquement sur un ou plusieurs actifs. Les unités de temps à surveiller seront quotidiennes, hebdomadaires et mensuelles.

Attention ! Étant donné qu'il s'agit d'un investissement à long terme (de 6 mois à 10, 20, 30 ans), il est nécessaire d'effectuer plusieurs actions avant d'investir dans vos actifs préférés (ETF, actions, cryptomonnaies, métaux, etc.)

1. Analysez le graphique dans de grandes unités de temps (jour, semaine, mois, année) et déterminez si la tendance des dernières années ou depuis la création de l'actif est haussière ou baissière. Il est logique de ne pas investir dans un actif qui est en baisse depuis de nombreuses années.

2. Renseignez-vous sur l'actif dans lequel vous investissez, explorez le secteur de marché dans lequel il évolue, évaluez sa santé financière, comprenez le projet qui le sous-tend. Faites vos recherches (réseaux sociaux, Google, YouTube) et ne vous fiez pas à une seule source d'information.

3. Soyez convaincu du potentiel de l'actif dans lequel vous allez investir.

4. Diversifiez vos investissements, ne placez pas tout votre argent sur le même actif ou la même plateforme. Rappelez-vous qu'il ne faut pas mettre tous ses œufs dans le même panier. Par exemple, investissez une partie dans les métaux, une partie dans les cryptomonnaies et une autre partie en bourse, etc. Même si vous vous concentrez sur la bourse, il est possible de diversifier en investissant dans différents secteurs et entreprises. L'objectif est de protéger votre capital au maximum contre les pertes et d'augmenter les chances de gain au fil du temps.

5. N'investissez que ce que vous pouvez vous permettre de perdre ! Cette règle s'applique également au trading. Même si l'investissement est moins risqué, on n'est jamais à l'abri de surprises.

Investissement (suite) :

	DOMAINE	pourcentage de capitale alloué		plateforme
MÉTAUX	OR	10%	**20%**	
	ARGENT	10%		
CRYPTO	DEFI	10%	**40%**	
	Metaverse	10%		
	blockchain	10%		
	NFT	5%		
BOURSE (marché des actions)	nasdaq (marchés américain)	10%	**40%**	
	pharmaceutique	10%		
	technologique	10%		
	CAC 40 (marchés francais)	10%		

➠ Dans ce tableau, les pourcentages et les domaines sont donnés à titre indicatif. Vous êtes libre de vous en inspirer ou non. Cependant, il est important de souligner l'importance de la diversification dans vos investissements. En prenant l'exemple du tableau, nous avons investi dans une dizaine de domaines différents à travers trois marchés. Cela signifie que si l'un des domaines est touché par une baisse ou une période baissière, nous aurons les autres pour nous soutenir.
De plus, il est crucial de surveiller la santé des marchés d'actions en examinant les indices des pays, tels que le CAC40 pour la bourse de Paris, le NASDAQ pour la bourse américaine, ou encore la bourse chinoise. Un simple coup d'œil sur les marchés européen et américain peut vous donner une idée de l'état du marché.
➠ En ce qui concerne les crypto-monnaies, il est essentiel de suivre le cours de la plus grande cryptomonnaie du marché, celle qui a la capitalisation la plus élevée en dollars. En ce moment, cette crypto-monnaie est le Bitcoin (BTC). Les mouvements de cette cryptomonnaie auront une influence significative sur la plupart des autres crypto-monnaies, à la hausse comme à la baisse.
➠ Il est important de noter que ces informations sont valables au moment de la rédaction et peuvent évoluer avec le temps. Il est donc essentiel de rester informé et de surveiller les développements du marché.

Trading, mode d'emploi :

Les ordres d'achat

Nous allons voir maintenant la différence entre les différents ordres d'achat et de vente et comment les appliquer.
Bien que l'analyse technique se fasse sur TradingView, (ou un autre site ou logiciel, qu'importe), les achats d'actifs se feront sur d'autres plateformes (une bonne majorité a intégré l'outil tradingview à leur plateforme, mais pas toutes).

1 : Ordre au marché ou market order **2 : Ordre limite ou limite order**

1: Vous achetez un actif au prix à l'instant T et sans conditions, vous achetez le prix actuel du marché. (pour les cryptos, les achats et ventes se feront dans la partie SPOT). Dans l'onglet "Prix", vous n'avez rien à entrer, il est réglé automatiquement sur "Market". Dans l'onglet "Total" entrez la somme que vous voulez acheter.

2: Ici, vous décidez à quel montant maximum vous voulez acheter un actif. Dans l'onglet "Prix" définissez la limite du prix de l'actif que vous voulez acheter et dans l'onglet "Total" rentrez la somme que vous voulez miser. Ex : l'actif coûte actuellement 16 USD, mais je veux l'acheter au prix de 15 USD, je rentre dans l'onglet "prix" le chiffre 15, si a un moment l'actif coûte moins de 15 ou égal à 15, alors un achat sera fait automatiquement à ce prix.

3 : Ordre stop limit

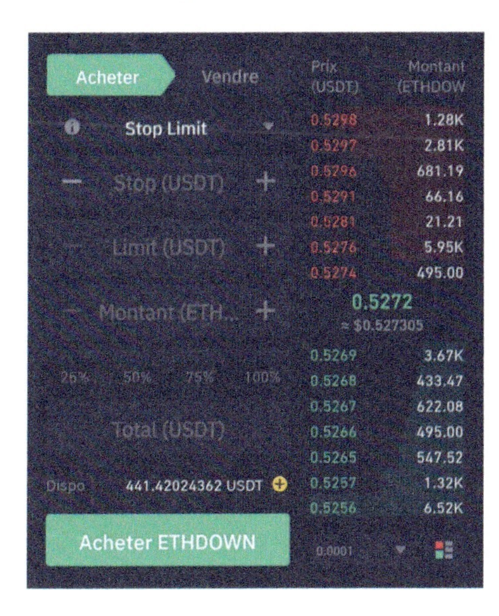

Les ordres d'achat "stop limit" sont importants dans le trading, il est nécessaire de bien connaître leur fonctionnement.
Dans la partie stop (usdt = dollars) je rentre le prix de l'actif qui déclenche mon achat.
Par exemple, nous voyons sur l'image que le prix actuel de la crypto que je veux acheter est de 0.52 Dollars. Si je veux décider d'acheter cette crypto à un prix inférieur alors je peux par exemple rentrer dans la partie "stop (usdt)" le prix de 0.40 Dollars. Si le prix de la crypto chute, alors mon achat s'enclenche automatiquement.

Il est également possible, si je le souhaite, de placer un prix supérieur au prix actuel dans la partie "stop (usdt)". L'avantage est que vous pouvez programmer à l'avance vos achats en fonction de vos recherches. Par exemple, si l'actif atteint le prix qui vous intéresse et que vous êtes occupé, l'achat sera automatiquement déclenché.

Dans la partie "limit (usdt)", je définis le prix maximum auquel je souhaite effectuer mon achat. Il est recommandé de fixer un prix légèrement supérieur à celui de la partie "stop", car les mouvements de prix peuvent parfois être violents, et l'actif peut être acheté à un prix bien supérieur ou même annuler l'achat. Dans la partie "Total", je saisis la somme que je suis prêt(e) à investir dans l'actif.

Notez que dans un ordre d'achat "stop limit", le prix "stop" doit être inférieur au prix actuel, tandis que le prix "limit" doit être supérieur au prix "stop".

Récapitulons :
Stop : je saisis le prix auquel je souhaite que mon achat soit déclenché.
Limit : je saisis le prix maximum auquel je suis prêt(e) à acheter l'actif.
Total : je saisis la somme que je souhaite investir.

Ordre stop limit (suite)

Situation 1 : je veux acheter à un prix inférieur.

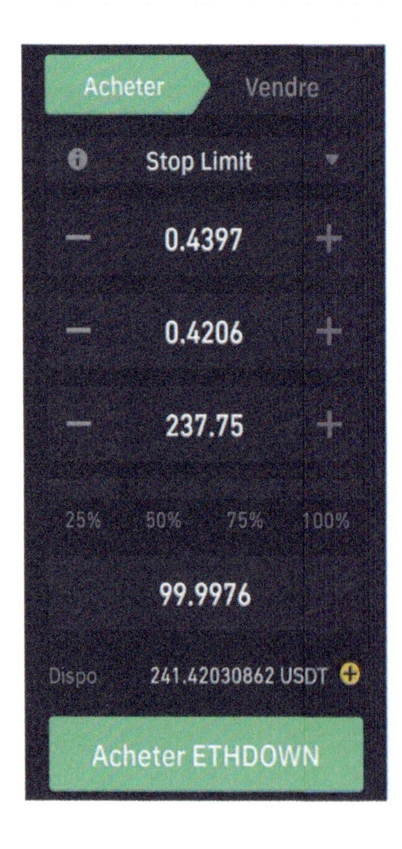

Si je pense que le prix va baisser et qu'un certain prix m'intéresse, alors je place mon ordre d'achat “stop-limit” sous le prix actuel, au prix voulu.

■ Je rentre mon prix stop, ici 0.4397

■ Je rentre ma limite de prix, ici 0.4206

Dans le cas où je souhaite acheter plus bas, le prix limite devra être légèrement inférieur au prix stop pour me laisser une marge de manœuvre.

■ Je rentre la somme en dollars, euros ou autres, que je souhaite mettre sur cet actif.

■ Puis j'appuie sur acheter pour exécuter l'ordre.

Ordre stop limit (suite)

Situation 2 : je veux acheter à un prix supérieur.

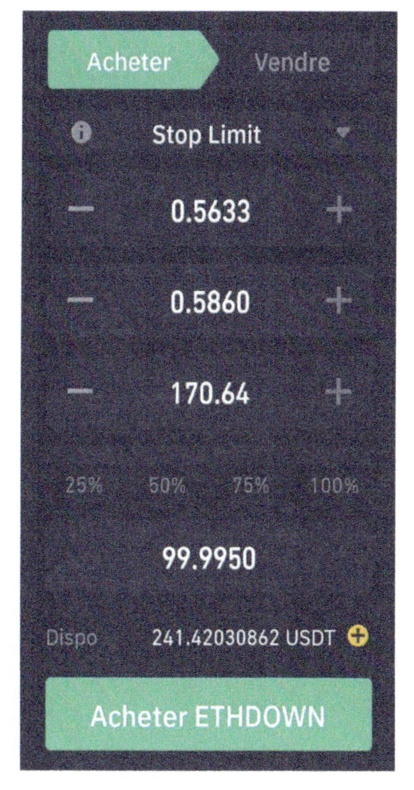

Ici je veux acheter à un prix supérieur au prix actuel, je souhaite acheter lorsque la résistance sera cassée par le haut (confirmation haussière).

■ Je rentre mon prix stop, ici 0,5633.

■ Je rentre ma limite de prix, ici 0,5860.

Dans le cas de figure ou je veux acheter à un prix supérieur, cette fois-ci mon prix limite doit être au contraire légèrement inférieur au prix stop !

■ Je rentre la somme en dollars, euros ou autres que je souhaite mettre sur cet actif.

■ J'appuie sur acheter pour exécuter l'ordre.

Les ordres de vente.

Les ordres de ventes fonctionnent sous le même principe que les ordres d'achats, à la différence où cette fois-ci, on n'achète pas un actif mais on vend celui-ci.

Les ordres de ventes au marché (market) et les ordres limite :

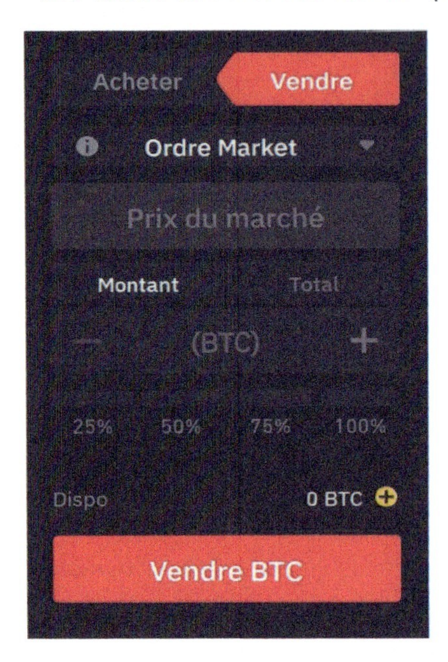

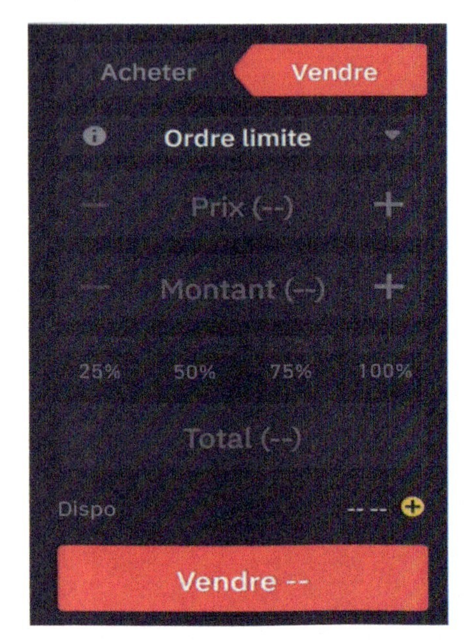

Comme vous pouvez le constater, ces ordres de ventes fonctionnent exactement comme les ordres d'achat et proposent les mêmes fonctionnalités, à la différence que cette fois-ci vous vendez vos actifs et récupérez votre argent.

■ Les ordres au marché pour revendre au prix actuel et instantanément.

■ Les ordres "limit", vous choisissez la limite de prix à ne pas dépasser lors d'une vente.

Protéger son capital grâce aux ordres de vente “stop-limit”. (STOP LOSS et TAKE PROFIT)

Les ordres de vente “stop limit” fonctionnent aussi comme les ordres d'achat “stop limit” et ont tout aussi une certaine importance dans le trading, notamment pour protéger son capital et assurer des gains.

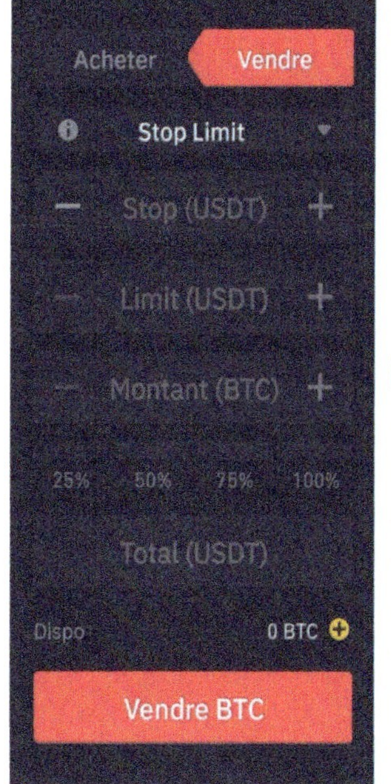

■**Take profit : Achat stop-limit.**
Ici mon achat a été effectué dans la zone rectangle rouge. je programme une future vente à la hausse ou celle-ci sera déclenchée à 1.58 avec une limite à 1.61. **Cela me permet de récupérer des profits si le cours monte alors que je suis occupé.**

■**Stop loss : Vente stop-limit.**
Je place un second ordre d'achat “stop-limit” mais cette fois sous mon prix d'achat, **pour protéger mon capital**, au cas où mon scénario de hausse de l'actif ne se ferait pas et où celui-ci chutait. Grâce à cet ordre, mon capital est protégé contre de potentielles plus grosses pertes et je ne perdrais au maximum que le prix que j'aurais défini. Ici, l'ordre de vente se déclenche à 1.39 avec une limite de 1.36.

▲ Il est nécessaire de protéger son capital, ses trades avec les “takes profits” et les “stop loss”. Vous savez maintenant qu’il est possible de faire cela grâce aux ordres de vente “stop limit”. Ceux-ci limitent votre exposition sur le marché en revendant automatiquement votre trade au prix fixé par vous même dans le scénario où le cours chute. Et à l’inverse s’assurer de prendre des profits si le cours monte.
Je vais vous montrer maintenant en illustrations l’importance du stop loss et du take profit.

Cas n°1 : Sans Stop Loss

Dans ce cas de figure, comme indiqué sur l'illustration ci-dessus, j'achète cet actif en vue d'une possible future hausse. Une bougie représente une durée d'une heure. Cependant, dans cette situation, je n'ai pas placé de stop loss (ordre stop-limit) et je n'étais pas disponible pour surveiller l'évolution du cours (nuit, imprévus, travail ou autres occupations). Malheureusement, cela a entraîné une perte colossale de 26%.

Cas n°2 : Avec Stop Loss

Contrairement à l'illustration précédente, j'ai placé ici un "Stop Loss". Je limite ma perte et protège mon capital. Grâce à cette action, mes pertes ne sont que de 4% contre 26% si je n'avais pas anticipé et placé mon "Stop Loss". Je limite les dégâts et peux passer à autre chose tout en gardant les idées claires.

Résultat : je garde toujours la maîtrise, et mes éventuelles pertes sont toujours calculées à l'avance **(pas de trading au hasard).**

Où placer mon Stop loss ?

Vous connaissez et êtes à l'aise maintenant avec les indicateurs techniques. Vous savez déterminer et tracer des supports, des résistances. Vous comprenez le fonctionnement des moyennes mobiles et leurs croisements. Vous savez interpréter les tendances haussières ou baissières grâce au RSI, au MACD, au price action…

Ici, j'ai tracé mon support, le prix a rebondit 3 fois sur celui-ci, j'achète l'actif, je place mon "stop loss" sous le support (un cassage à la baisse d'un support signifie souvent un changement de tendance et un prix en forte baisse). Les moyennes mobiles peuvent servir de support et résistance naturelles aussi, vous pouvez vous en servir pour placer vos ordres, utiliser tout ce dont vous savez pour prendre vos décisions, analyser, entraîner vous, regarder dans le passé ce que faisait le cours.

Il est également essentiel de mesurer les risques de pertes et de calculer le drawdown auquel on est exposé. Le risque de perte doit être inférieur au potentiel de gain lorsqu'un trade est lancé.

Cas n°3 : Sans Take Profit

Pour cet exemple, J'ai acheté lorsque le cours a cassé la résistance à la hausse, mais je n'ai pas placé de take profit. Pendant que j'étais occupé, le prix a augmenté d'environ 24%, puis est revenu presque à son prix initial. J'ai ainsi manqué une opportunité de réaliser un profit de 24%.

Cas n°4 : avec Take Profit

En se basant sur le graphique de l'exemple précédent et en ajoutant un ou plusieurs take profit, je suis assuré de prendre des profits.

▲Je le répète, le take profit est là pour vendre l'actif à un prix préalablement choisi, supérieur à votre prix d'achat. C'est à vous de décider à l'avance à quel prix vous souhaitez que l'application de trading vende pour vous. Cette vente sera automatiquement effectuée si le cours atteint le prix que vous avez fixé. Dans les pages suivantes, nous allons étudier comment placer nos "Take Profit" et "Stop Loss" à travers plusieurs exemples.

1 : Où placer ses "take profits"? quelques idées.

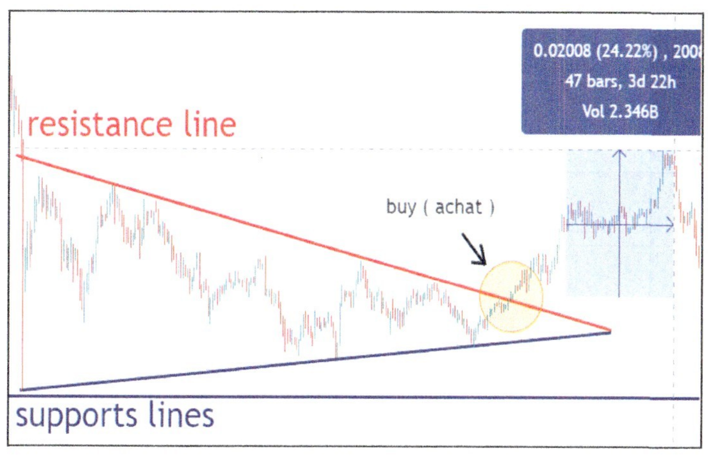

Pour trouver des points sur le graphique où placer son ou ses take profits, il va falloir regarder le graphique d'un point de vue plus global (dézoomer le graphique, regarder dans les unités de temps supérieures ou inférieures), de manière à trouver des résistances, des moyennes mobiles ou d'anciens niveaux de prix susceptibles de faire rebondir le prix à la baisse après notre hausse.

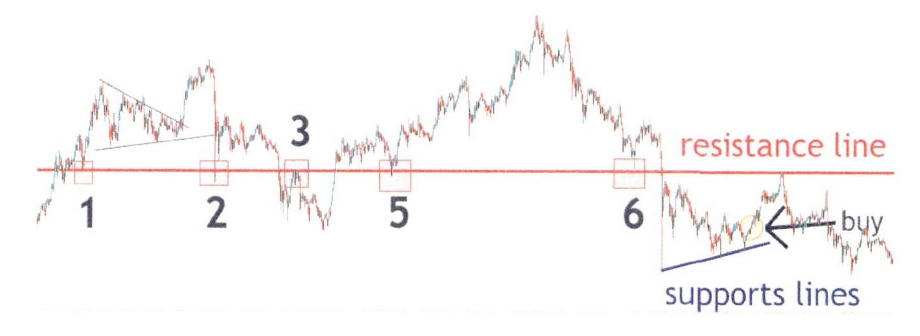

En ayant une vue plus globale du graphique, j'ai pu tracer un ancien support devenu résistance. On peut voir que le prix vient au contact de cette ligne 6 fois. Pour cet exemple, nous avons donc une limite **sous** laquelle placer notre ou nos take profits.

Où placer ses “take profits"? Quelques idées.

La résistance a été trouvée et tracée. Je peux placer mon take profit soit au même niveau que la résistance, soit légèrement en dessous (personnellement, je préfère placer mes take profits légèrement en dessous d'une résistance et pas au même niveau) car il arrive que le cours fasse des pièges et n'atteigne pas forcément ce que nous voyons.

Il est aussi possible de placer plusieurs take profits, de prendre des profits par paliers. On peut définir ces paliers en travaillant un peu plus sur le graphique, chercher des moyennes mobiles, d'autres résistances plus importantes et dans des unités de temps inférieur ou supérieur.

Par exemple, il est aussi possible de trouver des points de sortie grâce aux lignes de Fibonacci (mais nous verrons cela dans la partie dédiée aux indicateurs techniques poussés).

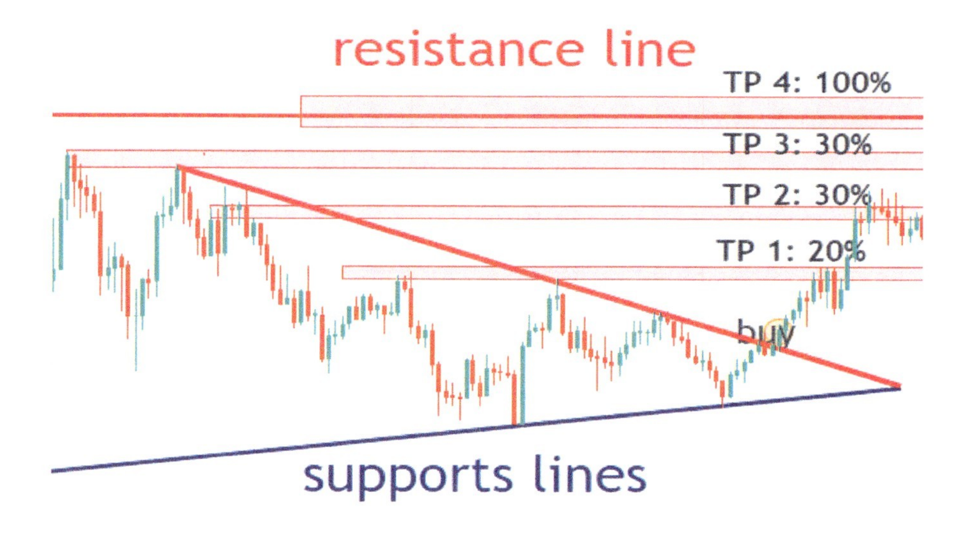

Quelques suggestions à titre indicatif : voici comment j'ai réparti mes **4** take profits (TP) : le premier TP est de 20%, les 2e et 3e TP sont de 30%, et le dernier est de 100%, afin de clôturer définitivement ma position. Les pourcentages sont donnés à titre indicatif, sauf pour le dernier TP. À vous de choisir à quel pourcentage vous souhaitez vendre.

Avec cette méthode, mes gains finaux seront moins importants que si j'avais placé un seul et même TP proche de notre fameuse grosse résistance, mais la probabilité de réaliser des bénéfices dans le temps avec cette méthode de trading qui consiste à prendre ses gains par paliers est beaucoup plus élevée et vous permet quand même de récupérer des profits, car le cours peut très bien ne jamais venir toucher cette résistance (pour notre exemple) ou bien ne jamais atteindre le niveau souhaité (par vous).
C'est pourquoi placer plusieurs take profits et vendre par paliers peut s'avérer être une bonne stratégie.

Voyons maintenant pourquoi j'ai placé mes take profits à ces emplacements précis dans la page suivante.

Chaque sommet qui précède mon achat peut jouer le rôle de petites résistances pour le cours, ce qui peut entraîner une stagnation du cours ou même un rejet. J'ai naturellement placé mes take profits à ces niveaux, comme illustré dans l'exemple ci-dessous.

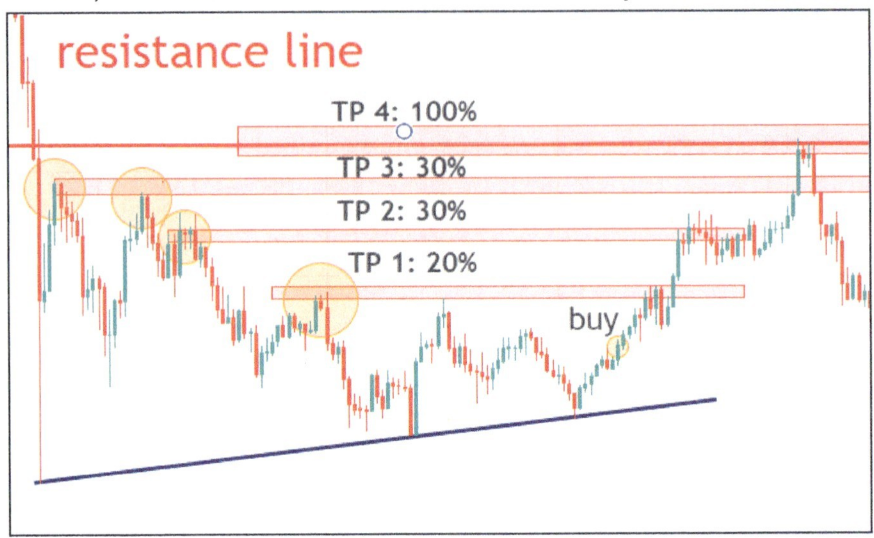

TP n°1 : il a été placé au niveau des premiers sommets qui précèdent mon achat. On peut observer que ces deux sommets forment une petite résistance, ce qui en fait un emplacement idéal pour placer le premier take profit.

TP n°2 : il est positionné au même niveau que le deuxième sommet qui précède celui du TP n°1, légèrement au-dessus.

TP n°3 : il est placé au niveau des deux derniers sommets les plus élevés du graphique, qui forment également une petite résistance.

TP n°4 : ce dernier take profit est placé au niveau de la grosse résistance que nous avons trouvée et tracée dans les pages précédentes.

Dans un scénario où le cours ne parviendrait pas à atteindre votre objectif fixé et donc ne toucherait pas votre take profit, il est recommandé de vérifier régulièrement votre trade et de déplacer votre stop loss en conséquence. Pour rappel l'exemple cité reste une suggestion, cohérente pour cet exemple là.

2 : Où placer ses “takes-profits” lorsque le prix atteint un plus haut record.

“ATH” définition : un “All-Time High” est le prix le plus élevé jamais atteint par l'actif.

Lorsque votre trade se trouve au-dessus du dernier ATH connu et qu'il n'est pas possible de trouver de niveaux de prix pour placer vos TP en raison de l'absence de résistance ou de niveaux clés, car le cours se trouve dans une phase nouvelle, il est possible de trouver des niveaux de revente grâce à l'outil de mesure de Fibonacci (extensions ou retracements de Fibonacci).

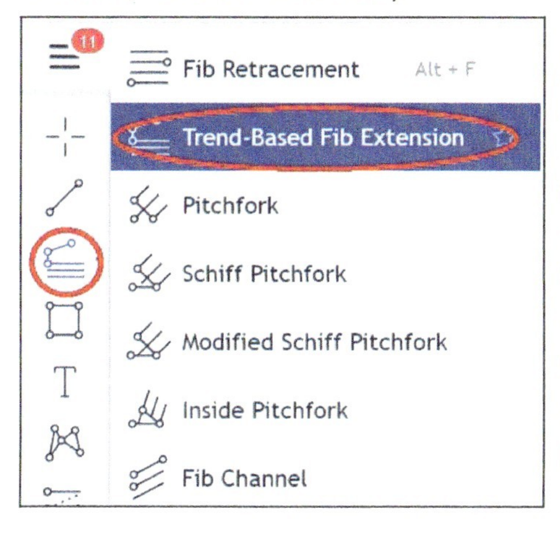

Pour utiliser les extensions de Fibonacci, (sur Tradingview), allez dans la barre de menu sur la gauche, cliquez sur le troisième icône puis sur “trend based fib extension". Même si vous n'utilisez pas ce logiciel, l’utilisation de cet outil se fera de manière similaire sur d’autres plateformes.

Avec les extensions de Fibonacci :

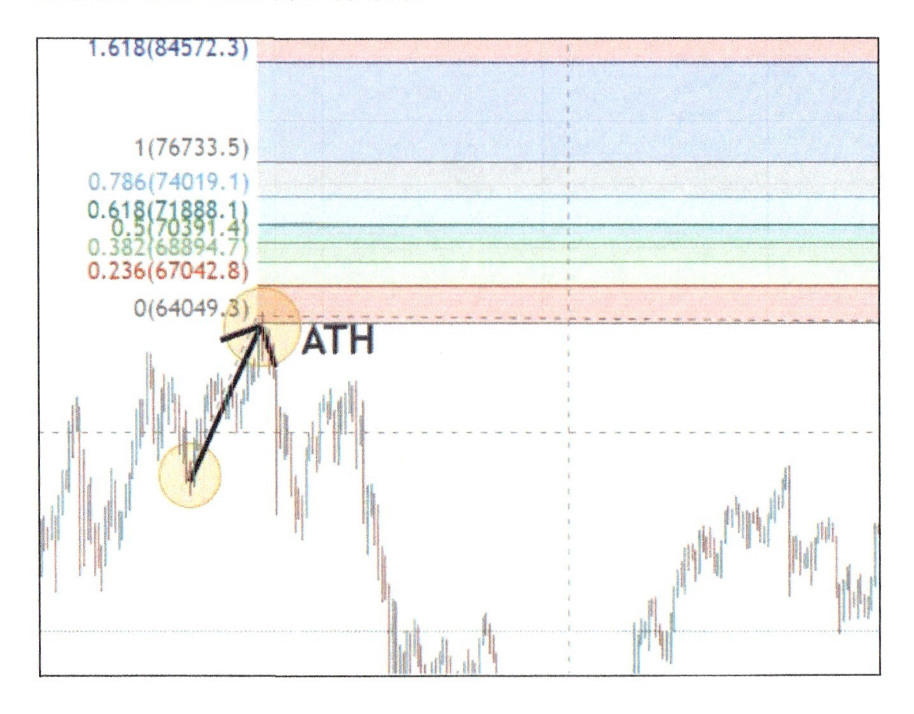

Lorsque le prix n'a jamais atteint des niveaux plus élevés, il est impossible de tracer nos propres résistances ou supports. Pour définir les futures résistances ou supports à partir du prix le plus haut jamais atteint, suivez ces étapes : après avoir sélectionné l'outil "extension de Fibonacci", cliquez une première fois sur le **dernier plus bas** avant l'ATH, puis montez jusqu'à celui-ci (ATH) et recliquez pour confirmer vos positions. Un tableau apparaîtra avec plusieurs lignes de différentes couleurs, correspondant aux futures résistances et supports potentiels dans le cas où le cours dépasserait son ATH (prix le plus haut jamais atteint). Veillez à être précis sur les niveaux en sélectionnant les fins de mèche ou les fins de corps de bougie, sinon le traçage des futures résistances risque d'être faussé.

Les résistances et supports donnés par Fibonacci, bien qu'efficaces, restent des estimations.

Avec les extensions de Fibonacci (suite) :

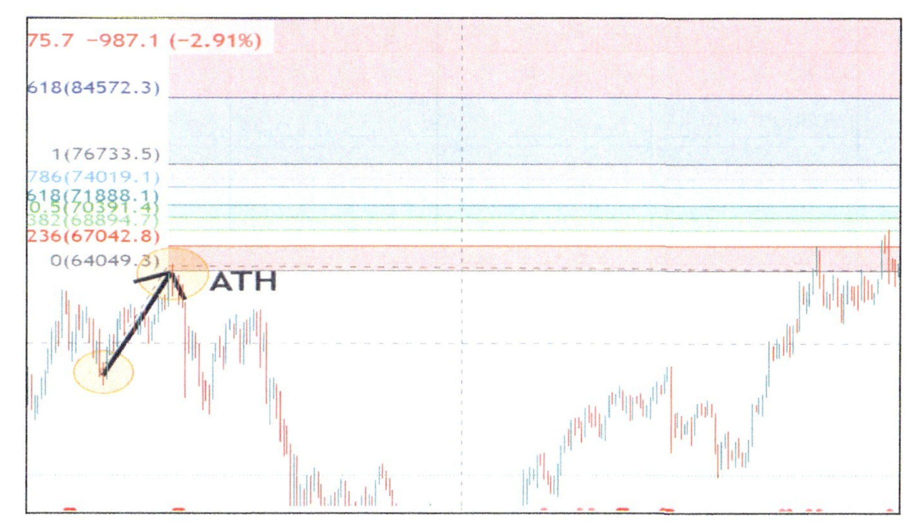

Sur l'actif Bitcoin, on peut voir que le prix a dépassé son dernier ATH et évolue au-dessus de celui-ci. Ainsi, nous pouvons observer le prix évoluer dans les zones de Fibonacci que nous avons positionnées. Cependant, zoomons de plus près sur le graphique pour vérifier l'efficacité de ces lignes de résistance.

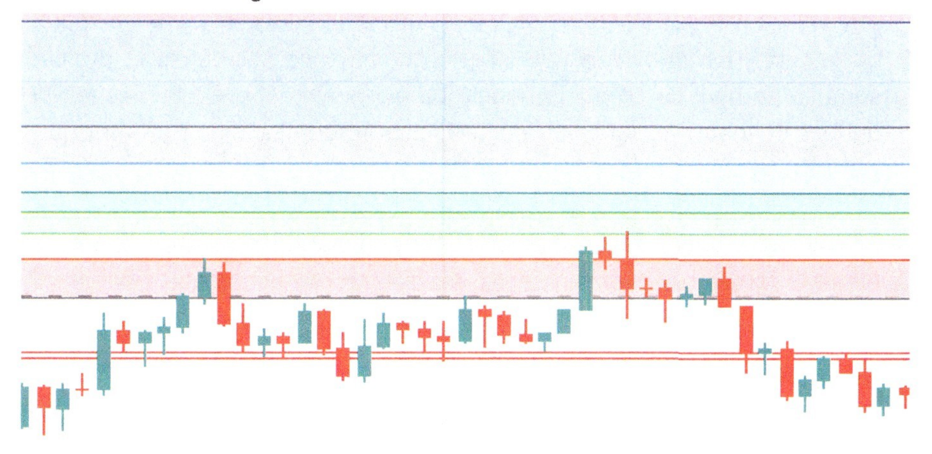

Regardez attentivement à quel point cet outil est efficace. Il a réussi à tracer des résistances et des supports fiables, même lorsque l'historique du graphique ne nous permettait pas de le faire manuellement. Ainsi, je peux définir des points de vente en plaçant des take profit sur ces niveaux.

Les extensions de fibonacci (suite)

Il est également possible de faire l'inverse et donc d'utiliser fibonacci pour trouver des supports dans des niveaux plus bas encore jamais atteint historiquement.

➟ Pour trouver des lignes de support grâce à Fibonacci sous des niveaux où le prix n'est encore jamais allé, on commence par définir le dernier sommet (le bout du corps de bougie ou parfois le début de la mèche, en partant du haut) en tant que point **1**, puis le dernier creux en tant que point **2**.

➟ Cliquez d'abord sur le dernier sommet, puis sur le dernier creux, et étirez le tableau horizontalement jusqu'à la zone recherchée en restant au niveau du dernier creux. Vos potentielles futures lignes de résistance et de support seront tracées !

▲ Il faut noter que les extensions de Fibonacci et les retracements de Fibonacci (méthode basique) doivent toujours être effectués de gauche à droite sur le graphique et jamais dans l'autre sens. Pour des supports, le point de départ est un sommet, puis le prochain creux pour point final. Pour des résistances, le point de départ est un creux, pour finir sur le prochain sommet.

Fibonacci (suite) : Retracement de Fibonacci

Vous savez maintenant utiliser les extensions de Fibonacci, mais il existe également un outil de retracement de Fibonacci "simple". Pour celui-ci, il vous suffit simplement de sélectionner le dernier plus haut puis le dernier plus bas. Des lignes horizontales de résistance et de support apparaîtront sur le graphique, mais uniquement aux niveaux des points haut et bas que vous aurez définis. C'est très pratique pour identifier rapidement des zones de support/résistance dans le cours, mais moins efficace pour rechercher ces zones au-dessus de l'ATH ou sous les plus bas du cours.

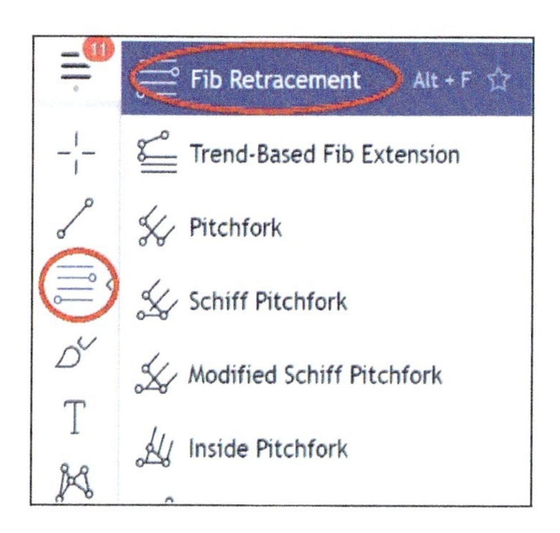

Dans la barre de menu de gauche sur TradingView, vous pouvez cliquer sur l'icône représentant quatre lignes parallèles, puis sélectionner "Fib Retracement" ou "Retracement Fibonacci" en français. Pour d'autres plateformes de trading, le fonctionnement et les termes peuvent être similaires, voire identiques.

En **1** je défini mon plus haut, et en **2**, mon plus bas, qu'importe l'unité de temp, qu'importe la zone. Il n'est pas nécessaire de choisir l'ATH ou le creux le plus bas. Vous pouvez sélectionner les points en fonction de la zone que vous souhaitez trader.

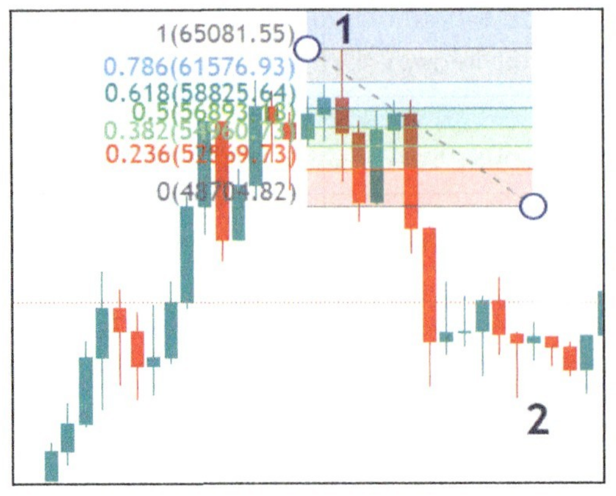

Une fois que vous avez sélectionné le fameux outil "retracement de Fibonacci", cliquez sur votre point le plus élevé (notez que j'ai choisi ici le sommet de la plus grande mèche). Ensuite, descendez votre curseur pour atteindre votre point le plus bas, qui correspond à l'extrémité de la mèche inférieure.

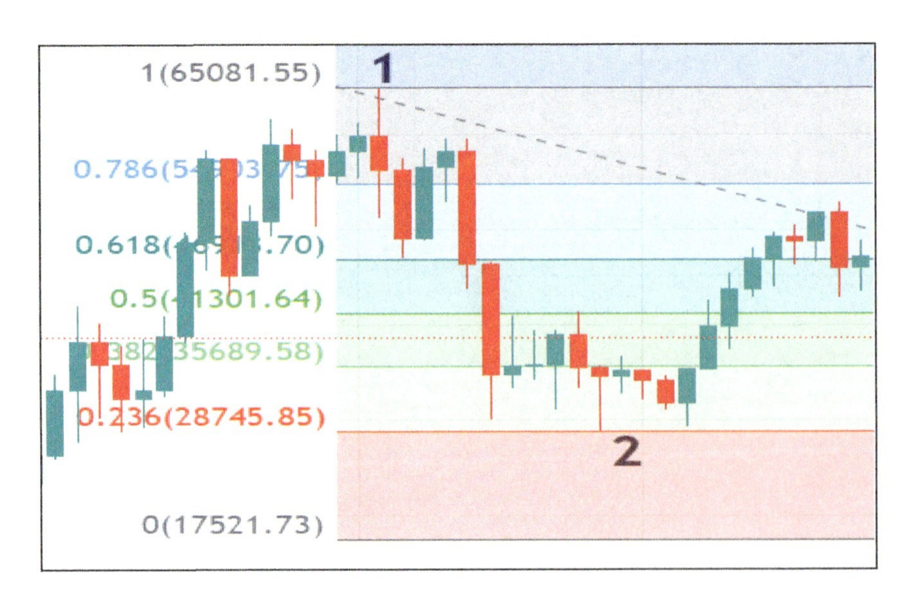

Comme le montre l'exemple, la ligne rouge représente un niveau de support pour le dernier point bas. En dessous de la ligne rouge, la zone rouge indique une "zone de danger". Si vous observez attentivement, vous pouvez déjà constater que ces lignes agissent comme des niveaux de support ou de résistance sur le cours. Maintenant, examinons si ces lignes restent fonctionnelles dans le futur, en observant une période allant jusqu'à un an après (notez que l'unité de temps utilisée ici est hebdomadaire, où une bougie représente une semaine).

Fibonacci (suite) : **Retracement de Fibonacci**

Comme vous pouvez le constater, les lignes de support et de résistance restent toujours aussi crédibles et fonctionnelles dans le graphique.

▲Sur un graphique, vous pouvez observer des chiffres apparaître à côté des lignes lors de l'utilisation du retracement de Fibonacci. Peu importe le retracement utilisé, la ligne la plus puissante et qui aura le plus souvent un impact sur le cours est la ligne (support ou résistance) correspondant à **0.618**, qui se situe au milieu du tableau.

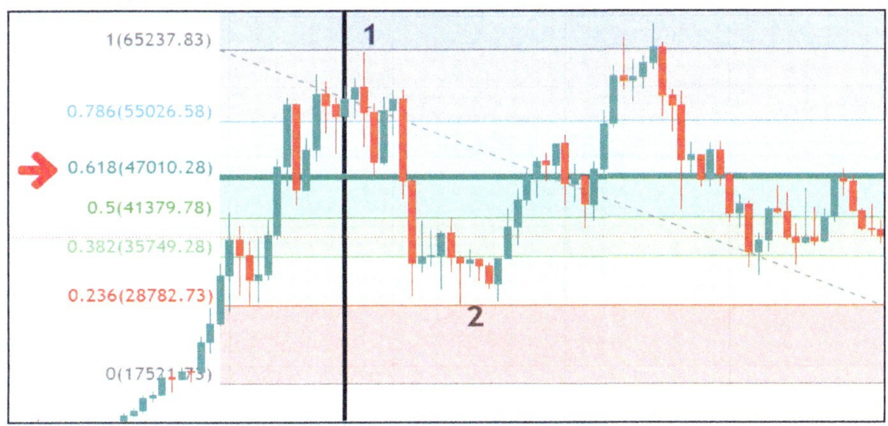

Fibonacci (suite) : Retracement de Fibonacci

Voyons de plus près sur le graphique en zoomant pour vérifier si les retracements de Fibonacci ont été efficaces au cours de l'année qui a suivi.

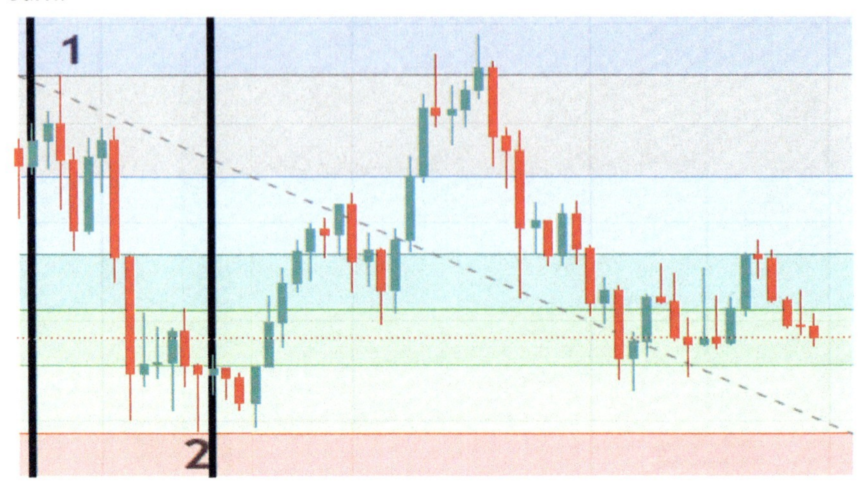

On constate que la plupart des lignes sont restées relativement cohérentes au fil du temps. Maintenant, analysons la ligne 0.618, qui représente le milieu du tableau et est de couleur verte foncée.

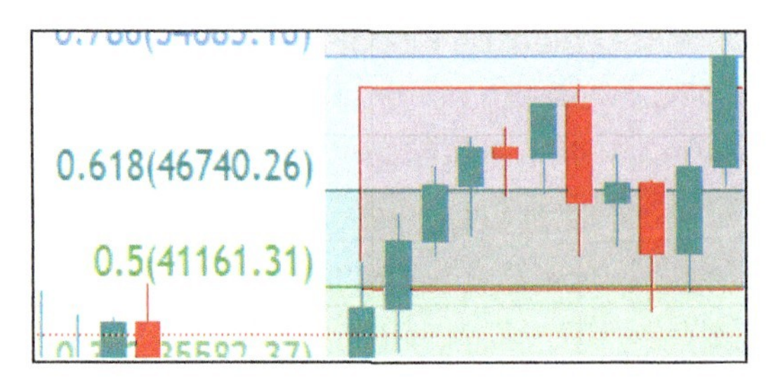

On retrouve ici 7 bougies, qui représentent chacune une semaine. La ligne 0.618 a servi 2 fois de résistance et 4 fois de support.

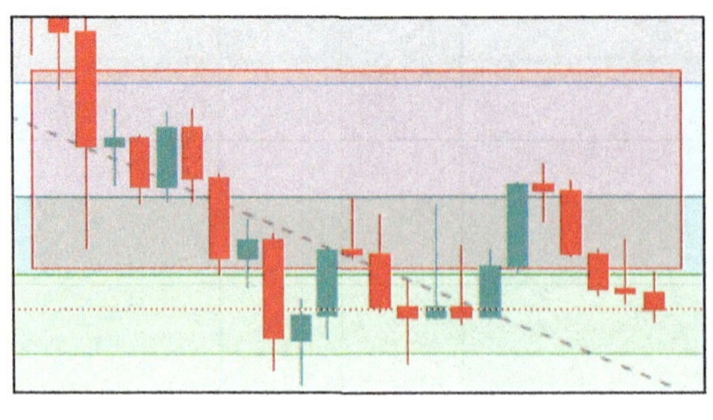

Un peu plus loin, ce sont 9 bougies qui la touchent (4X supports, 3X résistance). Cette fois ci on constate que la ligne juste en dessous a été efficace car le cours vient taper 9 fois celle ci.

Les effets de levier, les longs et les shorts

▲ Avant de commencer sachez que cette partie est vraiment réservée aux plus aguerries et ayant déjà une bonne compréhension et expérience des marchés et du trading. Si cela n'est pas le cas, vous pouvez lire cette partie pour vous instruire, mais ne passez pas à l'action avant d'être vraiment prêt !

En trading, les plateformes peuvent vous proposer deux sortes de trading :

■ Le trading en SPOT ou il est possible d'acheter et revendre des actifs, placer ses stop loss, take profit, et/ou investir à moyen/long termes dans ses actifs préférés. Vous êtes "propriétaires" de vos actifs.

■ Le trading de Contrats perpétuels, futures, CFD, etc.
où il vous sera Possible de :
➠**Parier sur la baisse (short)**.
➠**Parier sur la hausse (long)**.
➠**Appliquer un effet de levier** (permet de multiplier ses gains, mais aussi du coup de multiplier ses pertes, provoque un effet MULTIPLICATEUR).

Ces types de contrats ne servent donc qu'au trading pure et en aucun cas vous ne devez placer de l'argent dessus dans le but d'investir!

▲**Les effets de levier :** admettons que je dispose de 100 euros sur mon compte de trading Futures, je veux parier sur la hausse d'un actif en y ajoutant un effet de levier .
La plateforme sur laquelle je me trouve propose des effets de levier allant de X5 à X100.
Je sélectionne un effet de levier X10 et je lance mon long.
En résumé, au lieu de trader avec 100 euros, je trade avec 1000 euros, en appliquant l'effet de levier, ma mise à été multiplié par 10 et la différence (900 euros) prêtée par le courtier. Admettons que suite à ça le cours augmente de 1%, pour moi il augmentera donc de 10% (la valeur de portefeuille atteindra donc 110 euros). **Attention** à l'inverse si le cours baisse de 1%, je perds 10% sur mes 100 euros et si le cours baisse de 10%, alors je perdrais la totalité de ma mise, soit 100 euros.

Marge isolée et marge croisée

Dans le trading des contrats perpétuels et à terme, vous aurez à choisir entre **deux options** :

■ Le trading en **marge isolée.** exemple : *(long, sans stop loss et sans arrêt manuel du trade).*
Mon portefeuille de trading est composé de 100 euros. Je décide de lancer un trade avec 50 euros.
Mon trade est perdant et avec les effets de levier, tombe à 100% de perte assez rapidement.
Résultat, mon trade se termine et **seule ma position est liquidée** et il ne me reste plus que les 50 euros restant que je n'avais pas mis en jeu.

■ Le trading en **marge croisée.** exemple : *(long, sans stop loss et sans arrêt manuel du trade)*
Mon portefeuille de trading est composé de 100 euros. Je décide de lancer un trade avec 50 euros.
Mon trade est perdant et avec les effets de levier, tombe à 100% de perte.
À ce stade-là et contrairement au 1er exemple, mon trade ne s'arrête pas.
En effet je peux continuer à subir des pertes, 110%, 150%, etc.
La différence sera puisée dans le reste de mon portefeuille, soit ici, les 50 euros restant.
➠Si le cours remonte, il reste donc une chance pour mon trade de finir gagnant.
➠ Si au contraire, le cours continue de baisser et arrive jusqu'à 200% de perte sur mon trade, alors celui ci s'arrêtera et la **totalité de mon portefeuille sera liquidé**.

▲En résumé avec le trading en marge isolée, seul le montant alloué pour un trade sera impacté en cas de perte.
Avec le trading en marge croisé, la totalité de votre portefeuille pourra être impactée en cas de perte, qu'importe le montant alloué à votre trade.

Copy trading et Drawdown

➠Certaines plateformes peuvent proposer dans leurs options le copy trading. C'est à dire copier automatiquement toutes les transactions d'une autre personne que vous aurez choisis préalablement.
➠Si vous n'êtes pas encore bien formé pour le trading et que pour le moment, vous préférez investir, rien ne vous empêche d'allouer une **toute petite partie** de vos fonds en copy trading. Vous devez néanmoins comprendre comment ces traders travaillent, sinon abstenez-vous.

▲Attention, important !
De prime abord, les plateformes proposant ce type de service auront tendance à vous dresser une sorte de top 10 de leurs "meilleurs traders", ceux qui font les plus gros gains, etc.
Soyez vigilant et choisissez si possible un Trader où il sera possible de voir son historique, pour analyser ses performances, sa constance etc.
Il est important aussi de voir son style de trading, c'est-à-dire de voir par exemple s' il trade en **marge isolé** ou **croisée**, quel effet de levier il utilise (fuire les effets de levier trop important, fuire ceux qui trade en marge croisé). Et pour finir si possible vérifier la moyenne de son **drawdown**. Privilégier les Traders à faible drawdown.

■Qu'est ce que le drawdown ?

Pour faire simple, c'est le maximum de la perte potentielle auquel aura été exposé le Trader lors de son trade. La perte potentielle se mesure soit en pourcentage, soit en prix. Par exemple, j'achète une position dont le cours est à 100 dollars. Pendant toute la durée de mon trade le cours descend au maximum à 70 dollars puis finit par remonter à 110 dollars, d'où je clôture mon trade en positif.
Je fini mon trade avec des gains de +10% mais mon Drawdown aura été de -30%. c'est-à-dire que je me suis exposé à une perte potentielle de -30% à un moment.

▲Vous avez vu précédemment comment placer les stop loss, les takes profit, faite en sorte que le jeu en vaille la chandelle. Il est, par exemple, incohérent et dangereux de placer le stop loss à -10% de son prix d'entrée alors que la cible de notre trade n'est qu'à +5%.

Les formations ABC

La stratégie de trading ABC permet de trader **les tendances** (baissières et haussières).

■ Modèle pour une position à l'achat (long) :

Il faut identifier et valider les points **A**, **B** et **C** sur le graphique, puis on peut lancer son trade une fois que **C** est confirmé.

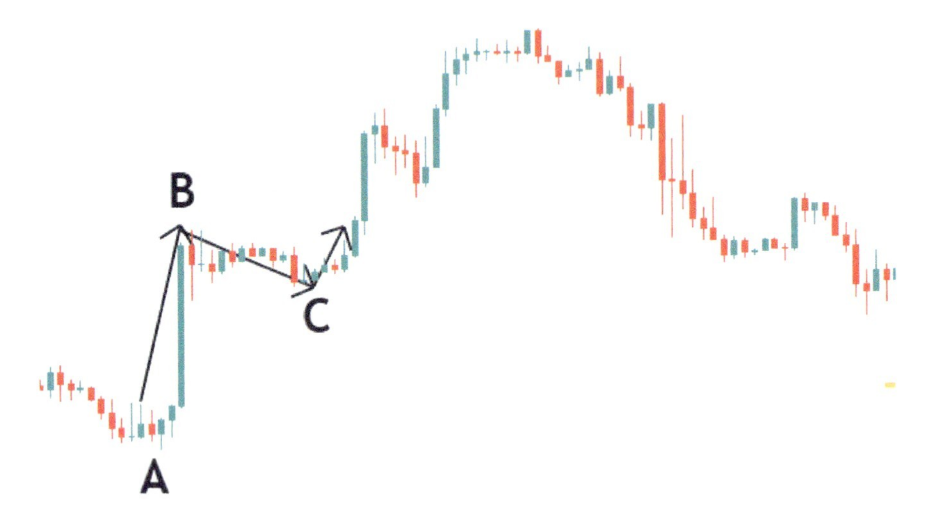

➠ Pour valider "**A**" il nous faudra attendre que le cours dépasse le sommet précédent. Le "**A**" représente le début de la figure, donc le creux.

➠ "**B**" sera le nouveau sommet où s'en suivra une baisse **(attention, si le cours redescend dans les niveaux proches de "A", la figure est annulée, invalide !)**

➠ "**C**" sera validé lorsqu'une bougie viendra ravaler les précédentes et dépasser **B**.

➠ À partir de cela, vous pourrez prendre position sur le cours et parier sur la hausse du cours.

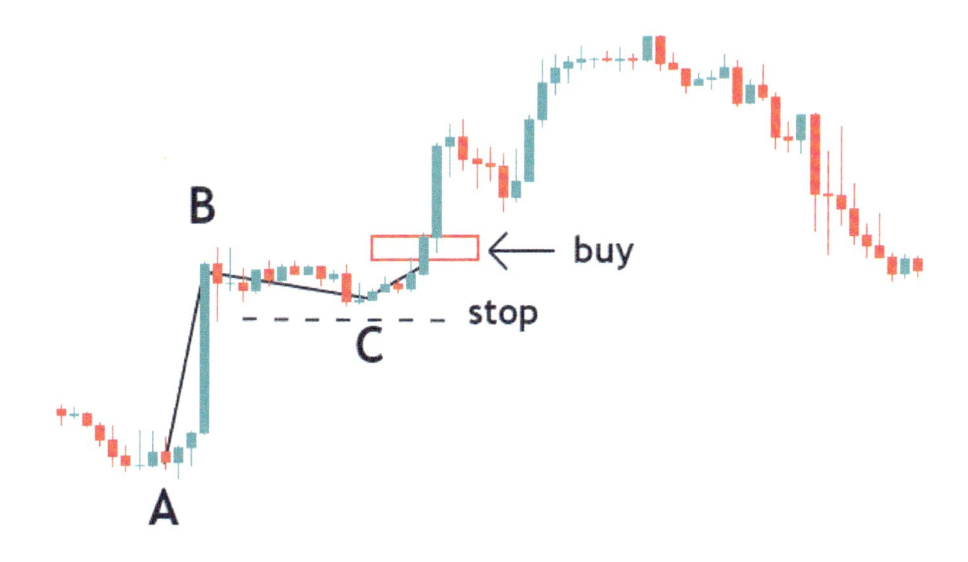

▲Soit vous vous positionner lorsque le cours dépasse et clôture au-dessus de **B**, dans ce cas les bénéfices potentiel seront moindre (car on loupe une partie de la hausse) et le ratio risque/récompense moin avantageux (car le stop loss sera plus éloignée du point d'entré), mais les probabilités de réussir son trade seront plus grandes.

▲Soit vous vous positionner avant quand le creux de **C** vous semble se former, dans ce cas, les pertes seront moin importantes (car le stop sera plus proche du point d'entré) et en cas de réussite les gains seront plus important , par contre, "**C**" n'étant pas totalement validée, les probabilités que le trade soit perdant sont plus grandes.

➠ Le stop doit être placé en dessous de "**C**" pour un long
➠ Prendre en compte les résistances et supports pour augmenter ses chances
➠Privilégier les tendances de fond haussières pour les stratégies d'achats en ABC.

■Modèle pour une position de pari à la baisse (short) :

Le procédé sera le même mais inversé.

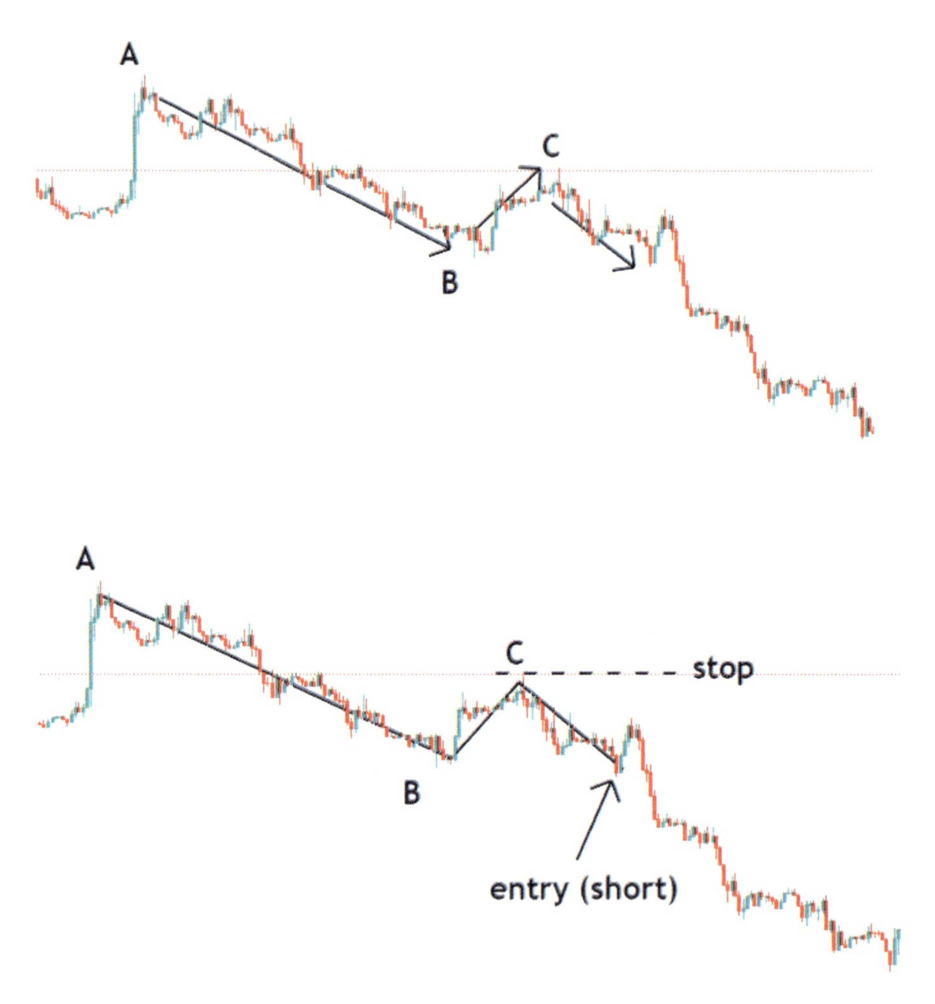

Si vous faites bien attention, vous pouvez même trouver ancrées dans des configurations ABC d'autres petites ABC. Comme toutes les stratégies, celle-ci ne fonctionne pas forcément tout le temps, mais elle reste très efficace si bien utilisée. Cette stratégie fonctionne dans toutes les unités de temps.

Le price action

Le price action est une méthode de trading qui consiste à travailler uniquement sur le graphique en se basant sur les mouvements du prix et le comportement de l'actif, sans utiliser d'indicateurs. Cette méthode populaire requiert une certaine expérience et une bonne compréhension des marchés, notamment la psychologie des marchés et les configurations baissières et haussières.

Parmi les éléments utilisés notamment dans le price action, on retrouve :

➠ Le trading de résistance et de support.

➠ Le trading de figures chartistes.

➠ Le trading de formation ABC.

➠ Les cassures de lignes de tendance.

➠ Les pullback.

➠ Certaines configurations que forment plusieurs bougies.

➠ La taille, la forme et la couleur d'une bougie.

➠ La détermination de la tendance et le trading en fonction de celle-ci, en identifiant s'il s'agit d'une tendance haussière ou baissière.

Bien évidemment, il n'est pas interdit de vous aider d'autres indicateurs tels que le RSI ou le MACD, mais maintenant vous comprenez en quoi consiste le price action.

Lorsque vous devez trader sur un actif pour lequel vos indicateurs préférés ne fonctionnent pas bien (ce qui m'est déjà arrivé), la pratique du price action reste l'un des moyens les plus incontournables !

Ratio risque-récompense

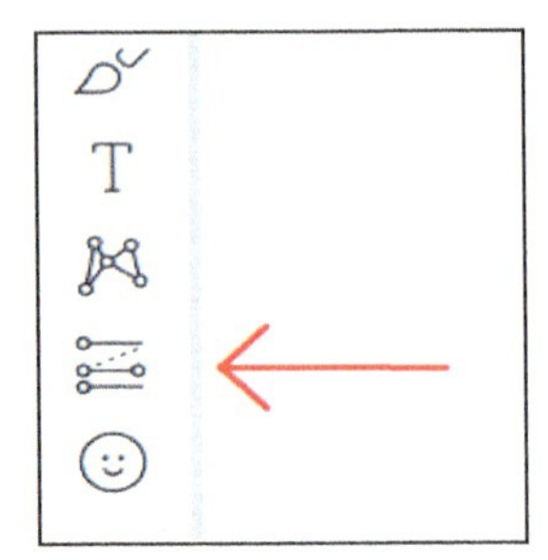

Pour mesurer le ratio risque-récompense d'un futur trade, sélectionnez l'outil situé à gauche de l'écran. Selon que vous souhaitez shorter ou longer le marché, choisissez l'outil approprié comme indiqué dans les illustrations.

"Long position" pour un achat, "short position" pour un pari sur la baisse (vente à découvert).

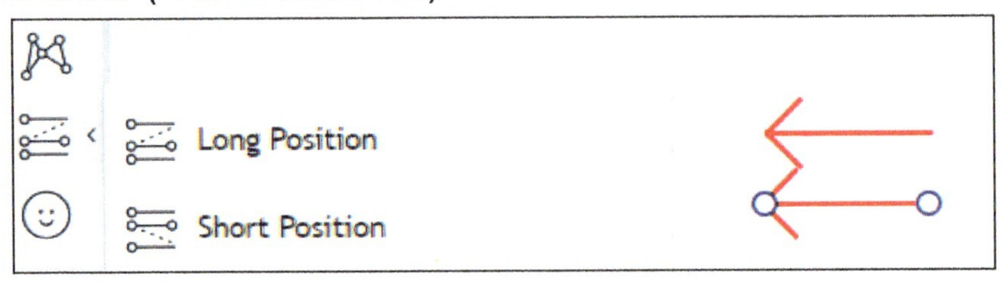

Le ratio risque/récompense (RR) doit être d'environ 1/3, ce qui signifie que si votre risque de perte sur un trade est de 5%, votre gain potentiel devrait être d'au moins 15%.

Pour déterminer la perte potentielle et le gain potentiel, vous pouvez utiliser des éléments tels que les lignes de tendance, les zones de support et de résistance, à la fois actuelles et passées. Ces outils vous aident à évaluer les niveaux auxquels vous pouvez placer vos ordres stop-loss (pour limiter les pertes) et vos objectifs de profit (pour capturer les gains).

En analysant le graphique et en identifiant les niveaux pertinents, vous pouvez estimer la distance entre votre point d'entrée et votre stop-loss pour définir votre risque de perte, ainsi que la distance entre votre point d'entrée et votre objectif de profit pour définir votre gain potentiel. **L'objectif est de trouver des opportunités où le gain potentiel est plusieurs fois supérieur au risque de perte.**

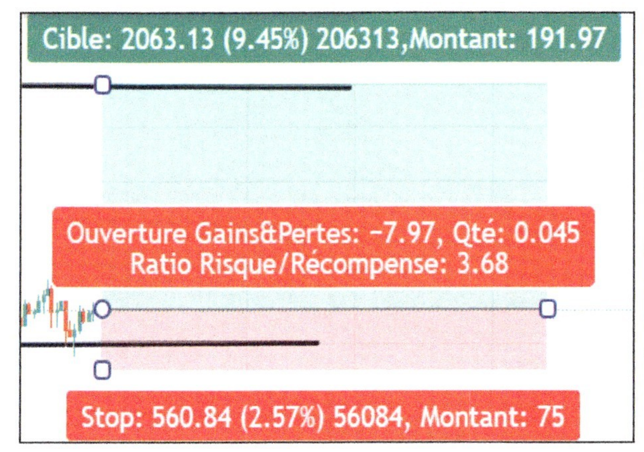

La visualisation et la description des données du ratio risque récompense sur un graphique peuvent être présentées comme suit :

➠ En haut du graphique, vous pouvez observer le potentiel de gain attendu pour le trade. Cela représente le montant que vous pourriez gagner si le trade se déroule comme prévu. Ici le gain potentiel est de 9.45%.

➠ Au milieu du graphique, vous trouverez le ratio risque récompense (RR). C'est le rapport entre le montant que vous êtes prêt à risquer (perte potentielle) et le montant que vous espérez gagner (gain potentiel). Par exemple, un ratio risque récompense de 1:3 signifie que vous êtes prêt à perdre 1 unité de risque pour avoir la possibilité de gagner 3 unités de récompense. Ici, il est de 3.68.

➠ En bas du graphique, vous pouvez observer la perte potentielle associée au trade. Cela représente le montant que vous pourriez perdre si le trade se déplace contre vous. Sur l'exemple 2.57% de la somme alloué au trade.

Veuillez noter que la visualisation et la disposition exacte de l'outil peuvent varier en fonction de la plateforme de trading utilisée.

Ici, nous avons identifié une zone de résistance où le cours a rencontré une difficulté et finalement chuté. De plus, nous avons tracé une ligne de support qui correspond à une ancienne résistance où le cours a rebondi plusieurs fois. À l'instant T, le prix semble rebondir et je souhaite ouvrir une position à l'achat (long). Il est donc logique de placer mon stop loss en dessous du support et d'anticiper que le cours rencontrera à nouveau une résistance. Une fois que j'ai correctement positionné ma zone de stop loss et ma zone de take profit potentiel à l'aide de l'outil, je peux en un coup d'œil évaluer si cela vaut la peine d'ouvrir mon trade.

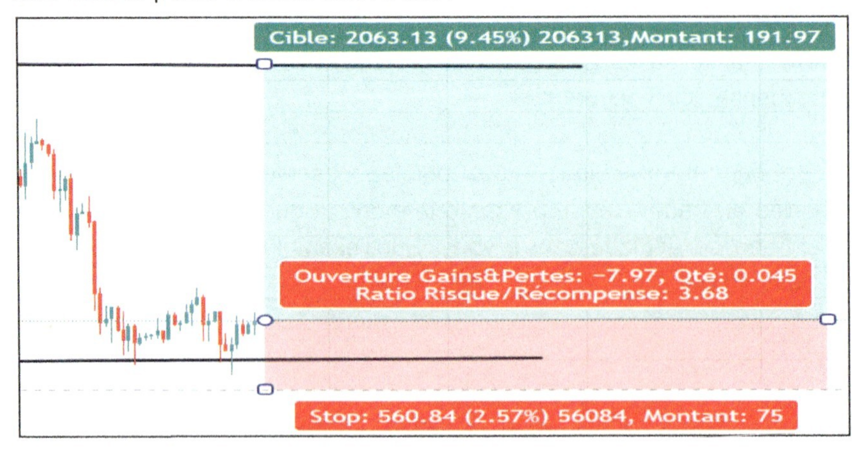

Comme indiqué, la perte est estimée à 2.57%, le gain à 9.45%, le ratio RR est de 3.68, ce qui est plutôt pas mal, car au-dessus de 3.

Exemple de trade à éviter :

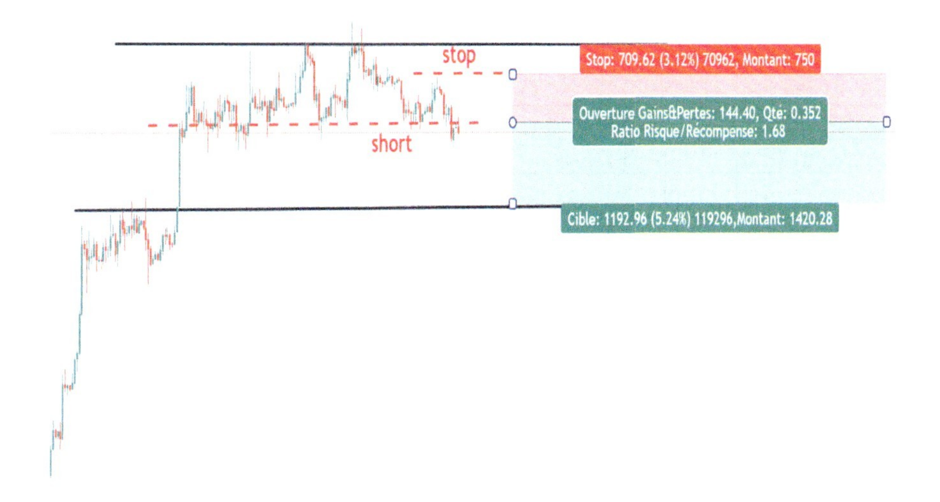

Sur le même graphique, cette fois-ci, mon intention est de parier sur la baisse (shorter) après une cassure d'une petite résistance. Je prévois de placer mon stop loss au-dessus du dernier petit sommet et de fixer mon objectif de gain au niveau de l'ancienne zone de travail du cours.

Résultat : je risque une perte de 3,12 %, mon potentiel de profit est de 5,24 % et le ratio RR indiqué sur l'outil est de 1,68. Le jeu n'en vaut donc pas la chandelle, car rappelons que le ratio RR devrait idéalement être d'au moins 3.

D'autres signaux peuvent également indiquer que ce trade (short) est risqué. Par exemple, la tendance globale est haussière, le cours a déjà feinté des cassures à la baisse par le passé et une résistance plus importante se trouve au-dessus de notre zone de stop loss. N'hésitez pas à utiliser des unités de temps supérieures à celle que vous utilisez habituellement pour trouver des zones de résistance et de support plus anciennes si vous ne trouvez rien de concluant dans votre unité de temps actuelle.

Rappel : de novice jusqu'à débutant, en période haussière, on privilégie les longs, et en période baissière, on privilégie les shorts.

L’importance des stratégies et du backtest

La grande majorité des traders, des personnes commerçant sur les marchés, sont perdantes. Certaines études et statistiques démontrent qu'une fourchette allant de 88 à 91 % des intervenants sont à terme perdants (d’où le titre du livre). Dans cette même fourchette, on constate qu'une grande majorité de traders ne possède aucune stratégie de trading et/ou ne réalise pas de backtest pour leur(s) stratégie(s). Beaucoup se contentent d'acheter par instinct, en suivant la masse, parce que le cours monte, que tout le monde en parle, ou par exemple, par rapport à quelques signaux, mais sans avoir pris le temps d'étudier si ces mêmes signaux ont été efficaces sur l'actif dans le passé. Ou encore, ils achètent et vendent sans avoir aucune expérience ni formation, ce qui revient à jouer au casino. Le casino est généralement gagnant et le joueur perdant.

➠ Lorsqu'on parle de stratégie, cela veut dire adopter une ou deux méthodes, les appliquer religieusement et ne pas faire d'écarts. Pour faire simple, voici un exemple : je veux adopter une stratégie basée sur les croisements de moyennes mobiles en utilisant l'unité de temps 4 heures sur l'indice NASDAQ. Le trading se fera uniquement sur cette base. J'achèterai lors des golden cross et je vendrai lors des death cross. Cela représente ma stratégie et je la respecterai en essayant de ne pas faire d’autres actions contraires à cette stratégie. La discipline est nécessaire.

➠ En ce qui concerne le backtest, il s'agit d'un vrai travail de fond sur l'historique d'un actif. Son but est de déterminer si la stratégie est efficace en comparant les périodes gagnantes et perdantes, ainsi que leurs forces et leurs faiblesses. Il faut être minutieux et ne surtout pas négliger cette étape. **Voici un exemple :** la stratégie initiale consiste à trader les croisements de moyennes mobiles en utilisant l'unité de temps 4 heures sur l'indice NASDAQ. Si actuellement le cours est en tendance haussière, je recherche dans l'historique du graphique la dernière tendance haussière en UT 4 heures et détermine le nombre d'échecs et de victoires de cette stratégie.
Personnellement, pour valider un backtest, j'accepte un ratio de 7 victoires pour 3 échecs sur 10 trades.

Par où commencer et comment procéder ?

Dans un premier temps, il est essentiel de bien connaître et maîtriser les bases nécessaires pour effectuer notre backtest. Par exemple, si nous souhaitons réaliser un backtest utilisant le RSI et le MACD, il est important de comprendre et de maîtriser ces indicateurs. Supposons que nous voulions créer une stratégie basée principalement sur l'utilisation du diagramme MACD en unité de temps 4 heures et sur le Bitcoin. Nous nous rendons sur notre graphique et commençons par marquer tous les endroits dans le passé où le diagramme MACD est passé du rouge clair au vert, ce qui représente les points d'entrée potentiels. Ensuite, nous décidons que notre point de sortie sera lorsque le diagramme MACD passe du vert foncé au vert clair. Il est important de noter ces points d'entrée et de sortie sur notre graphique afin de pouvoir les analyser ultérieurement dans notre backtest.

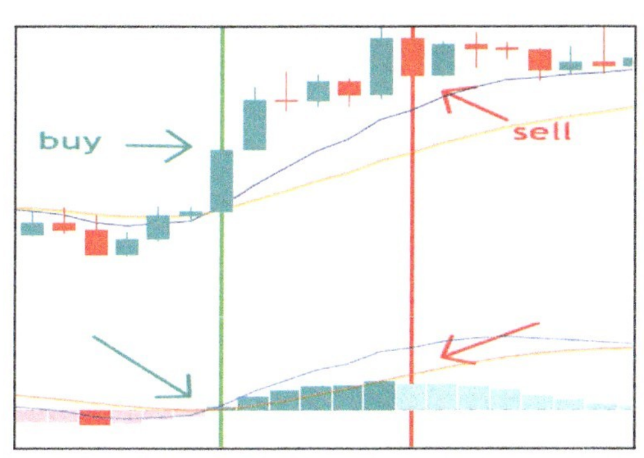

Il faut toujours attendre la clôture d'une bougie pour être sûr que notre configuration est bien validée. Ensuite, à l'aide de l'outil de mesure, il est nécessaire de calculer en pourcentage les gains ou les pertes, du point d'entrée au point de sortie.

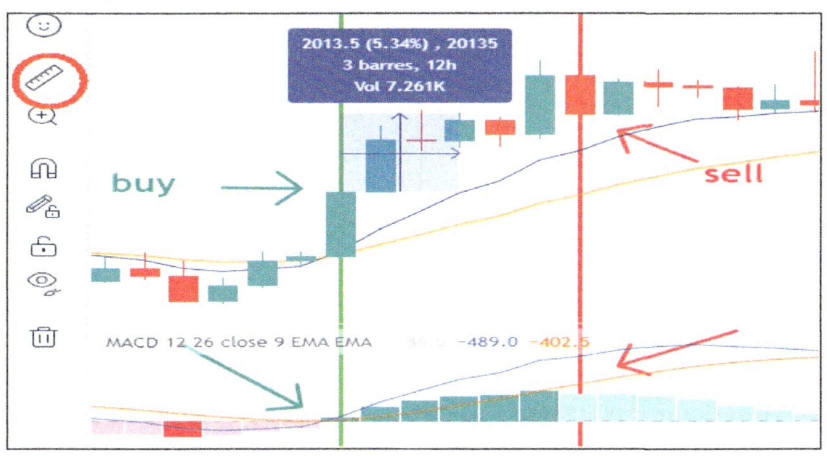

Backtest (suite)

Pensez à bien noter sur votre graphique les gains et les pertes de chaque trade effectué lors de votre backtest, afin de pouvoir évaluer si votre stratégie est rentable ou non.

Ici, le backtest a été effectué sur une période d'un mois. Sur les 7 signaux générés, 3 ont abouti à une perte et 4 à un gain. Les pertes sont de 5%, 1% et 1.14%, tandis que les gains varient entre 4.4% et 6.5%, ce qui est plutôt encourageant.

En analysant notre stratégie, on remarque que le deuxième trade s'est soldé par une perte, alors que par la suite le cours a connu une hausse significative.

Cela suggère qu'il serait intéressant d'améliorer notre point de sortie ou d'achat en utilisant d'autres indicateurs ou configurations. Il est important de recalculer les gains et les pertes pour s'assurer que notre nouvelle stratégie est plus efficace que l'ancienne.

Il est recommandé de prendre des notes, que ce soit sur papier ou sur ordinateur, et de faire des captures d'écran de vos différents backtests de stratégie.

Cela vous permettra d'étudier vos stratégies, d'en créer de nouvelles et de vous assurer d'améliorer vos performances au fil du temps.

Backtest (suite)

Par exemple, lorsque je travaillais pour un fond d'investissement comme trader sur les marchés du forex, une de mes stratégies était de trader sur la paire GBP/USD et basé sur l'utilisation en combo des bougies heikin ashi et du RSI en unité de temps 1H. Le but était de prendre des impulsions à la hausse à court terme, mes signaux étaient un passage du RSI en survente, suivie d'une bougie verte heikin ashi. Le stop loss est placé sous la dernière bougie rouge la plus longue et celui-ci est remonté sous les bougies vertes au fur et à mesure que le cours monte.

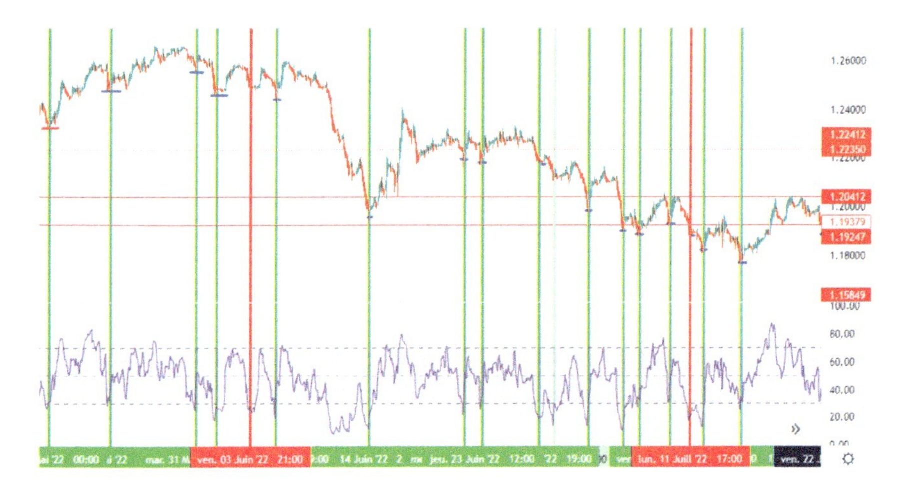

Les lignes verticales vertes correspondent aux victoires de la stratégie et les rouges aux défaites, et ce sur une période de 3 mois en unité de temps 1H. Le backtest a été réalisé sur deux périodes, une période de range et une période baissière. Le résultat obtenu était de 16 victoires pour seulement 2 échecs, sur un total de 18 signaux d'achat. Le taux de réussite de la stratégie est donc de 88%. J'ai ensuite pu mettre en place cette stratégie sur ce marché.

Pour conclure :

➠ Il est essentiel de se former avant de trader avec de l'argent réel.
➠ Utilisez un compte démo (argent virtuel) pour vous entraîner.
➠ Effectuez des backtests sur les graphiques pour élaborer votre propre stratégie de trading.
➠ Soyez patient. Si vous manquez un trade, attendez le prochain signal correspondant à votre stratégie.
➠ Tradez uniquement l'argent que vous êtes prêt à perdre et ne mettez jamais tous vos fonds destinés au trading dans un seul trade.
➠ Faites preuve d'une discipline rigoureuse :
- Évitez les trades impulsifs (par exemple, vouloir récupérer rapidement après un trade perdant).
- Suivez tous vos trades en notant vos actions et résultats sur papier ou sur ordinateur.

mai 2021

	Trading 4h en usd (btc, eth, ada, link)		
Date	Long	Short	resultat
01/05/22	300 x3		9 usd
06/05		200x3	-17 usd
10/05/22	300X3		8 usd
17/05/22		200x3	-10 usd
19/05/22	130x3		14 usd
20/05/22	120x3		5 usd
22/05/22	292x1		3 usd
23/05/2022		200x3	10 usd
26/05		100x3	-2 usd

	Trading autres (btc, eth, ada, link)		
Date	Long	Short	resultat
24/05/22		200 X3 : 1D	4 usd
25/05	100x3 : 1H		3 usd
26/05		200X3 : 2H	20 usd
26/05		100X3 1H	6 usd
27/05		100x3 4H	-5 usd
30/05/2022	100x3 2H		7 usd

	Trading 3h en usd (btc, eth, ada, link)		
Date	Long	Short	resultat
05/05/22		100 X3	8 usd
20/05		277X3	12 usd
25/05		300X3	-14 usd
27/05		100X3	3 usd

Gain	Total	Evo
64	315	25,50%

Voici une version simplifiée d'un de mes anciens tableaux de suivi de trading sur Excel. Vous pouvez également choisir d'adopter le même style pour le suivi de vos investissements ou de vos trades.

Chaque fin de mois, je notais certains détails :

NB de Trade	Trades Gagnants	Trades Perdants	taux winrate
19	14	5	74%

Total gain	Total perte	Gain moyen	Pertes moyennes	Total
112 USD	48 USD	14 usd	9.6 usd	64 usd

Jours trader	Somme moyenne misées par trade	somme de départ	somme fin de mois
13 J	179 usd	251 usd	315 usd

■ **Un tableau de suivi plus travaillé peut inclure les éléments suivants :**

➠ Date : La date à laquelle le trade a été effectué.

➠ Actif : Le nom de l'actif sur lequel vous avez tradé.

➠ Trade : Long (achat) ou Short (vente à découvert).

➠ Résultat : Le résultat du trade (perte ou gain).

➠ Ratio risque/récompense : Le ratio entre le montant du risque pris et le montant potentiel de récompense.

➠ Commentaires : Des notes supplémentaires sur le trade, les raisons de l'entrée/sortie, etc

■ **En option, vous pouvez rajouter :**

➠ Prix d'entrée et de sortie : Le prix auquel vous avez ouvert et fermé la position.

➠ Take-profit et stop-loss

Cela vous aidera à analyser vos trades dans le but d'améliorer vos résultats.

Analyses et indicateurs techniques avancés

Les divergences

Une divergence est lorsque le cours n'est plus corrélé avec un indicateur tel que le RSI ou le MACD, mais souvent les traders ou analystes privilégieront de travailler les divergences avec le RSI.

Ici, le cours en vue 4h et en dessous le RSI qui suit le cours en temps réel. Si vous regardez bien, le RSI suit le cours quasiment à la lettre, mais une petite différence est visible par rapport à celui-ci.

En effet ici, à un moment le cours fait un creux plus bas que son dernier creux alors que le rsi fait un creux plus haut que son précédent creux. En traçant les lignes de support, on peut voir que celles-ci vont dans des directions différentes, une baisse, l'autre monte.

Nous allons voir ici comment différencier les divergences baissière et haussière.

■Une **divergence haussière** nous indique un potentiel mouvement futur à la hausse. Lorsqu'il est possible de tracer un support entre deux creux sur le cours ainsi que sur le RSI, et que ces supports divergent en ayant des directions différentes, la divergence est haussière

■Une **divergence baissière** nous indique un potentiel mouvement futur à la baisse. Lorsqu'il est possible de tracer une résistance entre deux sommets sur le cours ainsi que sur le RSI, et que ces résistances divergent en ayant des directions différentes, la divergence est baissière.

⚠ Pour qu'une divergence soit validée, il faut attendre la clôture de la bougie, quelle que soit l'unité de temps que vous utilisez.

⚠ Évidemment, plus l'unité de temps est élevée, plus les divergences sont crédibles. Personnellement, j'utilise les divergences à partir de l'unité de temps 4 heures et le plus souvent après 4 heures, journalière et hebdomadaire. Ce sont à partir de ces unités de temps que je trouve les divergences efficaces et mieux exploitables.

⚠ Hors backtest, Ne pas trader contre la tendance !

➠ Lorsque la tendance de fond est clairement haussière, privilégiez uniquement les divergences haussières.
➠ Lorsque la tendance de fond est baissière, privilégiez uniquement les divergences baissières.
➠ Lorsque la tendance définie est neutre, en range ou en zone d'accumulation, alors vous pouvez utiliser les deux types de divergences.

Les divergences ne représentent pas des solutions magiques en soi, les faux signaux existent, surtout en contre-tendance. Mais vous comprendrez vite la puissance de cet outil et à quel point il est efficace et indispensable en analyse.

Les divergences Haussières

1. Divergence haussière UT 4H

2. Divergence haussière UT 1 Journée

Pour rappel, les divergences haussières se vérifient seulement avec des ***supports*** *tracés sur le RSI ainsi que sur le cours. Ces deux lignes doivent obligatoirement aller dans des directions différentes. Si les deux lignes tracées (RSI et cours) vont dans la même direction, peu importe si celles-ci ont des degrés d'inclinaison différents, alors il n'y a pas de divergences.*

Les divergences baissières

Les divergences baissières, quant à elles, se valident lorsque l'on trace des lignes de résistance à la fois sur le RSI et sur le cours, et que celles-ci vont dans des directions différentes. De même que pour les divergences haussières, même si ces lignes ont un degré de direction différent, mais qu'elles montent toutes les deux, par exemple, alors il n'y a pas de divergence.

Quadruple divergence baissière en daily (ut = 1 jour) :

Ici en journalier, on peut observer 4 divergences baissières sur le cours. Étant donné que nous sommes sur une unité de temps plus élevée (daily), la validité des divergences est renforcée, ce qui indique un fort potentiel de mouvement baissier. De plus, la présence d'une quadruple divergence baissière renforce encore davantage les signaux baissiers. En conséquence, le cours a fini par chuter de 30%.

Les divergences (suite)

Il y a un moyen plus facile pour trouver des divergences sur le cours si vous n'êtes pas sûr de trouver le bon point de départ pour tracer vos lignes. Vous pouvez configurer le graphique en **ligne** au lieu de bougies.

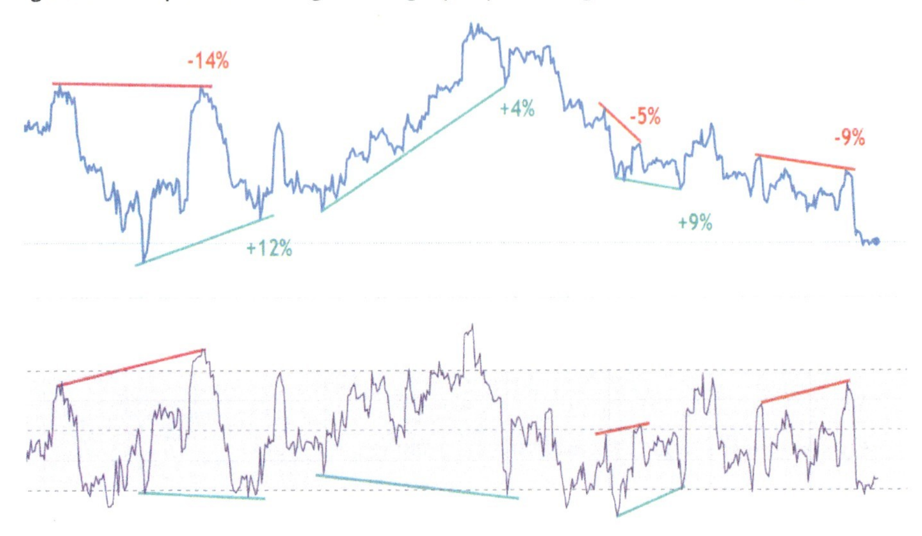

Vous pouvez donc visualiser plus facilement les mouvements de hausse et de baisse par rapport à l'indicateur, comme le RSI, et repérer les divergences plus clairement.

⚠ Petite précision sur le graphique : nous sommes ici sur l'actif Bitcoin en unité de temps de 4 heures. Pour rappel, les divergences sont souvent plus efficaces à partir de cette UT "timeframe".

⚠ Pour rappel, les unités de temps les plus efficaces et présentant le moins de faux signaux sont les suivantes : 4 heures (4H), 6 heures (6H), 12 heures (12H), 1 jour (1D), 2 jours (2D), 3 jours (3D), 1 semaine (1W) et 2 semaines (2W). Cela peut varier d'un actif à l'autre.

⚠ Vous le savez peut-être déjà, mais en trading, il est possible d'acheter un actif pour parier sur la hausse de celui-ci, mais il est également possible de parier sur la baisse. Une divergence baissière validée pourra donc soit vous permettre de sortir d'une position d'achat en revendant, soit de prendre une position à la baisse pour profiter de la baisse anticipée du cours.

Les confirmations de divergences :

Dans le contexte des divergences, une **confirmation** peut être donnée par des éléments tels qu'un ravalement de bougie, une formation de bougies haussières, un retournement de tendance ou un rebond.

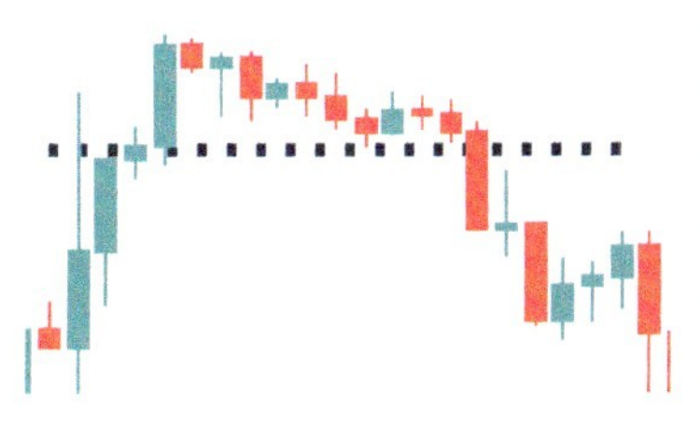

Pour cet exemple, on à cassé la ligne de coût de l'ancien sommet, on peut en déduire que la divergence bear est confirmée. Bien évidemment d'autres éléments peuvent entrer en compte pour multiplier les chances de réussite.

Confirmation (suite)

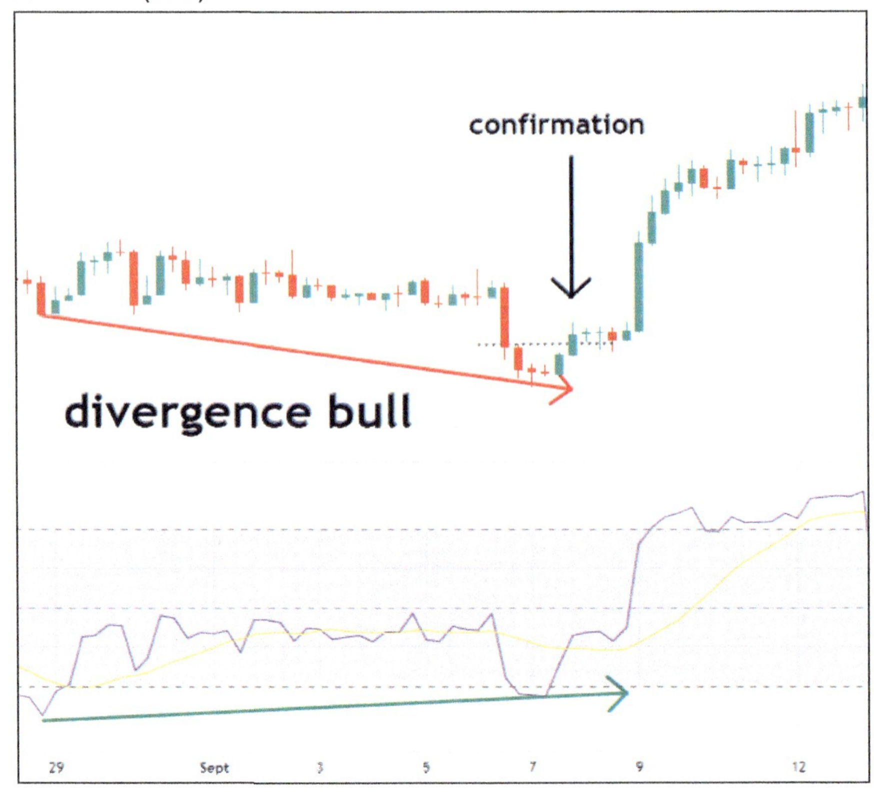

Une **confirmation** peut être donnée par des éléments tels qu'un ravalement de bougie, une formation de bougies baissières, un retournement de tendance ou un rebond.

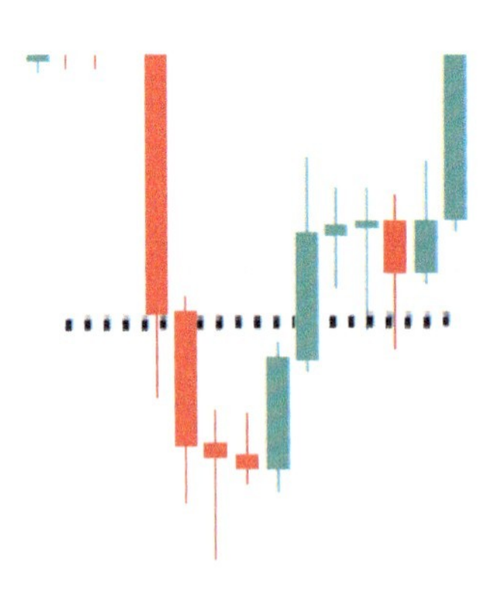

Remarque :
Juste après une forte hausse ou une forte baisse, les divergences sont souvent moins efficaces. Il est préférable de privilégier les divergences haussières en cas de tendance haussière de fond, et inversement, les divergences baissières en cas de tendance baissière. Dans les zones d'accumulation ou de range, les deux types de divergences peuvent être efficaces. Un sommet ou un creux doit également être visible sur le RSI.

VMC cipher B divergences

L'indicateur VMC est un outil disponible uniquement sur TradingView. Comme d'habitude, suivez les consignes ci-dessous pour l'utiliser.

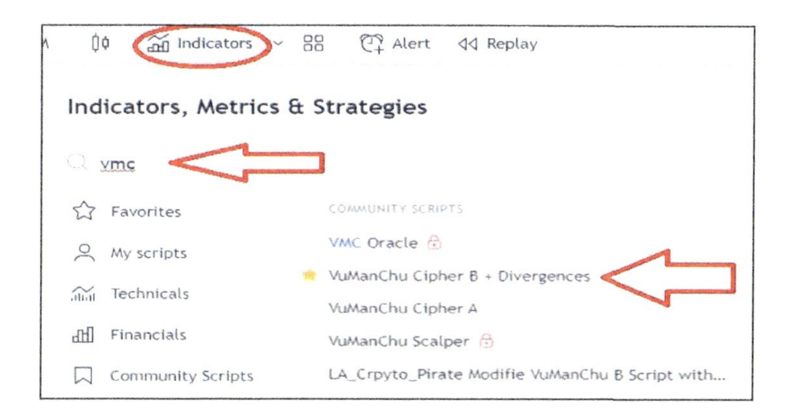

➠ Ouvrez un graphique sur TradingView.

➠ Cliquez sur l'icône "Indicateurs" dans la barre d'outils en haut du graphique.

➠ Dans la zone de recherche, tapez "VMC Cipher B Divergences" et sélectionnez-le dans les résultats de recherche.

➠ Une fois l'indicateur ajouté au graphique, vous pouvez personnaliser ses paramètres selon vos préférences.

➠ L'indicateur affichera les divergences entre le prix et le VMC Cipher B, vous aidant ainsi à repérer les signaux potentiels de retournement de tendance.

VMC cipher B divergences (suite)

Vous constaterez que la lecture du VMC est plutôt simple.

En effet, l'indicateur VMC Cipher B Divergences présente certaines similitudes avec le RSI et le MACD en termes de zones de surachat et de survente.

Il utilise également des vagues de différentes couleurs pour représenter la tendance.

Cependant, l'élément clé de cet indicateur sont les petits points rouges ou verts qui apparaissent sur le graphique.

Ces points peuvent fournir des signaux de trading ou indiquer des divergences entre l'indicateur et le cours, ce qui peut être utilisé comme une indication de retournement potentiel du marché.

L'efficacité de l'indicateur VMC Cipher B Divergences peut varier en fonction de l'actif financier sur lequel il est utilisé.

Il est recommandé d'effectuer des tests et des observations sur différents actifs pour déterminer l'efficacité de l'indicateur VMC Cipher B Divergences spécifiquement pour chaque actif. Il peut être aussi combiné à d'autres outils ou indicateurs lors de vos analyses.

VMC cipher B divergences (suite)

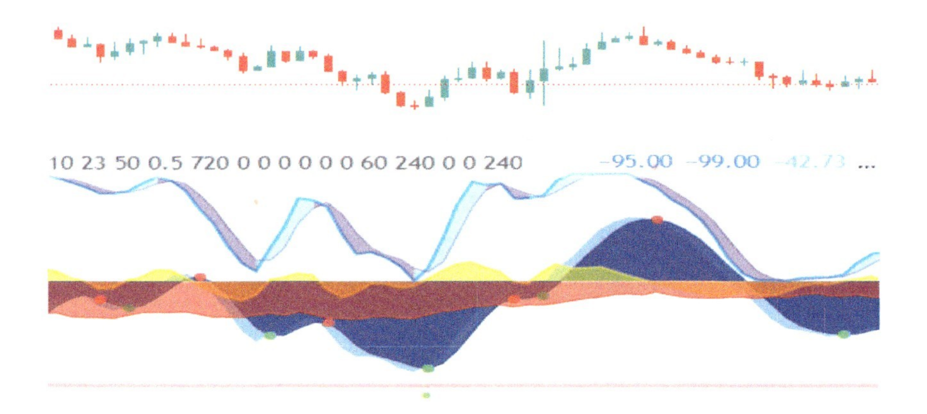

⬤**Apparition d'un point vert** : la tendance devrait devenir haussière.
⬤**Apparition d'un point rouge** : la tendance devrait devenir baissière.

⚠ Les faux signaux sont fréquents, surtout dans les petites unités de temps, mais ils sont moins courants en unité de temps journalière et hebdomadaire.

⚠ Pendant les périodes fortement haussières (en grandes unités de temps), les points verts ont tendance à être plus fiables (dans les plus petites unités de temps).

⚠ Pendant les périodes fortement baissières (grande UT), ce sont les points rouges qui sont plus susceptibles d'être précis (petite UT).

⚠ Il est important de confirmer le point rouge ou vert en attendant la clôture de la bougie de l'unité de temps que vous tradez. Vérifiez que le point est toujours présent à la clôture de la bougie (par exemple, si vous tradez en unité de temps 1 heure, attendez la fin de l'heure et vérifiez si le point est toujours visible, et vice versa pour les autres unités de temps).

En Range, les deux signaux peuvent fonctionner.

➠ Les périodes haussières (pour les unités de temps 1H à 4H) :

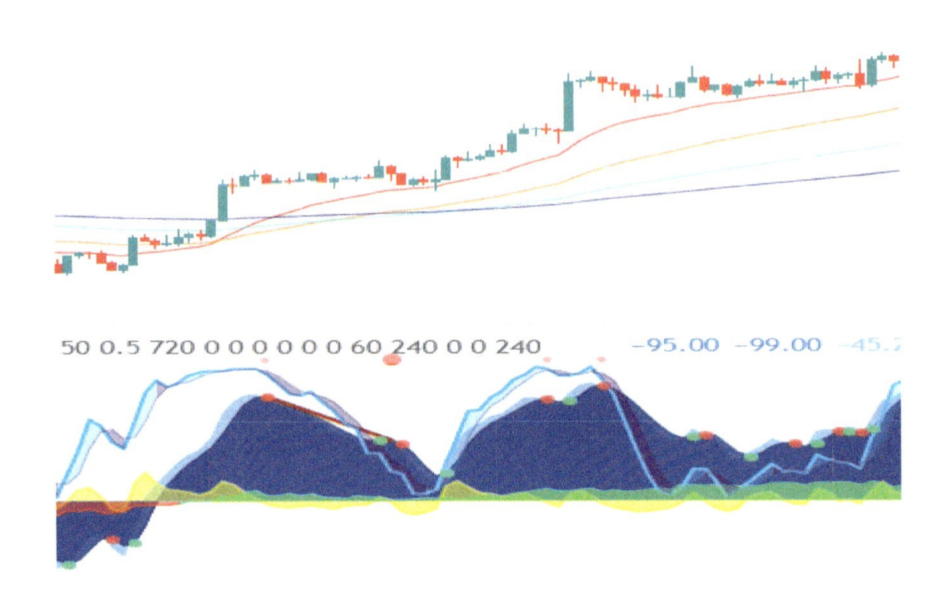

Nous sommes ici en UT 4H avec une tendance haussière. Il est important de noter que toutes les moyennes mobiles ont croisé à la hausse et se situent en dessous du prix de l'actif. Par conséquent, nous privilégions le travail avec les points verts. Il est essentiel de bien observer les points rouges, car la plupart d'entre eux sont de faux signaux de baisse, tandis que seuls les points verts sont plus fiables.

Cependant, il convient de faire attention à un point vert apparaissant en haut d'une vague en situation de surachat, car il a plus de chances de se tromper. Il est préférable de privilégier les points verts situés près de la ligne zéro ou dans la zone de survente.

En ce qui concerne les unités de temps plus courtes et le trading à court terme, j'ai personnellement constaté une certaine efficacité avec les intervalles de 3H et 4H (à combiner avec d'autres indicateurs). Je vous encourage également à examiner attentivement les graphiques et leur historique avec cet indicateur pour vous familiariser davantage avec son utilisation.

VMC cipher B divergences (suite)

➠Les périodes baissières et neutres (pour les unités de temps 1H à 4H) :

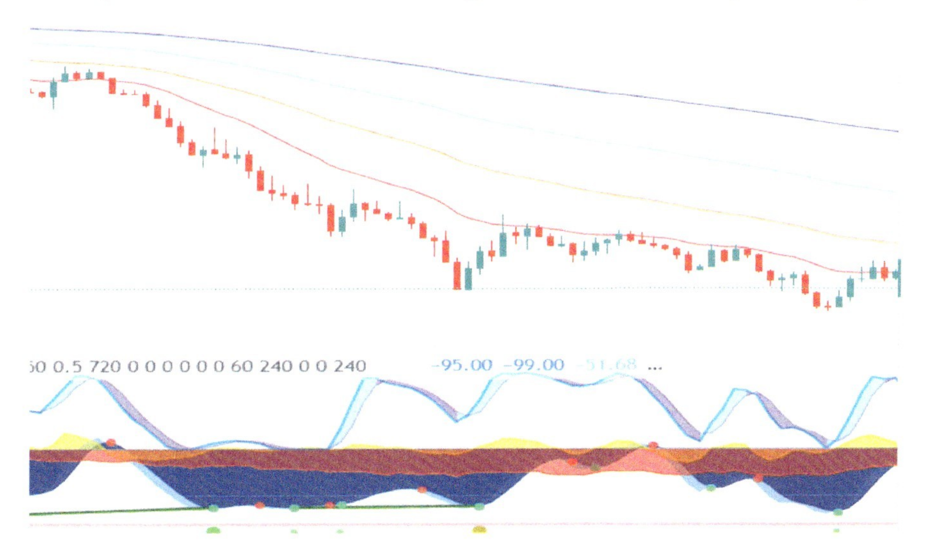

Nous sommes ici en unité de temps 1H pour cet exemple, et nous nous trouvons en tendance baissière, comme en témoignent les moyennes mobiles qui se situent toutes au-dessus du prix de l'actif. La première moitié du graphique montre une chute du cours où les points verts ne semblent pas fonctionner efficacement, tandis que les points rouges semblent être plus pertinents. Cependant, dans la deuxième moitié du graphique, la tendance semble évoluer vers une phase de neutralité. Il est intéressant de noter que tant les points verts que les points rouges deviennent cohérents dans cette situation.

➠ Pour le scalping - unité de temps 1 à 10 Minutes :

Il est recommandé d'utiliser cet indicateur lorsque le cours est neutre, c'est-à-dire lorsqu'il évolue dans une plage de prix sans tendance clairement définie. Cela peut être combiné avec d'autres indicateurs pour maximiser les chances de réussite.

Privilégier les points verts en zone profonde de surachat pour un achat et les points rouge en zone haute de survente si vous souhaitez parier sur la baisse ou tout simplement revendre votre position. Encore une fois analyser l'historique de l'actif souhaité pour vous imprégnez des indicateurs. L'indicateur ne fonctionne correctement que sur certains marchés.

Les volumes profiles

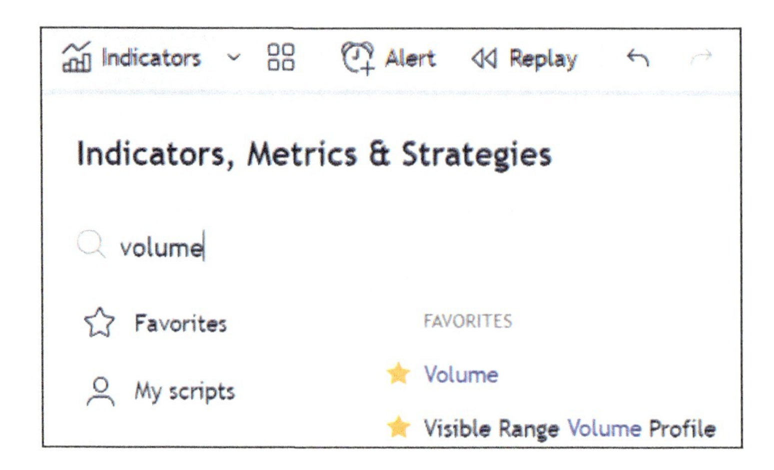

En français, dans l'onglet "Indicateur" de la plateforme de trading, recherchez **"VRVP"** et sélectionnez l'indicateur "**profil de volume de la gamme visible**". Veuillez noter que cet indicateur est généralement accessible uniquement avec un abonnement payant sur TradingView. Toutefois, il existe des alternatives où vous pouvez profiter de fonctionnalités similaires gratuitement. Sur TradingView, en recherchant dans les indicateurs, inscrivez "VRVP" et sélectionnez l'indicateur de l'auteur "Haimico". L'alternative comporte moins d'options mais est cohérente pour une vue d'ensemble. Plusieurs alternatives moins fournies sont disponibles sur TradingView, testez et comparez !

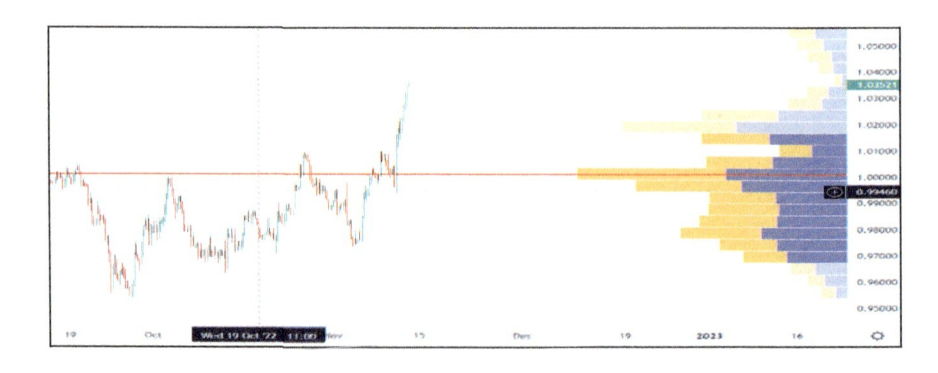

Les volumes profiles (suite)

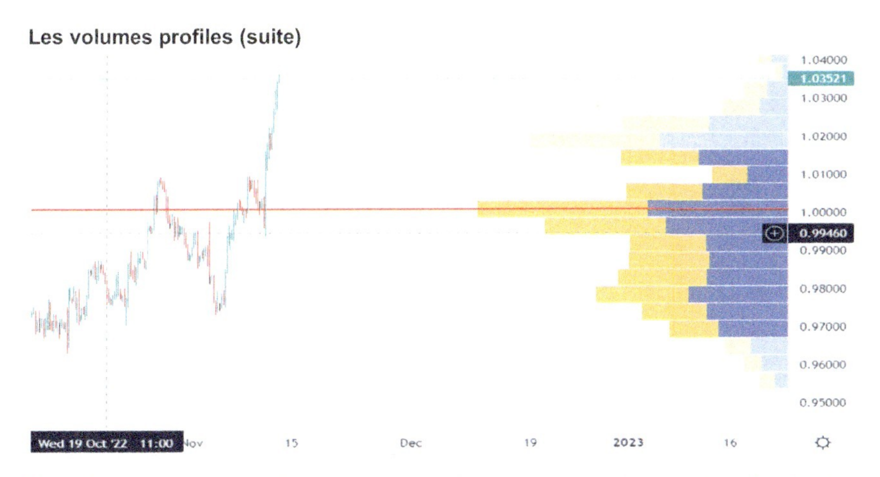

Effectivement, contrairement aux indicateurs précédents, l'indicateur Volume Profile n'a pas d'historique et évolue en temps réel. Il est représenté sous forme d'histogramme le long du côté droit du graphique (parfois à droite selon le courtier). Chaque colonne de l'histogramme correspond aux volumes des ordres d'achat et de vente placés sur l'actif à un niveau de prix spécifique. Cela permet de visualiser la concentration des volumes à différents niveaux de prix.

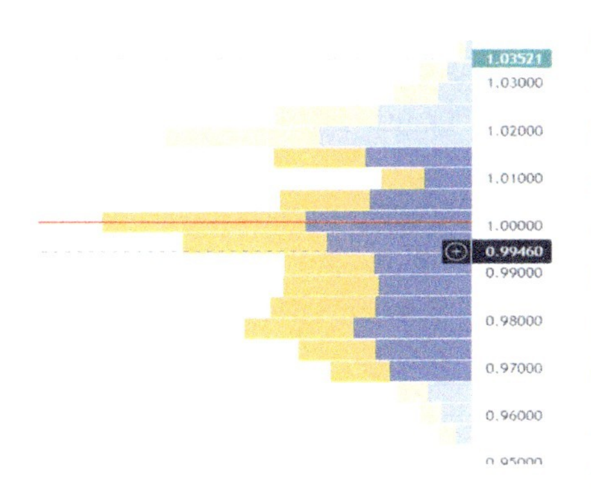

La couleur jaune à gauche de la colonne dans l'indicateur Volume Profile représente les volumes des ordres de vente placés à ce niveau de prix. Plus la colonne est petite et la couleur jaune est faible, moins il y a d'argent mis aux enchères pour la vente ou la baisse dans cette zone de prix. La couleur bleue à droite de la colonne représente les volumes des ordres d'achat placés à ce niveau de prix. Plus la colonne est grande et la couleur bleue est intense, plus il y a d'enchères pour l'achat dans cette zone. En analysant la taille et la répartition des colonnes dans l'indicateur Volume Profile, on peut identifier les zones de support et de résistance importantes, ainsi que les niveaux d'intérêt des traders en termes d'offre et de demande sur le marché.

Les volumes profiles (suite)

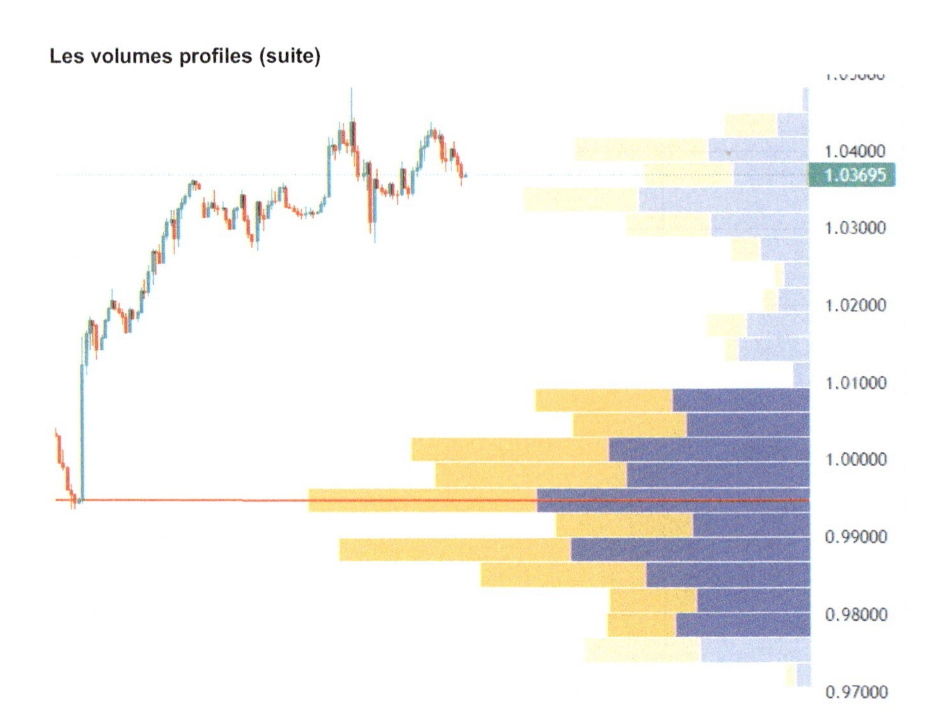

Ici, en observant le graphique de l'euro par rapport au dollar, nous remarquons que les colonnes sont plutôt petites autour du prix de 1,02 dollar, ce qui indique des volumes d'ordres d'achat et de vente relativement faibles à ce niveau. Cela suggère un manque d'intérêt et de participation des traders pour ce prix.

Cependant, nous pouvons également observer un regroupement de grandes colonnes autour de 1 dollar, ce qui indique qu'un grand nombre d'ordres ont été placés dans cette zone. Cette concentration de volumes suggère un niveau d'intérêt élevé et une activité de trading significative à ce prix.

La ligne horizontale que vous voyez représente le point de contrôle (point of control), qui correspond au prix où le volume d'ordres est le plus élevé sur le graphique. Il représente une zone de prix importante en termes de volume et peut avoir une influence sur le comportement du marché.

Dans cet exemple, vous pouvez remarquer que la ligne du point de contrôle a joué le rôle de support, c'est-à-dire qu'elle a empêché le prix de baisser davantage. Nous aborderons plus en détail ce concept ultérieurement.

Les volumes profiles (suite)

Pour obtenir des informations précises sur le volume des ordres sur une colonne, vous pouvez utiliser la fonction de survol avec votre souris. Placez simplement le curseur de votre souris sur la colonne correspondante au prix souhaité.

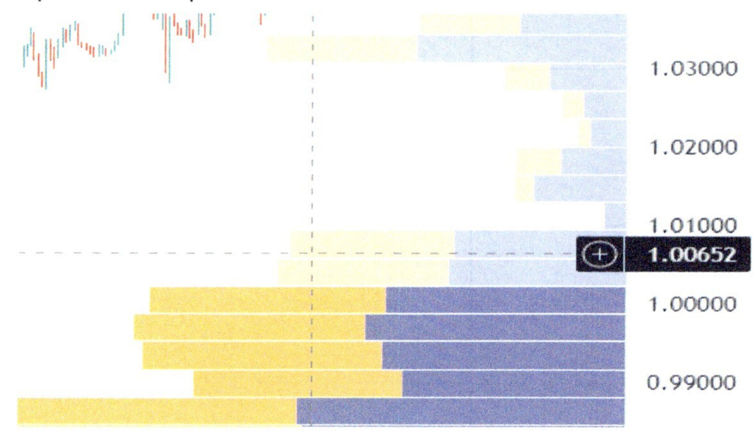

Ici, en déplaçant le curseur sur le prix de 1.006 dollars, vous pouvez voir le nombre total des volumes affiché en haut à gauche du graphique.

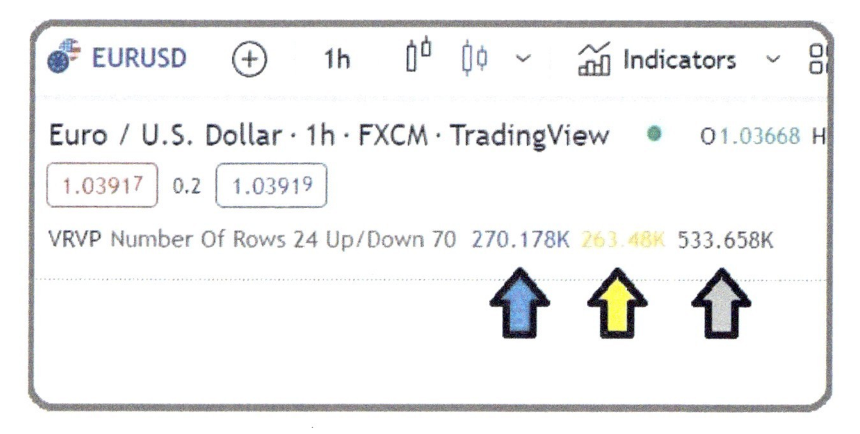

La partie bleue de gauche représente le volume d'achat en milliers, la partie jaune le volume de vente en milliers, et la partie grise représente le volume total (achat et vente combinés). Dans cet exemple, pour le prix donné, on constate que le volume d'achat est supérieur au volume de vente. Cette information peut indiquer une pression acheteuse plus forte pour ce niveau de prix.

Les volumes profiles (suite)

Nous voici toujours sur le graphique de l'euro face au dollar, en temps réel le prix est de 1.03 dollars pour 1 euro. Sous le prix actuel du graphique, on constate que sur une large fourchette de prix (entourée en bleu), les volumes d'ordres sont beaucoup plus importants que le prix actuel de l'actif. Si l'on regarde dans le passé, on peut également voir que cette zone a été largement travaillée. Ce qui reste logique, car en général, les particuliers ou les institutions placent des ordres en fonction de l'historique de l'actif, il n'est donc pas surprenant de retrouver ces volumes sur des phases de prix clés que l'actif a connues. On constate également que sur cet exemple, le point de contrôle (ligne rouge), qui correspond au prix ayant le plus de volume, est placé sur un support/résistance qui a été travaillé plusieurs fois dans le passé.

Les traders ont tendance à placer leurs ordres sur des niveaux clés tels que des supports, des résistances ou des zones de consolidation.

Les volumes profiles (suite)

Retournons sur notre graphique eur/usd.

➠ Dans la zone 1, on peut observer que les volumes d'ordres sont élevés, ce qui s'explique par le fait que cette zone a été fortement travaillée dans le passé.

➠Dans la zone 2, l'historique est plus récent, ce qui signifie que cette zone a été formée plus récemment par rapport à la zone 1. Les volumes d'ordres dans cette zone sont de taille moyenne, ce qui indique un intérêt moins prononcé par rapport à la zone 1.

➠Entre la zone 1 et la zone 2, il y a un creux dans le diagramme où les colonnes sont beaucoup plus petites, ce qui correspond à des volumes très faibles. Ce phénomène est appelé un "GAP" ou un trou de volume, et il est souvent observé entre deux zones de volume plus élevé. Si le cours vient à casser à la baisse la dernière couche de volume importante, le prix peut plus facilement et sans résistance, chuter jusqu'à la zone 1.

⚠ Si vous observez attentivement, vous remarquerez que la zone 1 que j'ai tracée, ainsi que la zone 2, correspondent à des niveaux de résistance et de support. Le prix rebondit entre ces niveaux. Dans le creux entre ces deux zones, bien que les volumes soient relativement faibles, l'histogramme est principalement de couleur bleue, ce qui suggère que la majorité des traders ont placé des ordres d'achat dans ce gap et anticipent une augmentation ultérieure du prix. Cependant, il est important de noter que cela ne garantit pas à 100% une hausse du prix.

Les volumes profiles (suite)

Sur le graphique, en combinant le price action, le volume profile et après avoir travaillé le support puis la résistance, l'actif a fini par la percer par le haut. La tendance devient haussière grâce au volume profile faible et à l'historique de l'actif. On a pu constater qu'au-dessus de cette résistance, le prix n'avait pas été beaucoup travaillé, ce qui a entraîné une hausse assez rapide vers le prochain niveau, la zone 2. (voir le chapitre sur le price action, les résistances, les supports et les retracements de Fibonacci).

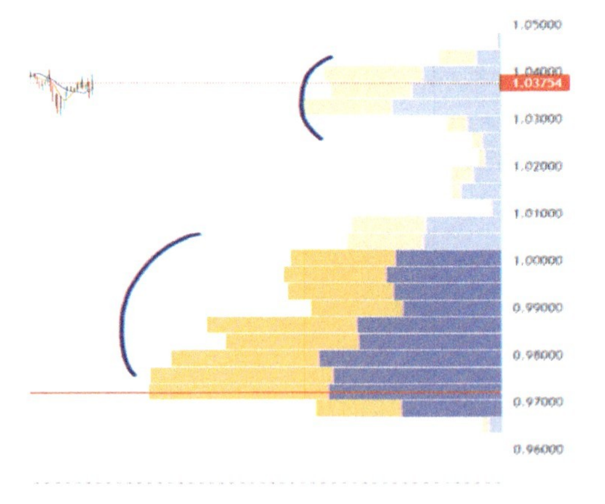

Les zones de prix comprenant de fort volumes représentent pour l'actif des zones de résistance ou de support.

Comme dit précédemment il est naturel que les ordres soient placés sur des zones clés d'un actif dans le graphique.

Toujours sur la paire EUR/USD, examinons les scénarios qui pourraient se présenter et anticipons éventuellement le marché.

scénario 1 : le cours casse à la baisse.

Si le cours de l'EUR/USD casse et clôture sa dernière bougie en dessous du support de sa zone de range actuelle, il est probable qu'il se dirige vers les zones de prix où le volume reste faible afin d'explorer et de tester les niveaux inférieurs qui possèdent un volume plus élevé.

Il est important de comprendre qu'une des règles fondamentales est que le cours n'apprécie pas les vides et est souvent attiré par les endroits où la liquidité et le volume sont plus importants.

⚠ Lorsqu'un cours casse un support ou une résistance importante et clôture en dessous ou au-dessus de celui-ci, il a tendance à se diriger vers des zones de prix où le volume et la liquidité sont plus importants. Cela s'explique par le fait que les traders et les investisseurs ont tendance à placer leurs ordres et à réagir aux niveaux de prix clés, ce qui crée des zones de support ou de résistance significatives. Lorsque ces niveaux sont cassés, le marché a souvent tendance à chercher des zones de prix où il y a une plus grande concentration d'ordres et de participants, ce qui peut entraîner des mouvements de prix plus importants.

Les volumes profiles (suite)

La même règle s'applique si le cours casse son range à la hausse. Pour voir les volumes des autres niveaux de prix sur le graphique, il suffit de dézoomer.

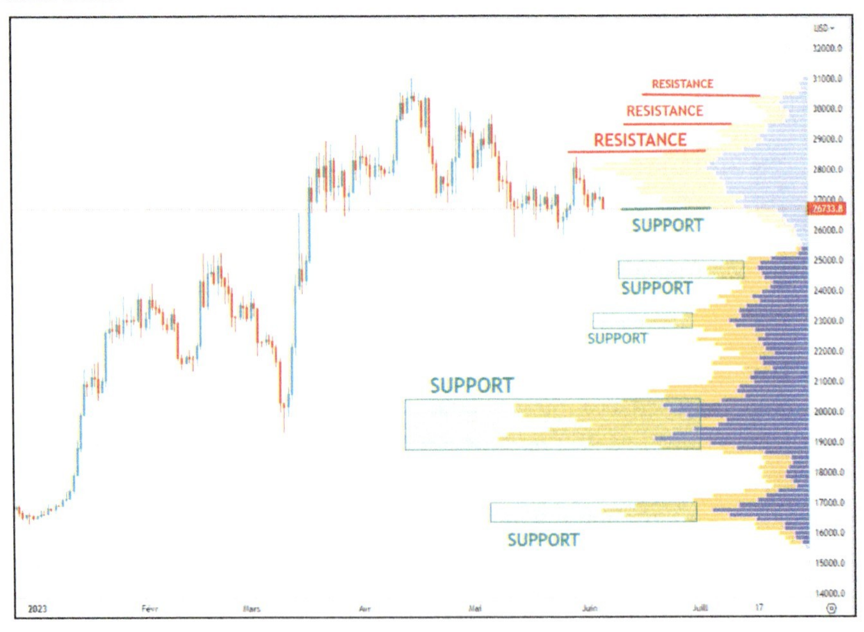

Les volumes profiles (suite)

Il est possible de modifier l'apparence du volume profile sur le graphique en suivant ces instructions.

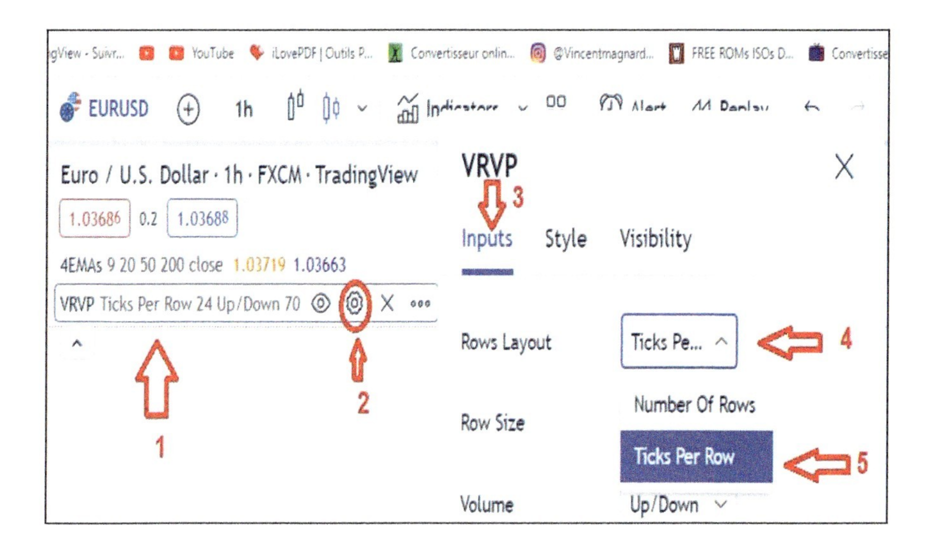

Voici un exemple, à vous de choisir en fonction de vos préférences.

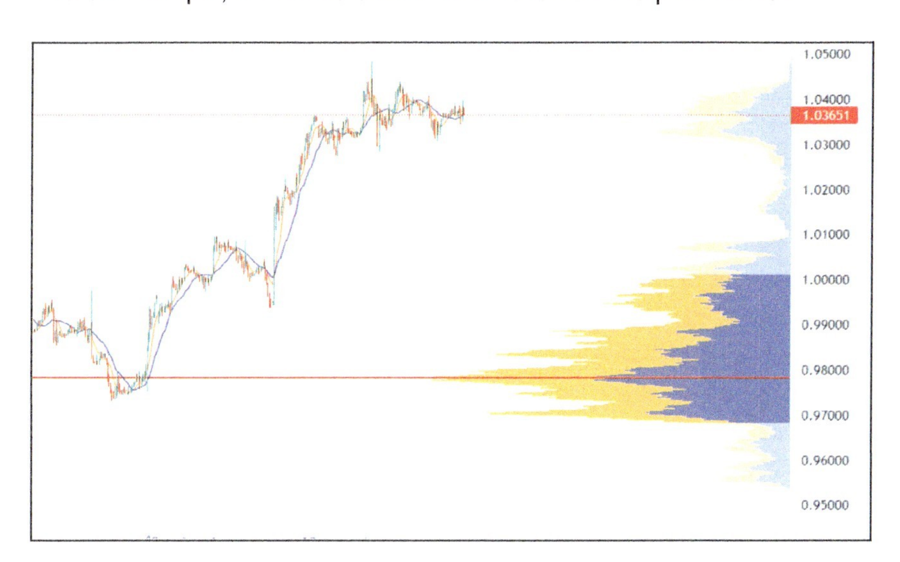

point d'attention !

Comme pour tous les autres indicateurs, celui-ci n'est pas magique, voici pourquoi il est toujours intelligent d'utiliser d'autres indicateurs en parallèle.

Les volumes affichés sur le graphique du volume profile représentent les volumes d'ordres présents sur la plateforme d'échange ou la bourse spécifique que vous utilisez pour observer le marché. Ils ne représentent pas tous les volumes d'ordres du marché dans son ensemble. Les volumes peuvent varier d'une plateforme à l'autre en fonction de la liquidité et de la participation des traders sur chaque plateforme.

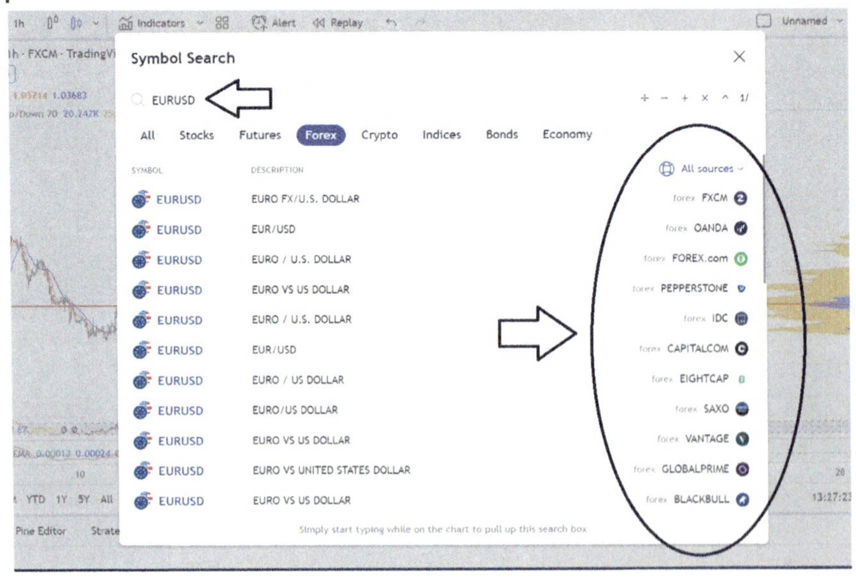

Par exemple, lorsque je souhaite accéder à la paire euro/dollar, je sélectionne le marché du Forex et j'inscris "EUR/USD". Dans les résultats de recherche, plusieurs choix apparaissent, correspondant tous à la paire euro/dollar, mais provenant de différentes sources (indiquées à gauche de l'écran). Ces sources représentent différentes plateformes d'échange ou bourses concurrentes, proposant des opportunités d'investissement ou de trading. Les volumes profiles peuvent donc changer en fonction de la source du graphique.

CVD SPOT et PERP

Les indicateurs CVD SPOT et CVD PERP sont des outils très intéressants disponibles pour l'analyse du Bitcoin. Ils peuvent être consultés sur le site "https://charts.aggr.trade/e2aj" ainsi que sur le site "https://coinalyze.net/bitcoin/open-interest/".

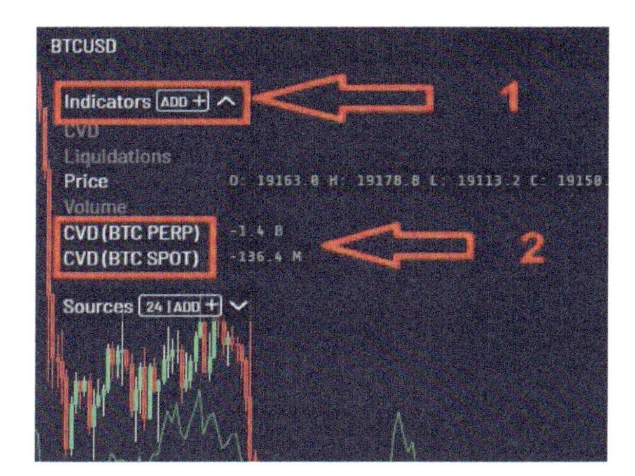

sur le "site charts.aggr" :

1 : Une fois sur le site, cliquez sur l'option "Add+" pour accéder aux indicateurs.

2 : Dans la barre de recherche, saisissez les termes "CVD (BTC PERP)" et "CVD (BTC SPOT)", puis sélectionnez ces indicateurs dans les résultats proposés.

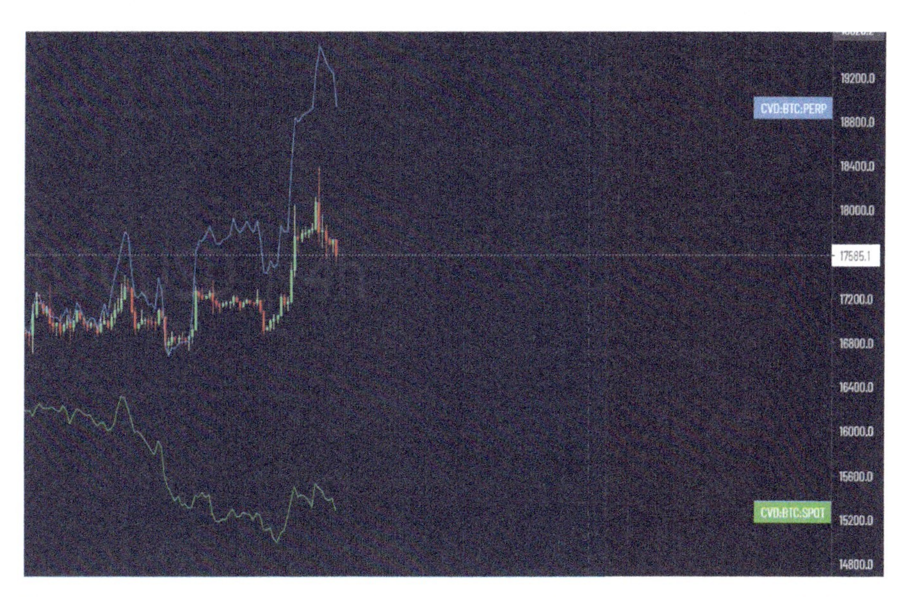

Deux courbes apparaîtront en plus du cours : une courbe verte représentant le CVD spot et une courbe bleue représentant les CVD PERP.

CVD SPOT et PERP (suite)

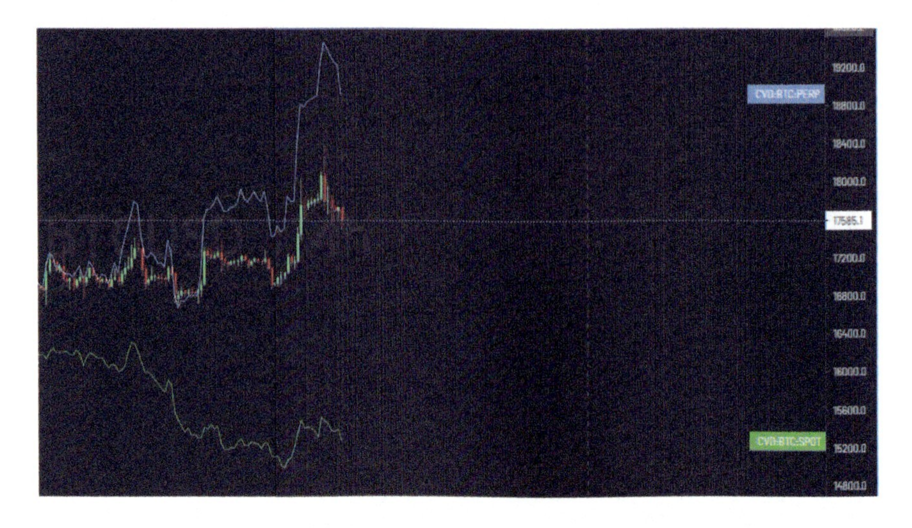

La courbes "CVD spot" représente graphiquement en temps réel les ventes et les achats des principales plateformes d'échange centralisés de crypto-monnaies. Elle reflète les volumes d'échange et les mouvements du marché pour les transactions en spot.
La courbes "CVD Perp" représente graphiquement les achats et les ventes dans la catégorie des contrats perpétuels, incluant les transactions à effet de levier, les positions courtes et longues. Elle reflète les volumes d'échange et les mouvements du marché associés aux contrats perpétuels.

➠ Du fait que les sites regroupent le graphique du cours du Bitcoin provenant des principales plateformes de crypto-monnaies, cela nous offre un aperçu général du comportement en temps réel des investisseurs et traders sur le marché spot, ainsi que du comportement des traders sur les contrats perpétuels.

Pour rappel, au moment où j'écris ces lignes, le Bitcoin est le plus gros actif en termes de capitalisation et de volume dans sa catégorie (crypto-monnaies). C'est donc lui qui influence dans la grande majorité des cas le cours des autres cryptos (quand le prix du Bitcoin chute, généralement les autres cryptos chutent, et ainsi de suite). Il est donc normal de se focaliser sur le Bitcoin pour ce genre d'indicateur, même si on veut investir ou trader dans d'autres cryptos. Le Bitcoin fait office de référence dans son domaine.

Voyons maintenant comment interpréter ces indicateurs.

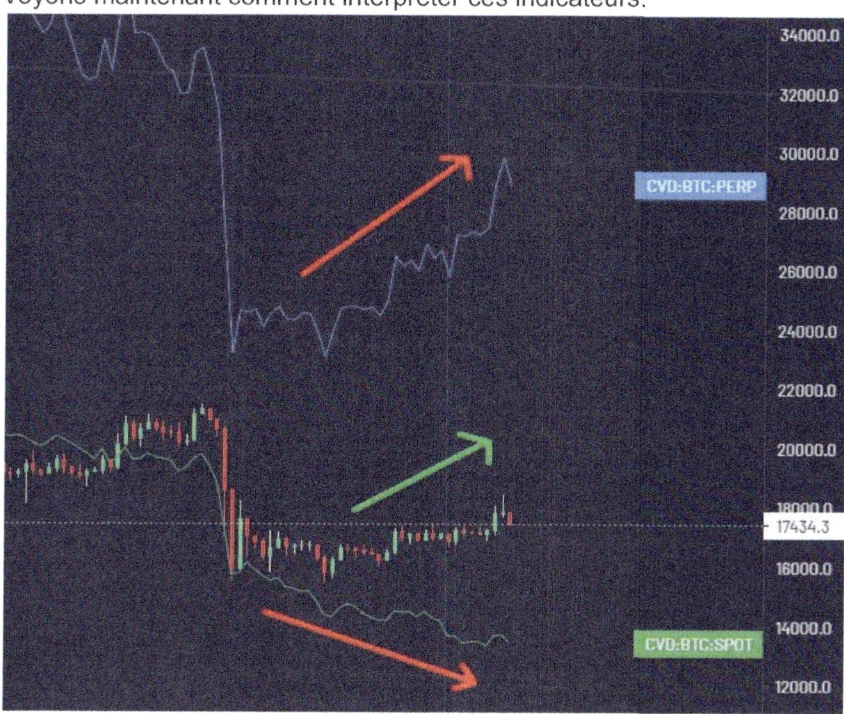

Sur l'exemple donné, la courbe CVD Perp est en hausse, tandis que la courbe CVD Spot est en baisse. Le prix du Bitcoin, quant à lui, est également en hausse. Quelle conclusion peut-on en tirer ? Malgré la baisse des utilisateurs en spot qui vendent leurs positions sur le Bitcoin, le prix continue de monter. Cela suggère que la hausse du prix est spéculative et non soutenue par les utilisateurs en Spot.

Il est important de noter que pour une hausse ou une baisse saine de l'actif, les courbes CVD Spot et CVD Perp doivent aller dans la même direction. Si les deux courbes baissent alors que le prix monte, il faut être vigilant. De plus, il convient de souligner que cet indicateur est plus pertinent selon moi, sur de petites unités de temps, telles que 15 minutes, 4 heures et 6 heures par exemple.

CVD SPOT et PERP (suite)

Il est également possible d'accéder à ces indicateurs sur le site "coinalyze.net".

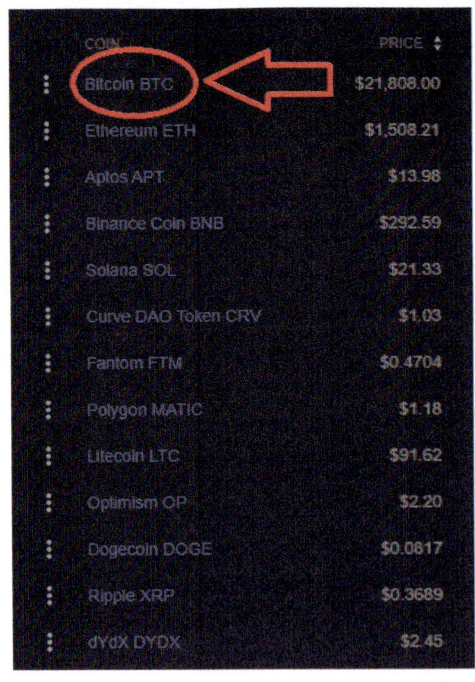

Sur la gauche du site, vous trouverez une liste de cryptos. Pour accéder aux indicateurs CVD Spot et CVD Perp, sélectionnez Bitcoin (BTC).

➠Vous pouvez également choisir d'autres cryptos dans la liste ou en utilisant la barre de recherche pour les analyser avec d'autres indicateurs.

➠Cependant, il est important de rappeler que, pour le CVD Spot et le CVD Perp, c'est surtout le Bitcoin qui est actuellement considéré comme un élément clé qui influence les mouvements du marché des cryptos à la hausse comme à la baisse.

CVD SPOT et PERP (suite)

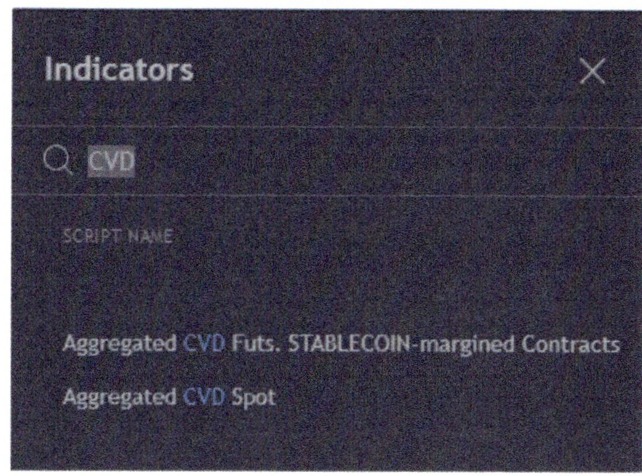

Au-dessus du graphique, cliquez sur “Indicators” puis saisissez “CVD”dans la barre de recherche.

Enfin sélectionnez les deux indicateurs suivants :

➠ Aggregated CVD futs.stablecoin.

➠ Aggregated CVD spot.

L’indicateur COT

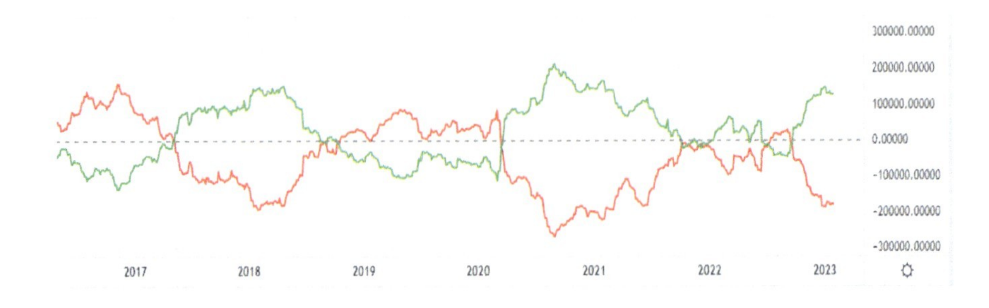

L'indicateur "COT" nous permet d'observer le comportement des différents intervenants sur un marché sélectionné.

➠La courbe verte représente les intervenants non commerciaux.
➠La courbe rouge représente les intervenants commerciaux.

Les intervenants non commerciaux (représentés en vert) sont des gros traders, des institutions ou des particuliers qui négocient sur un marché donné, mais dont le secteur d'activité ne correspond pas à celui du marché sur lequel ils spéculent. Par exemple, une société spécialisée dans le gaz qui spécule sur le marché des métaux sera considérée comme un intervenant non commercial, car son activité principale diffère du marché sur lequel elle opère. Ces intervenants sont représentés par la ligne verte dans l'indicateur COT.

Les intervenants commerciaux (représentés en rouge) sont des traders, des institutions qui négocient des indices en rapport avec leur activité principale. Par exemple, une société gazière qui négocie sur le marché du gaz sera classée comme un intervenant commercial. De même, une société de transport engagerait un trader pour négocier sur le marché du pétrole afin de compenser ses dépenses ou réaliser des bénéfices. Ces intervenants sont représentés par la courbe rouge dans l'indicateur COT.

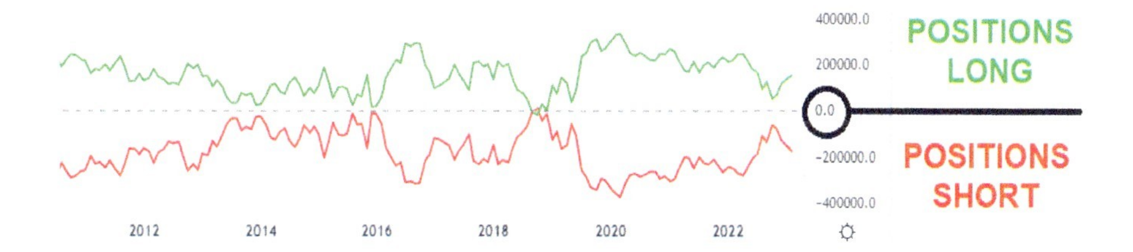

➠La zone au-dessus de la ligne 0 dans l'indicateur COT représente la zone où se négocient les positions de long, c'est-à-dire les positions d'achat. Sur l'exemple donné, si la courbe des intervenants non commerciaux monte, cela indique une augmentation du volume des positions à l'achat. En revanche, si la courbe descend, cela signifie que les intervenants non commerciaux réduisent leurs positions d'achat. Cela peut donner des indications sur le sentiment du marché et les mouvements potentiels à venir.

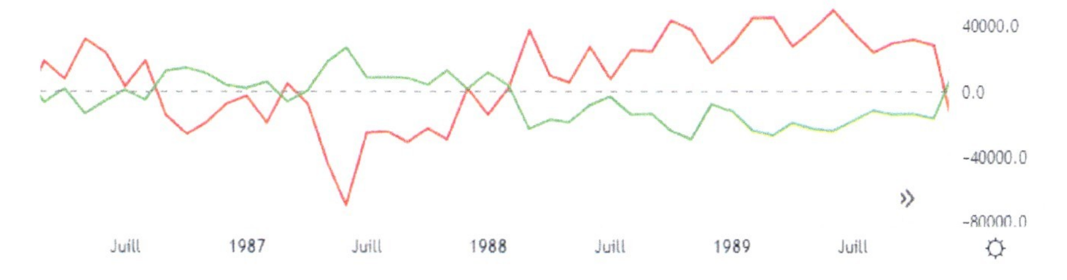

➠Lorsque la courbe de l'indicateur COT croise la ligne 0 et passe en dessous de celle-ci, cela peut indiquer que les intervenants sont majoritairement en position short, c'est-à-dire qu'ils parient sur la baisse du cours ou vendent leurs positions. Lorsque la courbe remonte dans la zone en dessous de la ligne 0, cela peut signifier qu'une partie des intervenants commence à se positionner à l'achat, même si cette part reste minoritaire. Cela peut donner des indications sur les mouvements et les perspectives de retournement du marché.

L’indicateur COT (suite)

Cet indicateur est disponible sur certains types de marchés, notamment sur certaines paires présentes sur le Forex, ainsi que sur le marché des métaux tels que l'Or et l'Argent. De plus, il est utilisé sur les contrats à termes comprenant les marchés de l'agriculture, de l'énergie, des indices boursiers tels que le Nasdaq100 et le SP500, et d'autres marchés tels que les contrats à terme sur le pétrole, le gaz naturel et les produits agricoles. Il est important de consulter les plateformes de trading spécifiques pour connaître la disponibilité de l'indicateur COT sur différents marchés.

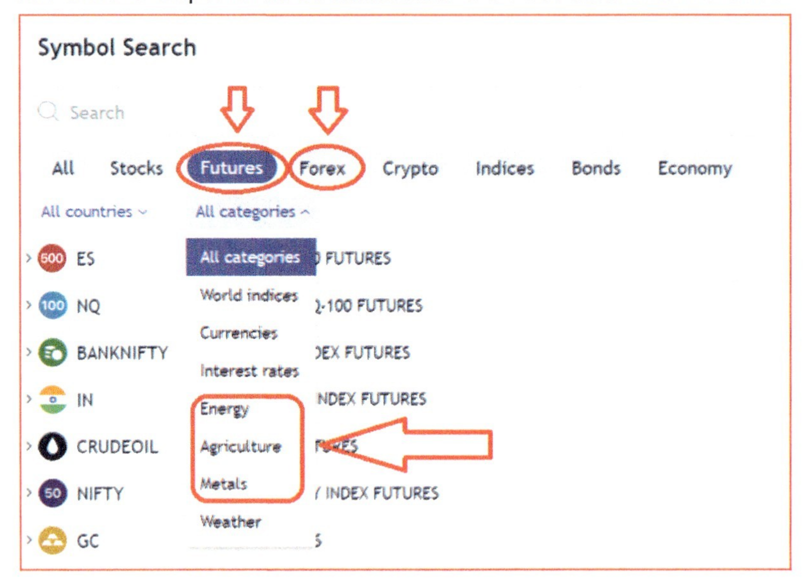

Quelques exemples pour le forex, sur tradingview, vous pouvez l’utiliser pour les paires: ➠eur/usd ➠gbp/usd ➠aud/usd ➠usd/cad

Il est également disponible sur les indices américains Nasdaq 100 (US Nas100) et S&P 500 (US SPX500). Vous pouvez accéder à ces indicateurs en inscrivant "ES" ou "NQ" dans la barre de recherche de l'onglet des contrats à terme (Futures), comme illustré.

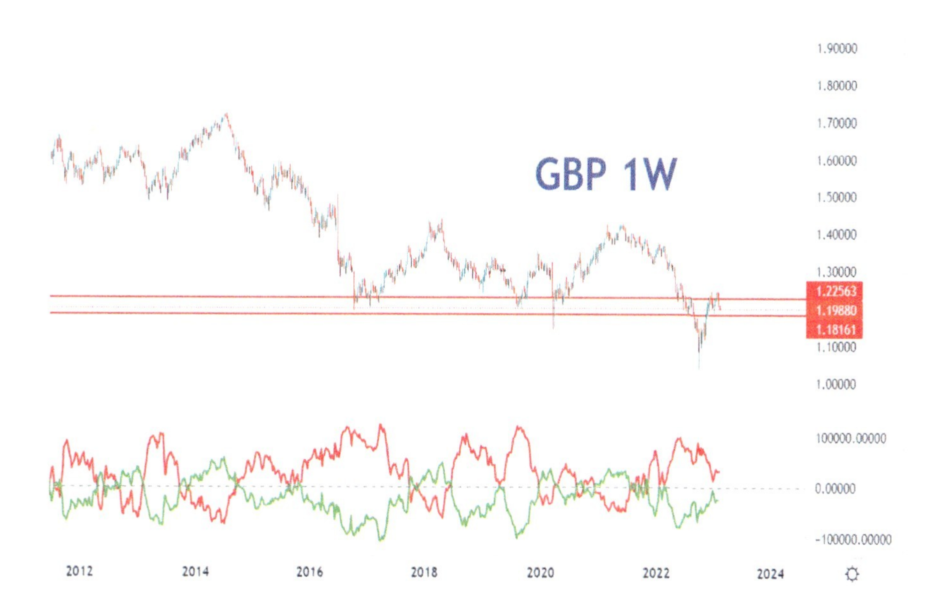

Voici à quoi cela ressemble une fois le cours relié à l'indicateur.
On observe des cycles où les institutions commerciales sont à l'achat, tandis que dans d'autres cycles, les courbes s'inversent et ce sont les institutions non commerciales qui passent à l'achat.

➠ **Il est important de noter que cet indicateur est plus efficace en grandes unités de temps, telles que les périodes journalières, hebdomadaires ou même mensuelles.**
Lorsque vous travaillez avec cet indicateur, il est nécessaire de vous projeter et d'avoir une vision à moyen et long terme.

Dans l'illustration fournie, nous observons le marché du Forex pour la paire de devises Livre sterling britannique contre le dollar américain (GBP/USD), en utilisant une unité de temps hebdomadaire (1 bougie = 1 semaine).

Voyons maintenant de plus près comment interpréter le graphique présenté à la page suivante.

L'indicateur COT (suite)

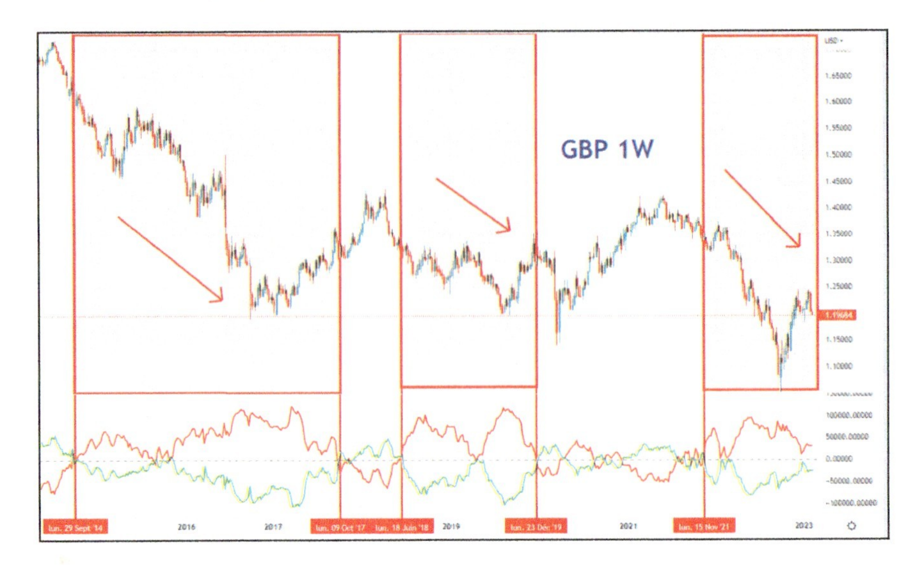

➠Sur cet exemple pour la période de 2014 à 2023, on peut observer que lorsque les intervenants commerciaux (en rouge) se positionnent majoritairement à l'achat, le cours de l'actif chute, et la tendance générale reste baissière.

➠ Parallèlement, les institutions non commerciales (en vert) optent majoritairement pour des ventes ou ventes à découvert (short). Il est intéressant de noter que cette catégorie d'intervenants, souvent constituée de spéculateurs dont le seul but est de faire du bénéfice, semble être plus souvent gagnante (pour cet exemple).

➠Rappelons que les institutions commerciales ont un lien commercial avec l'actif traité, et pas forcément un objectif purement spéculatif. On peut donc théoriser pour cet exemple que les acteurs commerciaux avaient tout intérêt à essayer de faire en sorte que le cours ne chute pas trop rapidement, en continuant d'acheter tout au long de la baisse.

➠Enfin, l'actif traité ici est une monnaie, donc d'autres éléments économiques et politiques peuvent également influencer les taux de change et les flux d'importation au niveau des institutions commerciales. Ainsi, l'analyse des données doit être complétée par une compréhension plus large du contexte économique et des facteurs externes.

L'indicateur COT (suite)

Analysons maintenant un autre graphique, celui de la paire euro/dollar (EUR/USD), afin d'explorer les actions que nous pourrions envisager en utilisant cet indicateur.

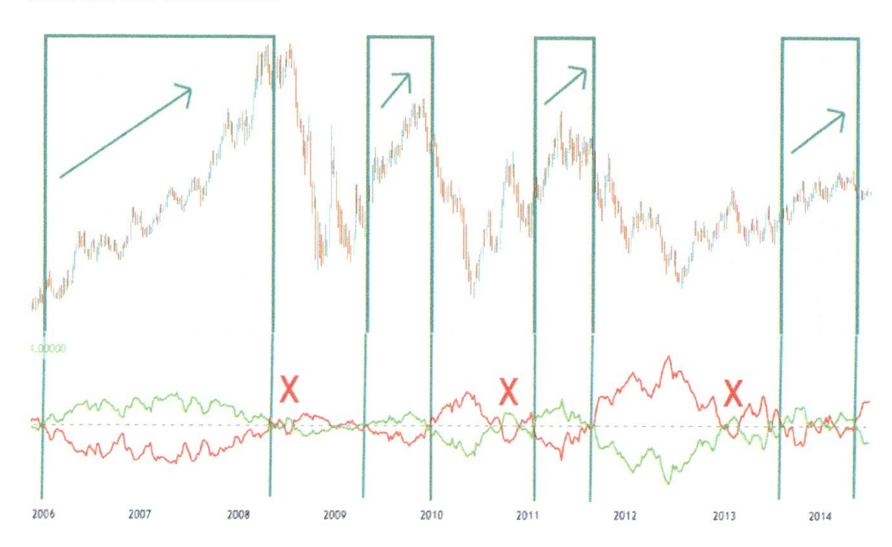

De 2006 à 2014, nous pouvons observer une tendance où la majorité des positions acheteuses des intervenants non commerciaux (représentées en vert) correspondent à des périodes de hausse significative des prix, qui peuvent durer plusieurs semaines, voire plusieurs mois voire années. Sur le graphique, nous constatons qu'il y a eu 4 réussites et 3 échecs en termes de backtesting.

L'indicateur, lorsqu'il y a un croisement entre les deux courbes (ici, lorsque les non-commerciaux passent à l'achat et les commerciaux passent à la vente), peut nous indiquer un bon moment pour entrer sur le marché à long terme. Cependant, il ne garantit pas toujours le meilleur moment pour clôturer nos positions.

Comme pour un achat, il vous faudra donc évaluer par vous-même, en utilisant d'autres indicateurs tels que le RSI, les moyennes mobiles, ou encore en analysant l'action des prix (price action), afin de prendre une décision concernant la prise de profit ou la sortie de votre position.

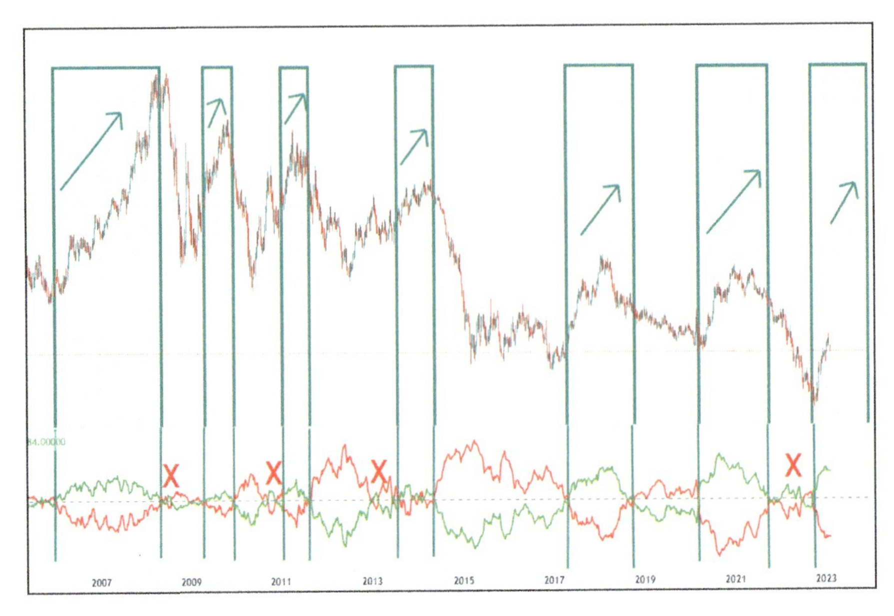

Sur l'historique de 2006 à 2023 pour la paire euro-dollar, on peut constater que la stratégie consistant à acheter lors du croisement de la courbe des intervenants non commerciaux (verte) à la hausse a été jusqu'à présent très efficace. Nous observons 7 réussites et 4 échecs. Les réussites sont marquées par de fortes hausses des prix.

Il est essentiel de toujours effectuer plusieurs analyses approfondies de l'historique des marchés, car une stratégie peut fonctionner efficacement sur un actif et moins bien sur un autre. L'indicateur COT peut avoir un comportement différent selon le type de marché sur lequel il est appliqué. Chaque marché et chaque actif peuvent présenter des caractéristiques uniques.

L'indicateur COT (suite)

Pour les traders expérimentés, l'indicateur COT peut fournir des signaux pour prendre des positions de vente à découvert (parier sur la baisse, shorter). Dans le cas de la paire euro/dollar, nous avons constaté qu'il est très souvent observé que ce sont les acteurs non commerciaux qui font grimper le prix lorsqu'ils sont positionnés à l'achat. En revanche, lorsque leurs positions sont vendeuses et que les acteurs commerciaux (en rouge) passent en achat, le cours finit souvent par chuter.

De 2008 à 2023, on observe des chutes plus ou moins importantes lorsque les acteurs non commerciaux (représentés en vert) passent en position vendeuse et que les acteurs commerciaux (représentés en rouge) passent en position acheteuse. Sur cette période, nous constatons 6 positions gagnantes en pariant sur la baisse du cours et 3 positions perdantes.

En conclusion, nous pouvons en déduire qu'il peut être intéressant d'utiliser cet indicateur pour prendre des positions longues ou courtes, ou simplement ajuster son portefeuille en analysant les croisements des deux courbes.

Les figures chartistes

Les figures chartistes sont des configurations spécifiques qui apparaissent sur un graphique et qui sont basées sur des statistiques. Elles se répètent souvent et peuvent aider à prédire les mouvements futurs des prix, qu'ils soient haussiers ou baissiers. On peut classer les figures chartistes en deux grandes catégories : les **figures de continuation de tendance** et les **figures de retournement**.

Pour rappel :
➠ **"SHORT"** correspond à un pari à la baisse des prix.
➠ **"LONG"** correspond à un pari à la hausse des prix
➠ Le **"Pullback"** est un retour sur la ligne de support ou de résistance pour effectuer un test avant de reprendre la tendance prévue.

⚠ **Savoir où me positionner et où se trouve mon objectif :**

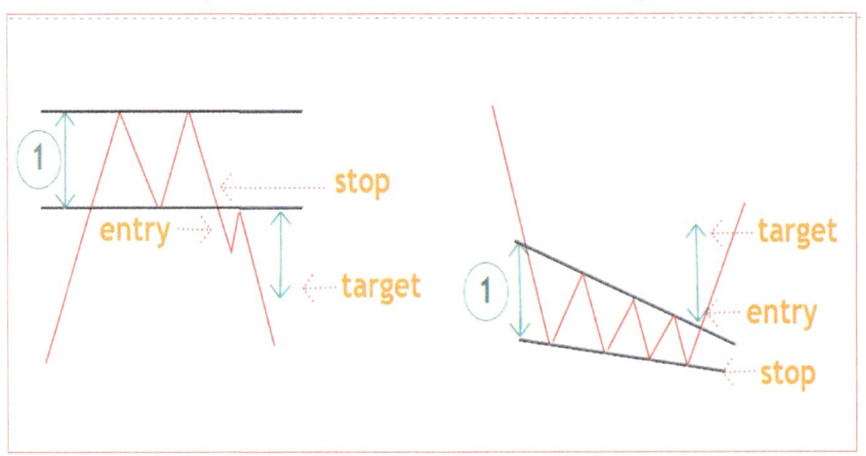

Première méthode :
➠ En **1**, je calcule la hauteur de ma figure, donc la distance qu'il y a entre le support et la résistance, et je la réplique à partir de la cassure de la ligne de coût (résistance ou support).
➠ Je place mon stop loss derrière le dernier support (ou résistance si je suis en position SHORT).
➠ Pour augmenter ses chances de réussite, il est parfois préférable de placer son take profit légèrement en dessous de l'objectif (target).

Deuxième méthode :

➠ En **1**, je calcule la distance qu'il y a entre le dernier sommet ou creux et le début de la figure chartiste, et je la réplique à partir de la cassure de la ligne de coût (résistance ou support).

➠ Je place mon stop loss derrière le dernier support (ou résistance si je suis en position SHORT).

➠ Pour augmenter ses chances de réussite, il est parfois préférable de placer son take profit légèrement en dessous de l'objectif (target).

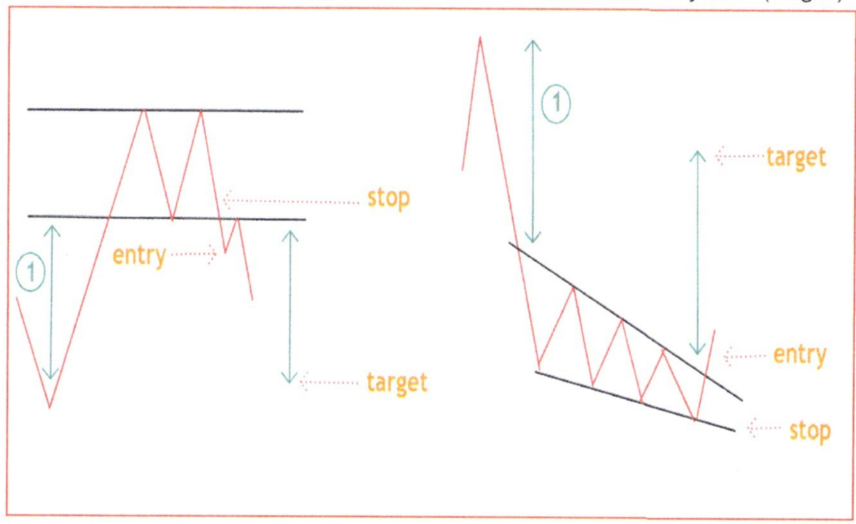

Il est important de noter que chaque stratégie de trading peut avoir ses propres règles et méthodes pour déterminer les objectifs de profit. Il est donc essentiel de bien comprendre votre stratégie spécifique et de l'appliquer de manière cohérente.

En résumé, les deux approches peuvent être utilisées pour déterminer l'objectif lors du cassure d'une figure chartiste, mais elles sont basées sur des principes légèrement différents. Il est important de comprendre ces concepts et d'adapter votre approche en fonction de votre propre stratégie de trading et de votre analyse du marché.

⚠ N'oubliez pas de mesurer votre ratio risque-récompense et de prendre en compte les autres facteurs du cours tels que les niveaux de résistance, de support, les indicateurs, etc., avant chaque action.

Les figures de retournement :

1. Double bottom :

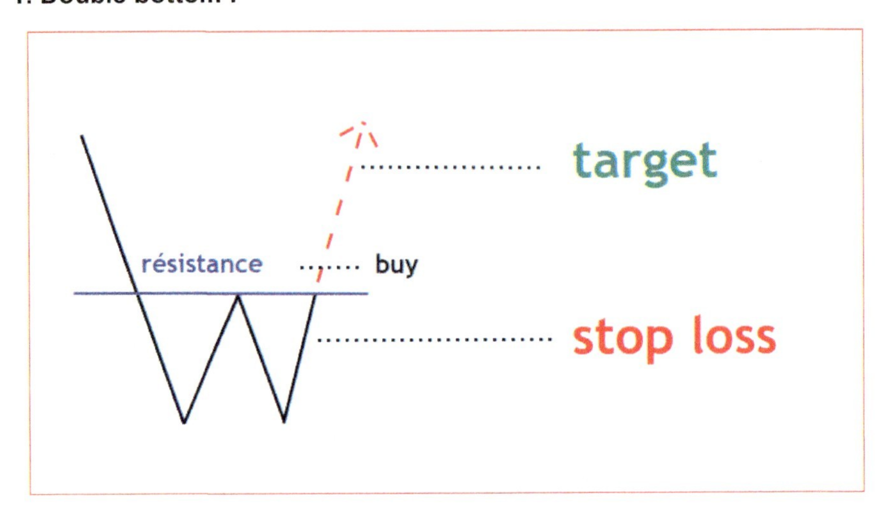

Il y à 97 % de chance d'obtenir une poursuite haussière après la cassure de résistance et un pull back dans 68 % des cas d'après la source finance-hero.fr. Cela dit, la probabilité exacte de succès peut varier.

2. Falling wedge :

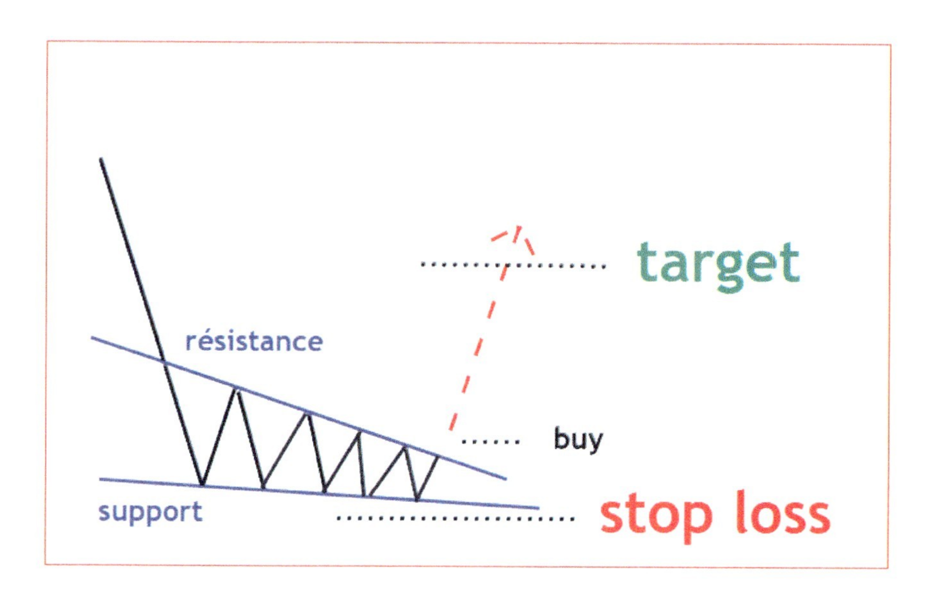

Environ 65 % de taux de réussite pour cette figure chartiste (source : putontrade.com). La probabilité exacte de succès peut varier.

3. Inverse head and shoulder :

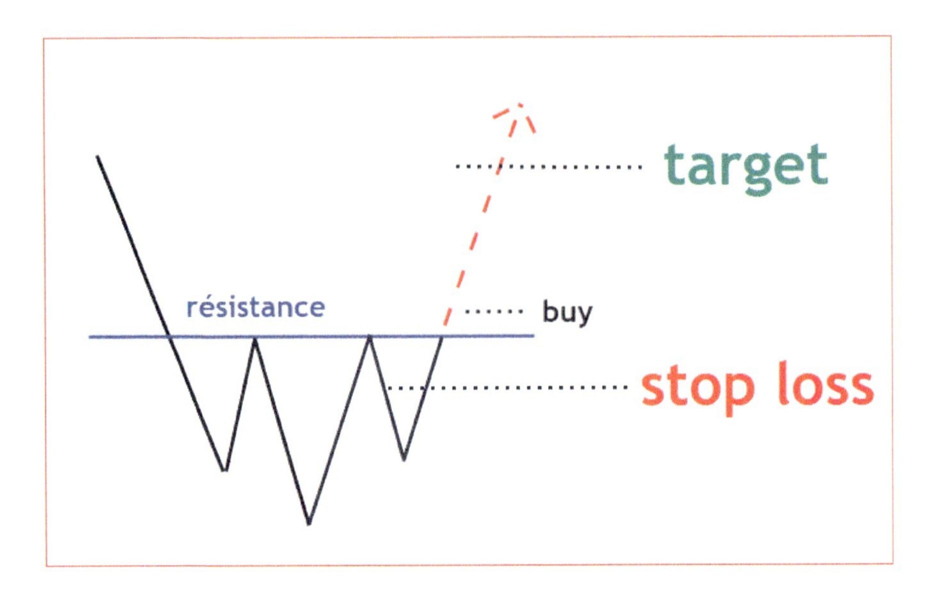

Dans 97% des cas, la continuation est haussière.
Dans 74% des cas, le cours atteint l'objectif.
Dans 50% des cas, un pullback se réalise. (source : centralcharts.com)
La probabilité exacte de succès peut varier.

4. Double top :

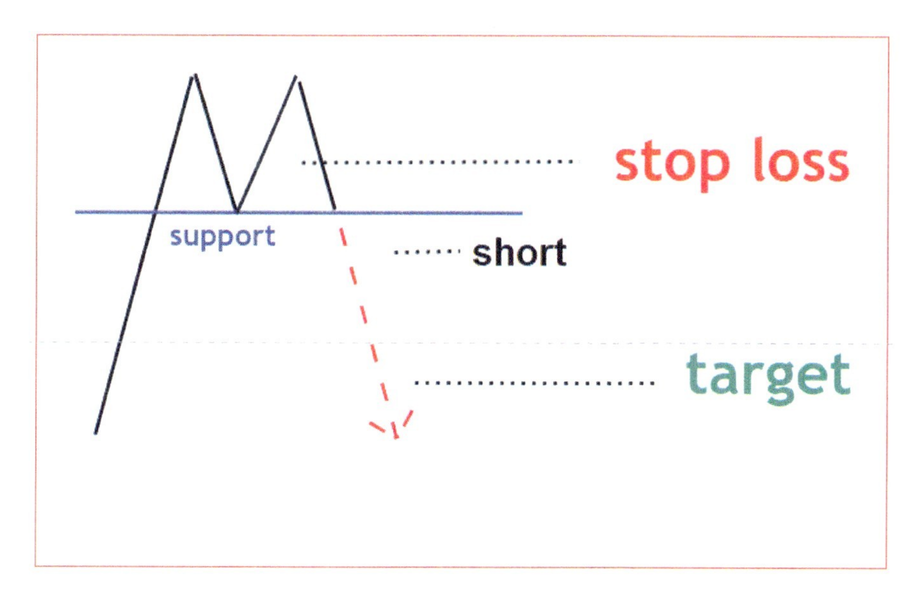

Environ 70% de taux de réussite. La probabilité exacte de succès peut varier.

5. Head and shoulders :

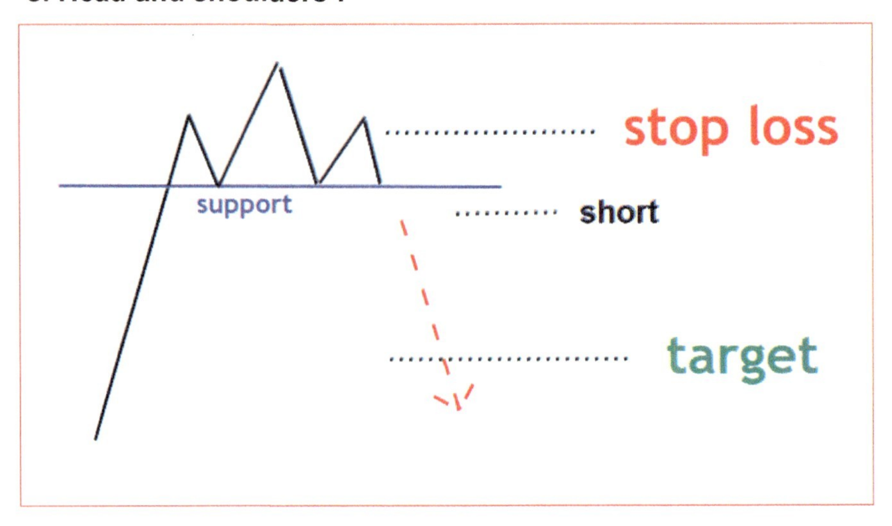

La figure est baissière dans 93 % des cas de figure.

L'objectif de la figure est atteint lorsque la ligne de cou est cassée à la baisse, dans 63 % des cas de figure.

Après la cassure de la ligne de cou, le mouvement baissier se poursuit dans 96 % des cas de figure.

45 % de pullback (source : Wikipedia). La probabilité exacte de succès peut varier.

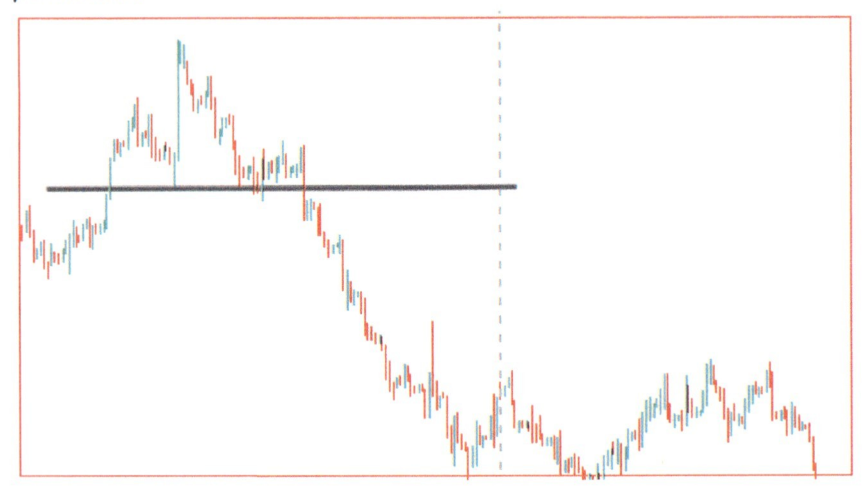

6. Rising wedge :

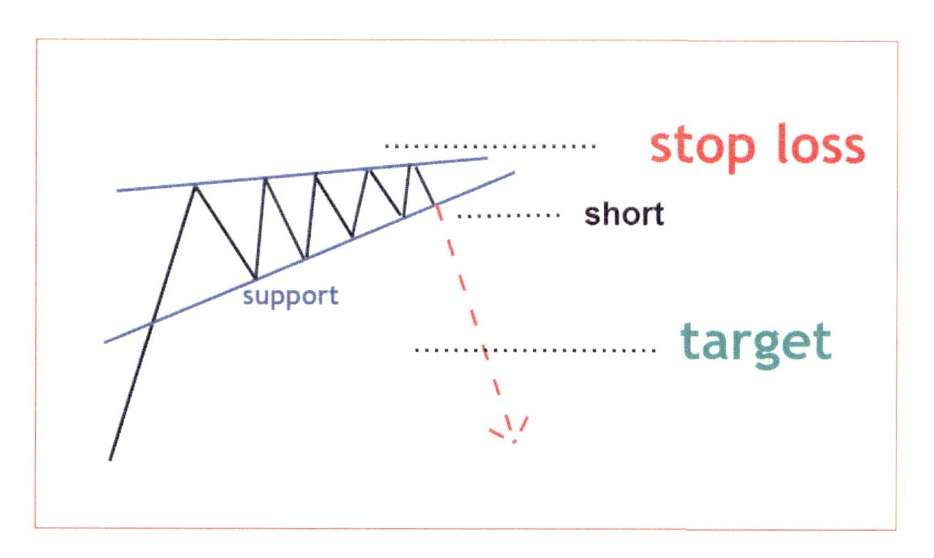

Taux de réussite de 55%, 65% de chance d'atteindre l'objectif. (source:centralcharts.com). La probabilité exacte de succès peut varier.

7. Bart simpson :

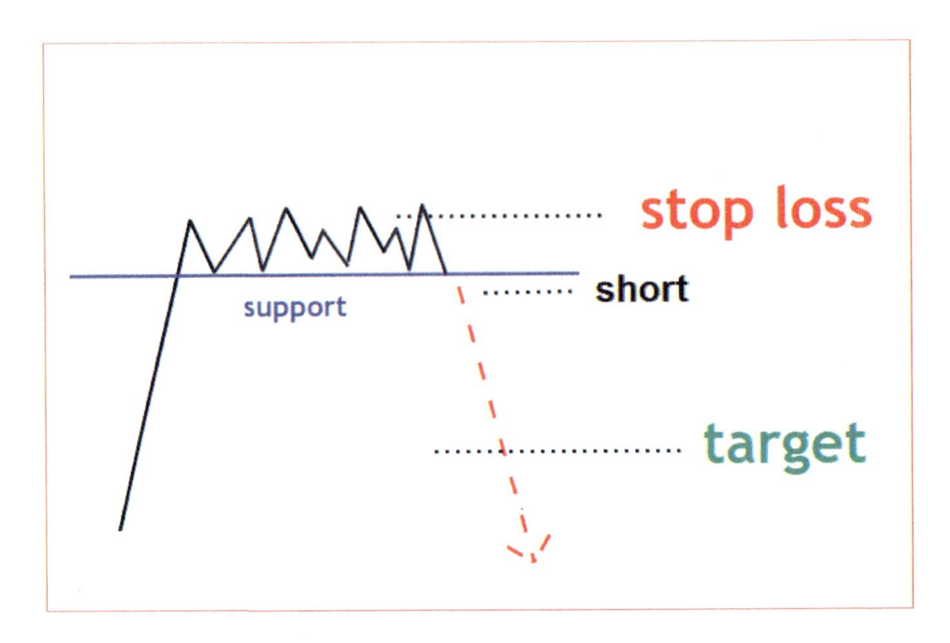

Pas de données officielles.

8. (1) Diamant de sommet et (2) diamant de creux : (figure très rare)

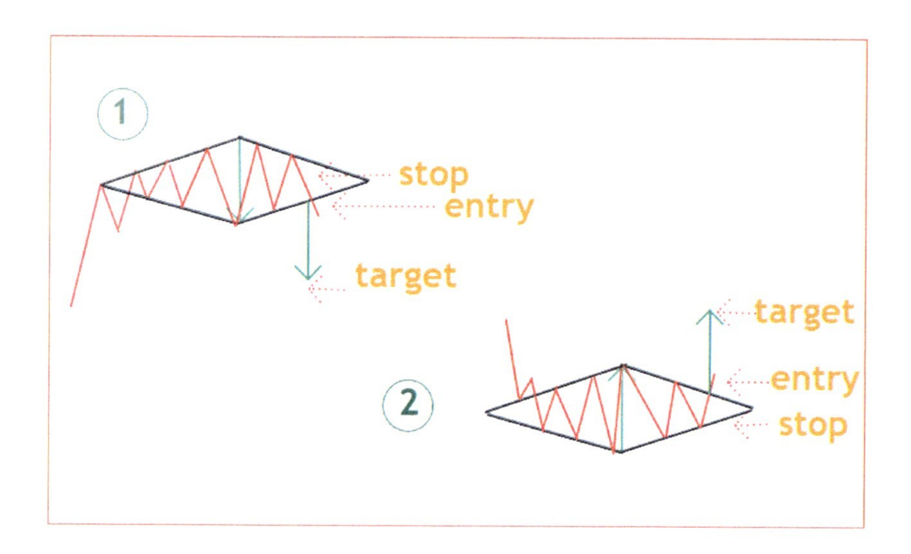

Les figures de continuation :

1. Cup with handle :

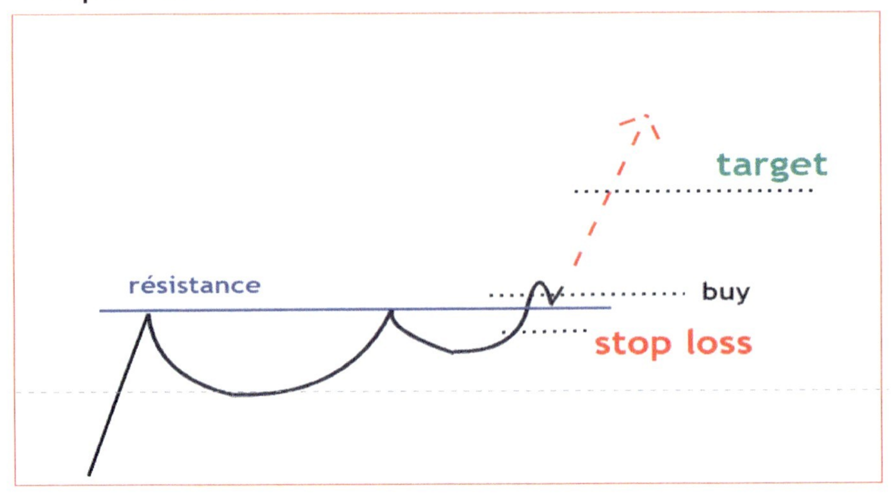

Selon différentes études et recherches, le taux de réussite de cette figure chartiste est généralement estimé entre 65% et 70%. Cela dit, la probabilité exacte de succès peut varier.

2. Falling wedge :

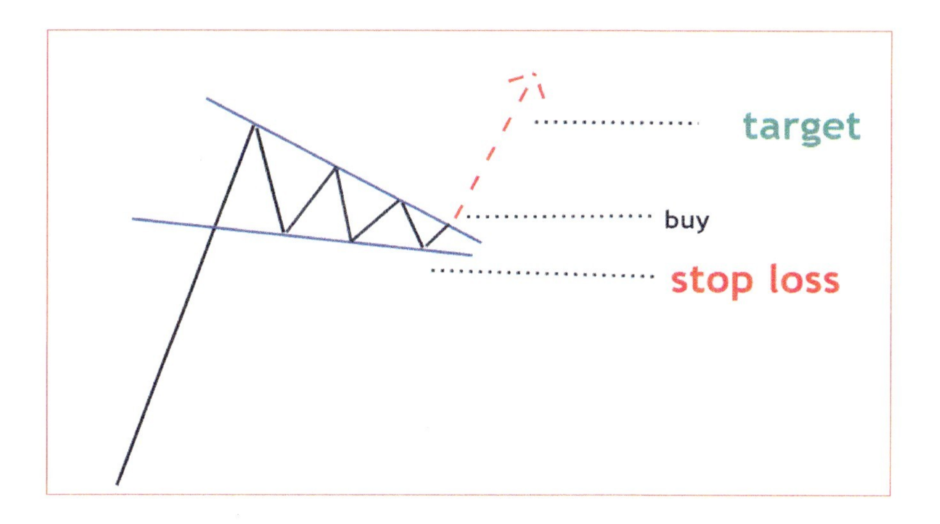

Environ 65 % de taux de réussite pour cette figure chartiste (source : putontrade.com). La probabilité exacte de succès peut varier.

3. Bullish rectangle :

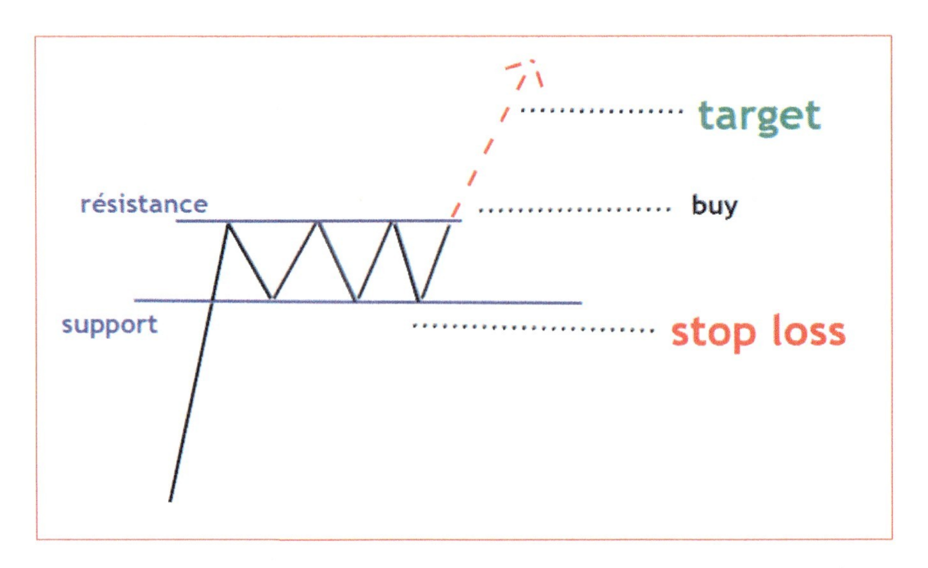

Selon la source poutontrade.com, le falling wedge de retournement présente un taux de réussite de 84%, ce qui indique que dans la majorité des cas, il est suivi d'une inversion de tendance. De plus, il y a une probabilité de 1 sur 3 (soit environ 33%) de voir une occurrence de pullback après la cassure de la ligne de cou.

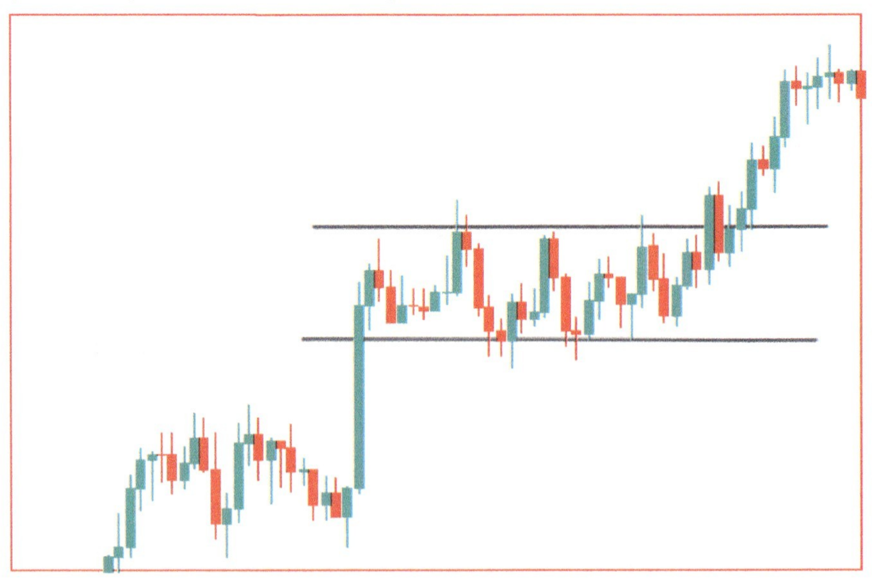

4. Bullish pennant :

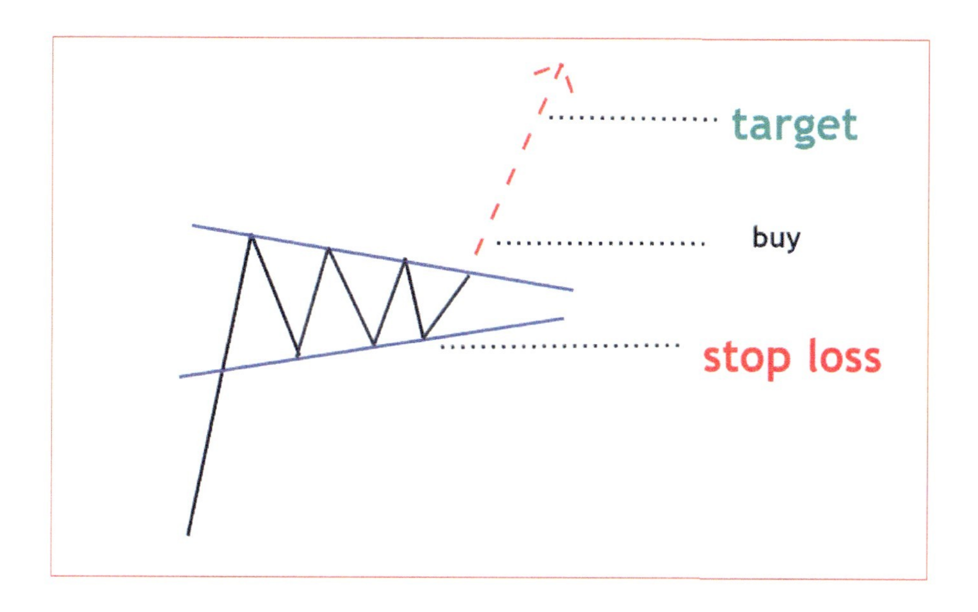

Taux de réussite : 54.84% pour une atteinte de l'objectif de 68% (source: samuraitradingacademy.com). La probabilité exacte de succès peut varier.

5. Bearish pennant :

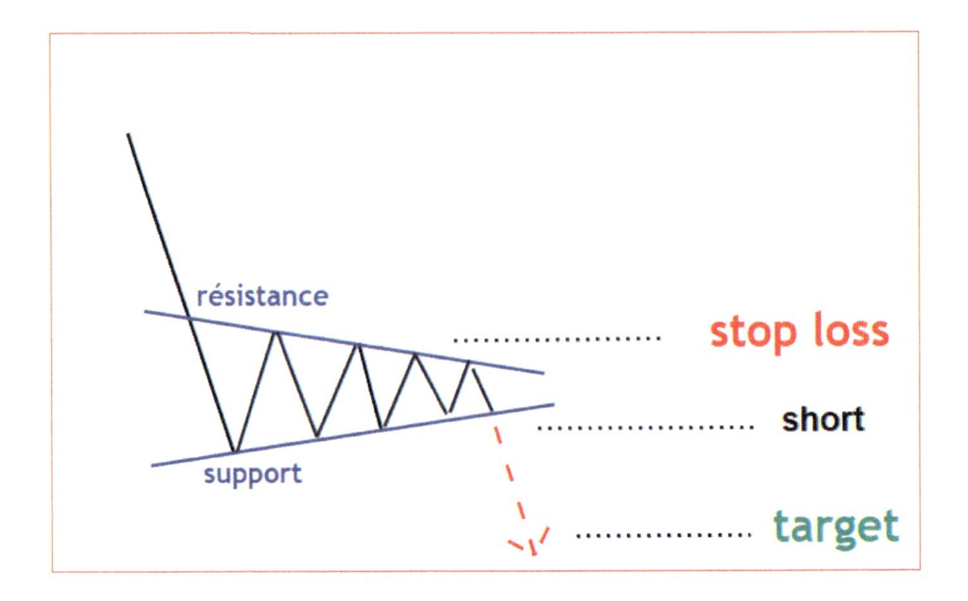

Taux de réussite : 54.84% (source: samuraitradingacademy.com)
La probabilité exacte de succès peut varier.

6. Bearish rectangle :

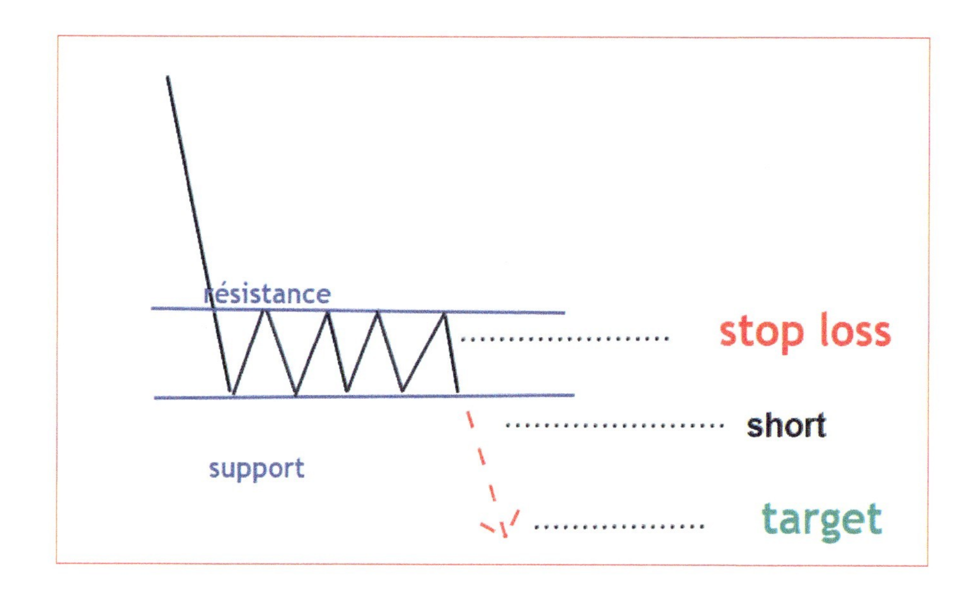

96% de taux de réussite, 1 chance sur 3 de faire un pullback.
La probabilité exacte de succès peut varier.

7. Rising wedge :

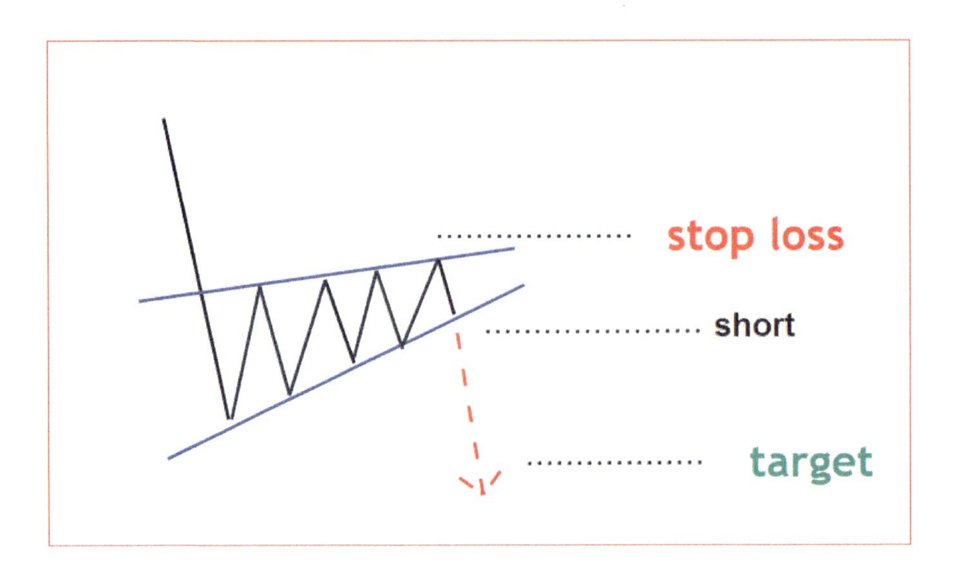

Le taux de réussite pour un mouvement baissier est de 82%.
On observe un pullback dans 53% des cas. (source:centralcharts.com)
La probabilité exacte de succès peut varier.

8.Bear flag :

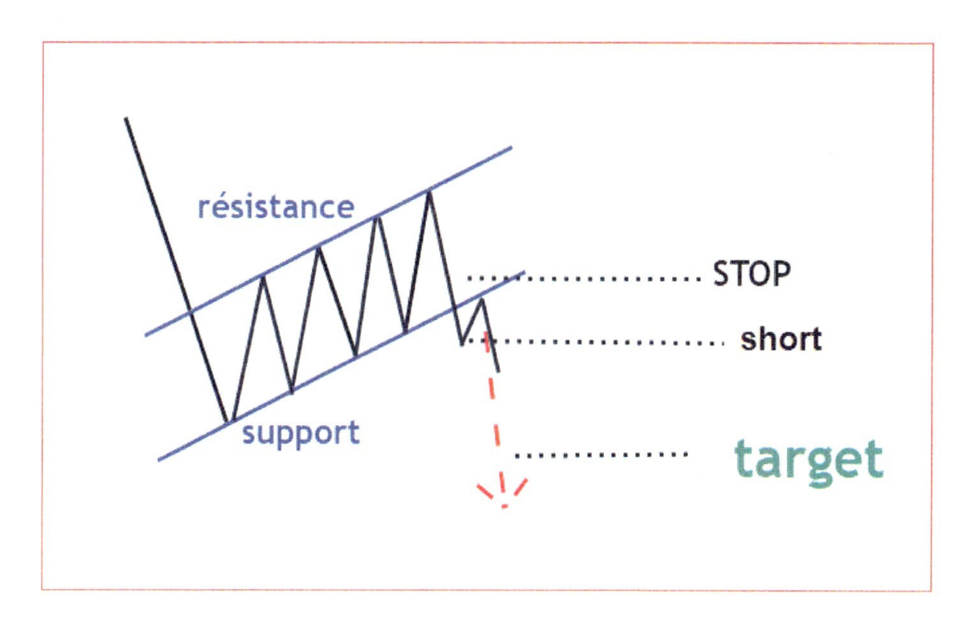

Privilégier les bear flags en tendance baissière.

9.Bull flag :

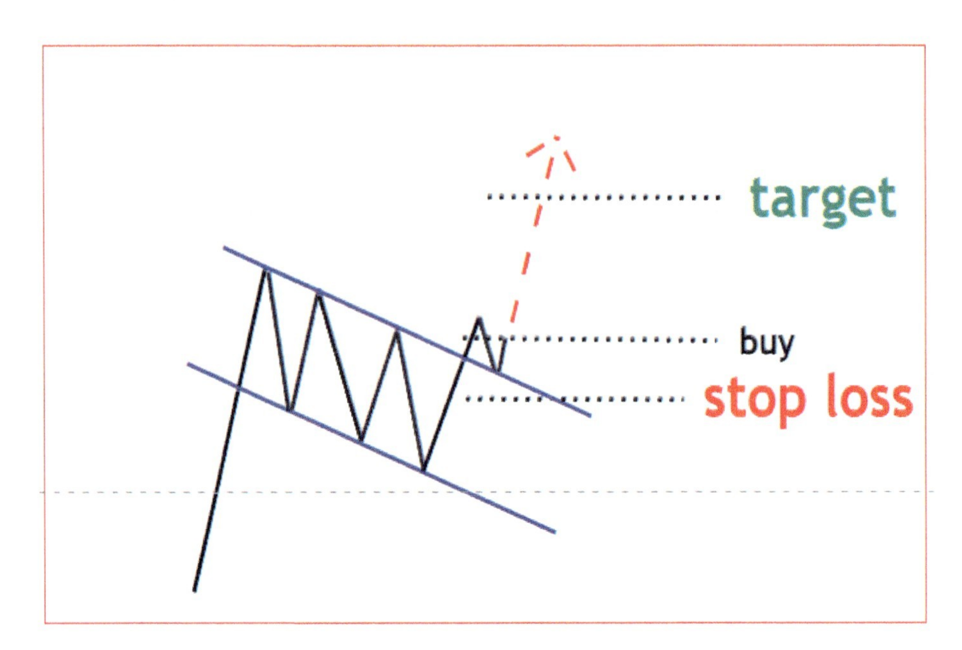

Privilégier les bull flags en tendance haussière

.

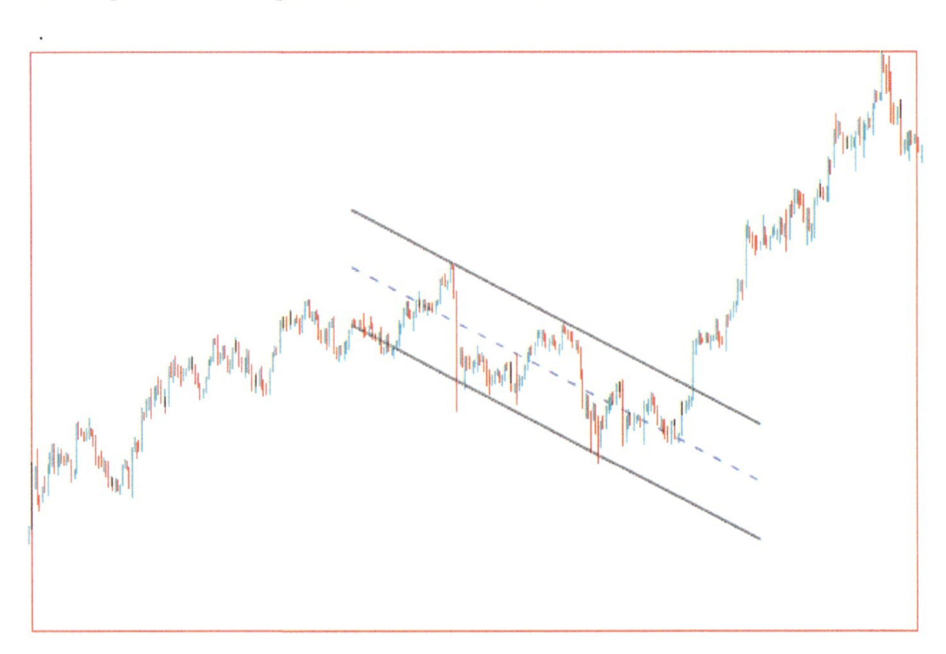

Figure bilatéral : **ascending triangle**

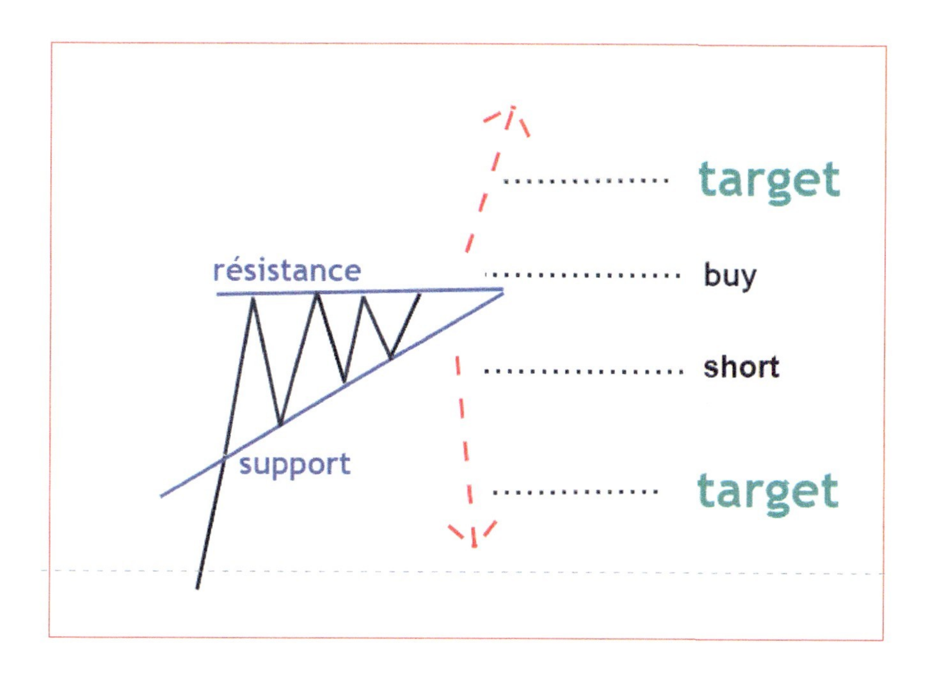

75% de taux de réussite et 65% de chances de pullback.
(source: centralcharts.com).
La probabilité exacte de succès peut varier.

Pour finir !

Les figures chartistes sont connues par tous les traders et de nombreux investisseurs, et elles se répètent quelles que soient la classe d'actif, la période et l'unité de temps.

Elles peuvent s'avérer efficaces et constituent une base en analyse chartiste, mais ne sont pas non plus une solution miracle.

Pour mettre toutes les chances de votre côté :

➠ Privilégiez les figures de continuation bullish dans une tendance haussière de fond.
➠ Privilégiez les figures de continuation bearish dans une tendance baissière de fond.
➠ Aidez-vous d'indicateurs tels que le RSI ou les volumes.
➠ Attendez les pullbacks : cela augmente les chances de réussir un trade, mais cela peut également entraîner la perte de certaines opportunités.

Par exemple, si vous souhaitez tracer une figure haussière, il est préférable de vérifier que le RSI n'est pas en surachat, mais aussi travailler avec d'autres indicateurs, aussi bien dans votre unité de temps que dans les unités de temps supérieures. La figure chartiste peut être validée, mais il est préférable de mettre toutes les chances de votre côté.

Inversement, pour une figure baissière, faites attention à la survente du RSI.

Si, par exemple, le cours casse la ligne de cou à la hausse, mais que les volumes restent faibles, il y a des chances qu'à terme la figure soit invalidée.

➠Effectuez des backtests : n'hésitez pas à étudier les figures passées sur vos actifs pour vous en imprégner, comprendre leur comportement, voir comment et pourquoi elles fonctionnent ou ne fonctionnent pas.

Formes et configurations des bougies

Bougie Heikin Ashi :

Comme vous le savez déjà, vous pouvez voir le graphique sous forme de ligne ou bien sous forme de bougie (chandelier japonais).
Il existe une troisième variante plutôt pratique et convaincante : le graphique avec les bougies Heikin Ashi.

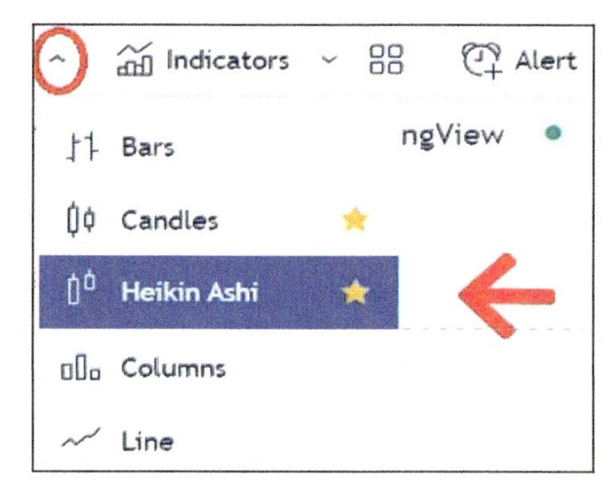

Ce type de bougie permet une lecture rapide et lissée du graphique, on peut ainsi définir en un coup d'œil si la tendance est baissière ou haussière.

Bougie Heikin Ashi (suite)

Voyons maintenant un exemple pour shorter le marché (vente à découvert, pari sur la baisse). Nous allons nous aider des EMA 9, 21 et 50. Dès que le cours se retrouve sous celles-ci avec une apparition de bougie rouge, nous lancerons nos trades.

Pour cet exemple, nous sommes en unité de temps journalière, ce qui correspond à une stratégie de swing trading. Le stop loss est placé au-dessus de la plus grande bougie verte précédente. Tant que le cours est sous les moyennes mobiles, nous privilégions les shorts.

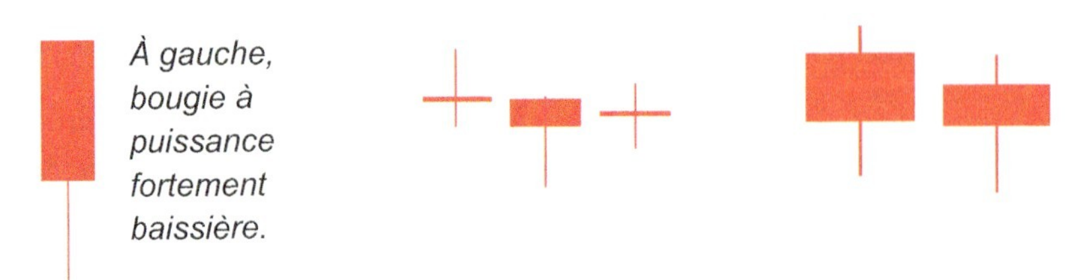

À gauche, bougie à puissance fortement baissière.

Ci-dessus, bougies à faible puissance baissière.

Idéalement, préférez entrer en short sur une bougie sans mèche présente sur le dessus (forte puissance). Les bougies à faible puissance peuvent indiquer une hésitation ou un retournement de tendance sur le marché.

Bougie Heikin Ashi (suite)

Voici un autre exemple de stratégie, mais cette fois-ci pour acheter sur le marché. Nous utiliserons toujours les EMA 9, 21 et 50, ainsi que le diagramme du MACD.

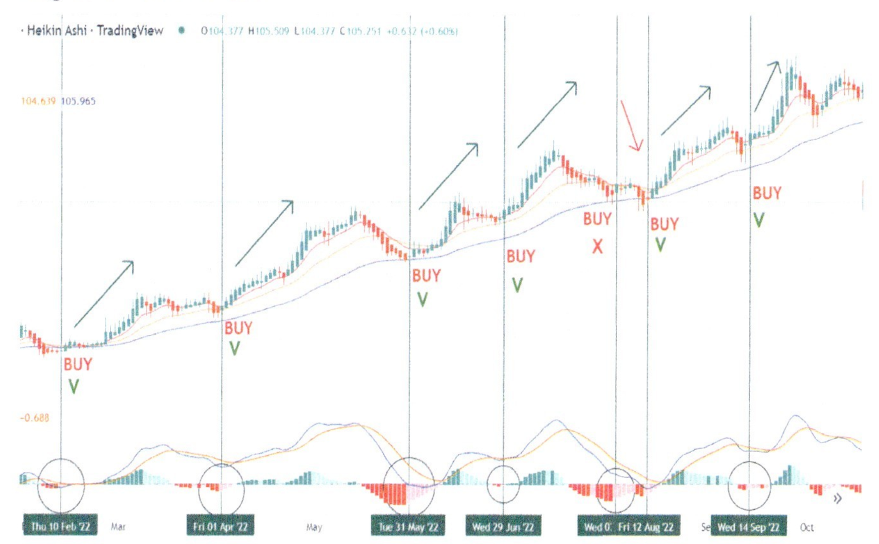

Attendre que le diagramme du MACD passe du rouge foncé au rouge clair, puis acheter lorsqu'une bougie verte forte apparaît. Le stop loss sera placé sous la dernière bougie rouge de grande taille. Pour la vente, déplacez progressivement vos stop loss sous le cours au fur et à mesure de sa montée, ou bien attendez simplement l'apparition d'une bougie rouge forte (à la clôture) pour prendre vos gains.

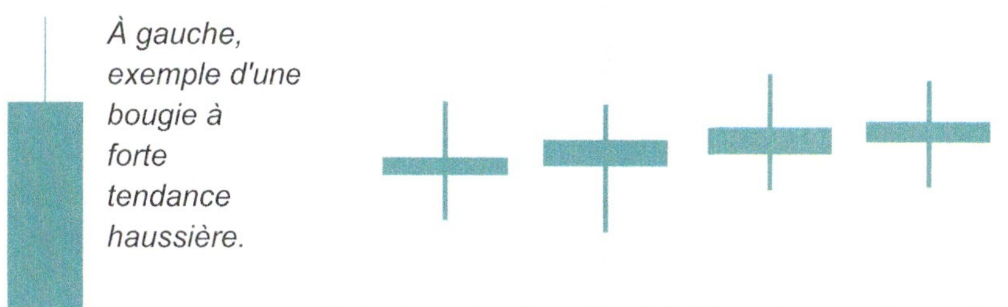

À gauche, exemple d'une bougie à forte tendance haussière.

Ci-dessus, des bougies à faible puissance haussière. Hésitation, accumulation ou possible retournement.

Bougie Heikin Ashi (suite)

Pour rappel, il est préférable de privilégier les positions longues en tendance haussière et les positions courtes en tendance baissière. Savoir reconnaître un changement de tendance peut nous éviter de prendre des trades à contre-tendance et donc de perdre de l'argent en trading ou de faire de mauvais placements dans le cadre d'un investissement, par exemple.

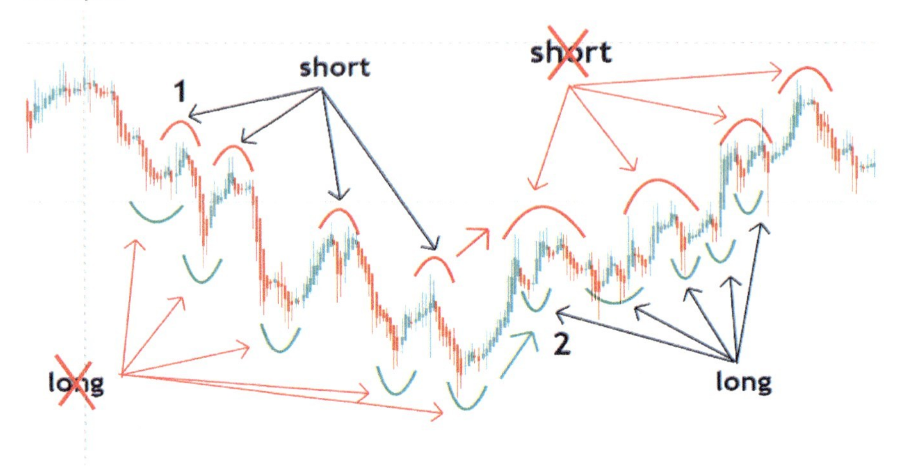

1. Lorsque les creux deviennent de plus en plus bas, suivis de sommets de plus en plus bas :

➠ **La tendance est baissière, on privilégie les positions courtes.**

2. Lorsqu'un creux devient plus haut que le précédent, ainsi qu'un sommet plus haut que le précédent :

➠ **La tendance peut devenir haussière, on privilégie les positions longues.**

Sur le graphique (unité de temps : 3 heures) en **point 1**, dès la première confirmation de tendance baissière, je peux prendre une position à la baisse en swing trading (ou day trading, en fonction de l'unité de temps), ou bien vendre une position haussière précédemment ouverte.

En **point 2**, lors d'une confirmation de tendance haussière, je peux prendre une position à la hausse en swing trading (ou day trading, en fonction de l'unité de temps).

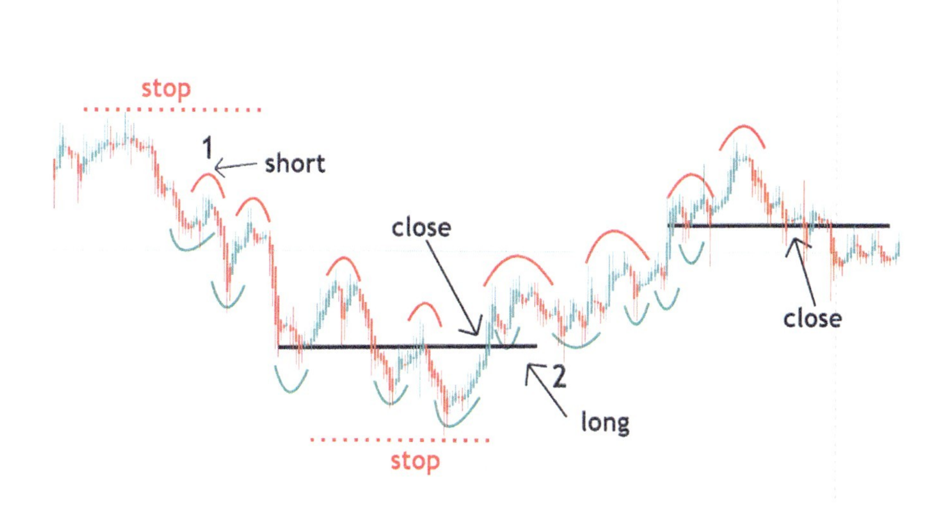

▲Cette méthode est efficace dans toutes les unités de temps. En période haussière, il est recommandé d'attendre l'apparition et la clôture d'une première bougie verte après un creux, puis de lancer une position longue. En période baissière, il est conseillé d'attendre la fin d'un sommet, suivie de la première clôture d'une bougie rouge, puis de lancer une position short.

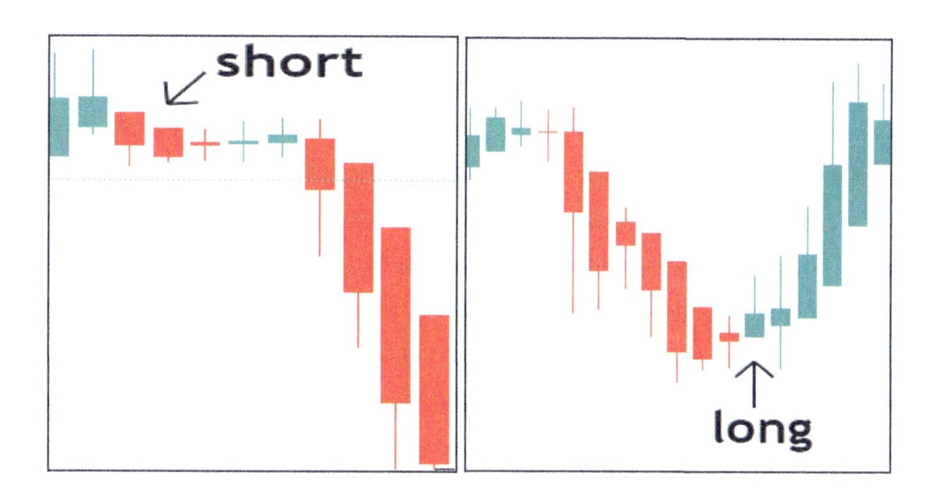

Avec plus de connaissances et d'expérience, il est possible d'envisager des trades en contre-tendance plus facilement en utilisant ce type de bougies. Cela signifie trader avec des positions longues en période baissière et des positions courtes en période haussière.
Cependant, il est important de noter que le trading contre la tendance générale peut être plus risqué et nécessite une analyse approfondie et éventuellement l'utilisation d'autres indicateurs pour augmenter les chances de réussite.

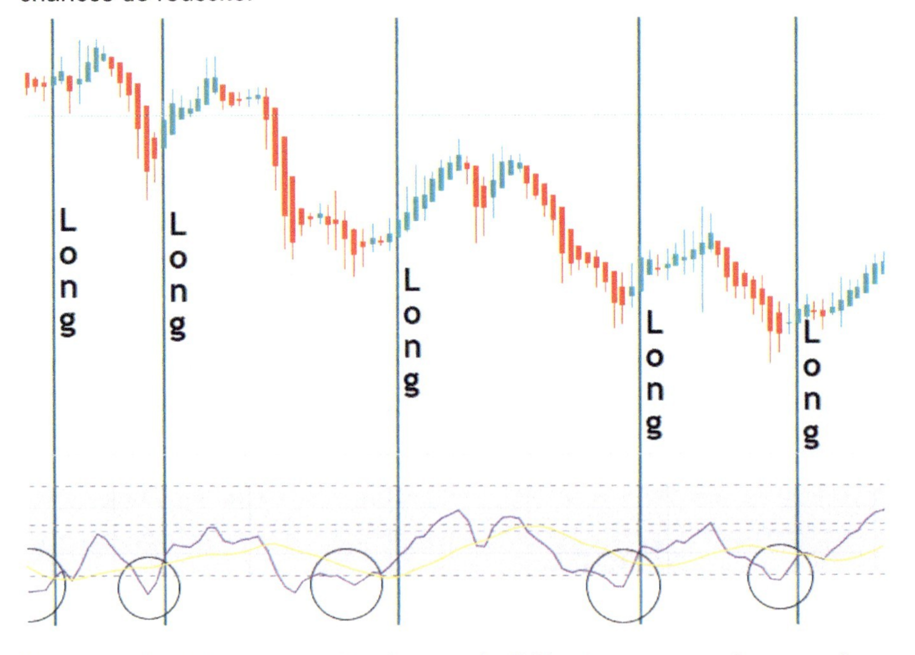

Par exemple, ici, on peut attendre que le RSI entre en zone de survente. Ensuite, lorsqu'une bougie verte à forte puissance apparaît, on peut envisager un achat. Il est important d'être réactif avec le stop-loss et de le repositionner à mesure que le cours augmente, tout en étant plus modéré dans nos objectifs de gain. Rappelons qu'il s'agit d'une contre-tendance.
N'hésitez pas à explorer des combinaisons avec d'autres indicateurs en complément de ce type de bougie. Il est essentiel de mener des recherches approfondies et de réaliser des tests historiques (backtests) pour évaluer leur pertinence.

Formes et configurations des bougies traditionnelles (les chandeliers japonais) :

L'origine des bougies japonaises remonte au Japon du XVIIe siècle et qui a été popularisé à partir du XVIIIe siècle. Elles ont été développées par des commerçants japonais pour analyser les mouvements des prix du riz sur les marchés à terme. À cette époque, le riz était une denrée précieuse et largement utilisée comme moyen d'échange.

Ce type de bougie est clairement le plus populaire et le plus utilisé dans le monde du trading, c'est d'ailleurs pourquoi la plupart des illustrations dans mon livre sont faites avec ce type de chandelier.

Leurs formes et configurations peuvent nous donner des indices sur l'évolution future de l'actif ou la psychologie des intervenants sur le marché.

Cependant, ces formes et configurations ne suffisent pas à elles seules pour prendre efficacement des décisions d'achat ou de vente sur les marchés.

Il sera donc plus judicieux de les utiliser en complément d'autres indicateurs tels que les volumes, le RSI, des figures chartistes, ou encore sur la base de supports et de résistances. Une configuration de bougie aura plus tendance à réussir lorsque les volumes d'achats et de ventes sont importants (par exemple).

N'oubliez pas, comme d'habitude, d'analyser la tendance de fond et de visualiser les autres unités de temps.

Nous allons maintenant identifier les deux catégories principales de configurations de bougie. Tout comme les figures chartistes, nous retrouverons des **configurations de retournement** ainsi que des **configurations de continuation**.

Sachez qu'il existe plus d'une quarantaine de configurations différentes, mais nous aborderons ici les plus importantes et “redondantes”.

Figures de continuation

1. Les gaps :

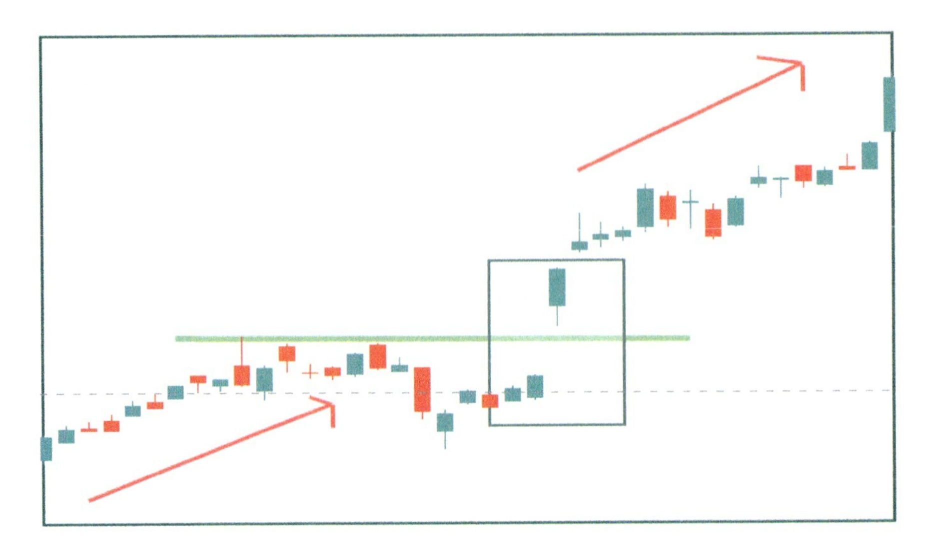

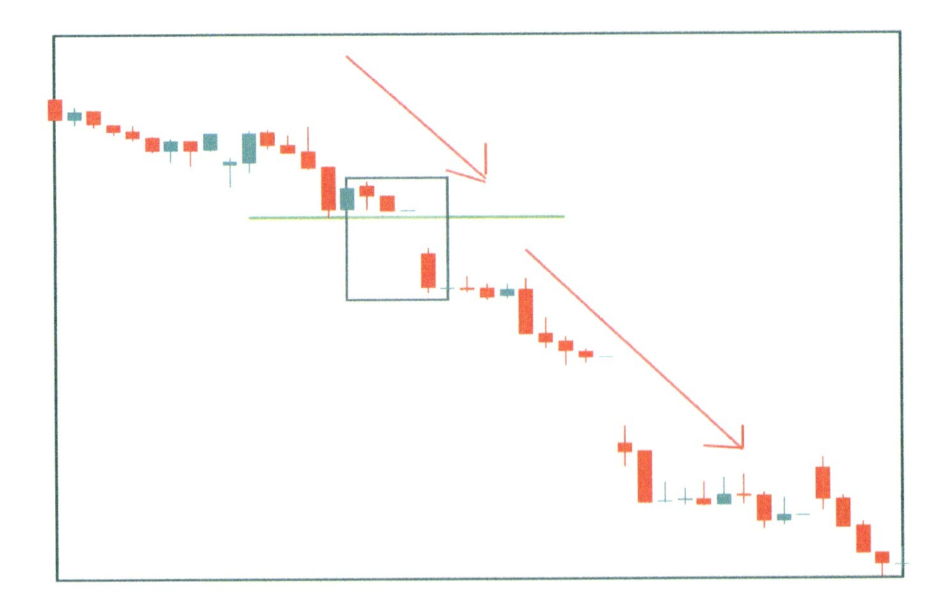

Gap :

Un gap est un espace visible entre deux bougies où aucun échange de prix n'a eu lieu. Souvent entre les horaires d'ouverture et fermeture. Cependant, le taux de réussite de ces configurations est assez moyen.

Il est donc préférable de faire une sélection rigoureuse en évitant les faux signaux et en ne retenant que les configurations pertinentes.

Lorsque vous observez un gap haussier dans une tendance de fond déjà haussière, cela peut être considéré comme un signal positif.

De même, un gap baissier dans une tendance de fond baissière peut être un signal de baisse.

Si un gap fait passer le cours au-dessus d'une résistance ou d'une ligne de coût, cela peut être un signe haussier.

Inversement, si un gap fait passer le cours en dessous d'un support ou d'une ligne de coût, cela peut être un signe baissier.

Une configuration intéressante à considérer est celle composée de deux petites ou moyennes bougies vertes suivies d'un gap, puis d'une bougie verte, ce qui peut être un bon signal de hausse.

De même, une formation de deux petites ou moyennes bougies rouges suivies d'un gap, puis d'une bougie rouge, peut être un bon signal de baisse.

Il est également important de noter que les configurations telles que la séquence bougie verte, bougie rouge, puis gap peuvent également fonctionner.

Comme mentionné précédemment, il est essentiel de ne pas toujours se fier uniquement à ces formes de bougies. Elles peuvent être simplement considérées comme un indicateur supplémentaire dans votre analyse.

Figures de continuation et de retournement

2. Les 3 soldats blancs :

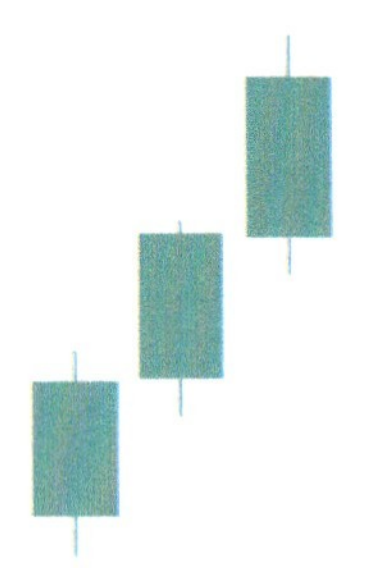

La figure des 3 soldats blancs est composée d'une suite de 3 bougies vertes.
Les mèches aux extrémités des bougies doivent être les plus petites possibles.

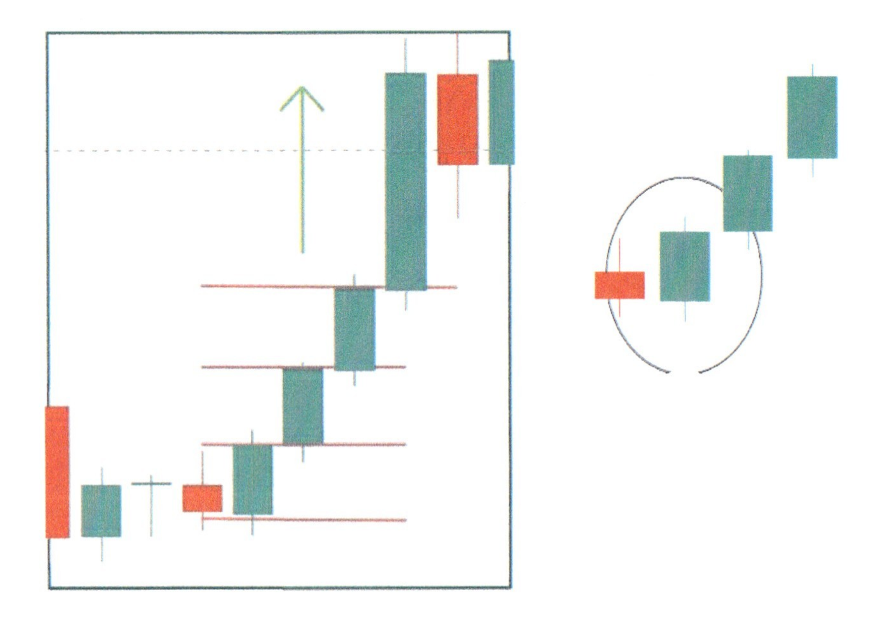

Le corps des bougies doit être assez volumineux et presque de même taille et forme. Idéalement, lorsque la première bougie a une ouverture plus basse que la précédente et qu'elle se clôture au-dessus de celle-ci, le signal est plutôt fort.

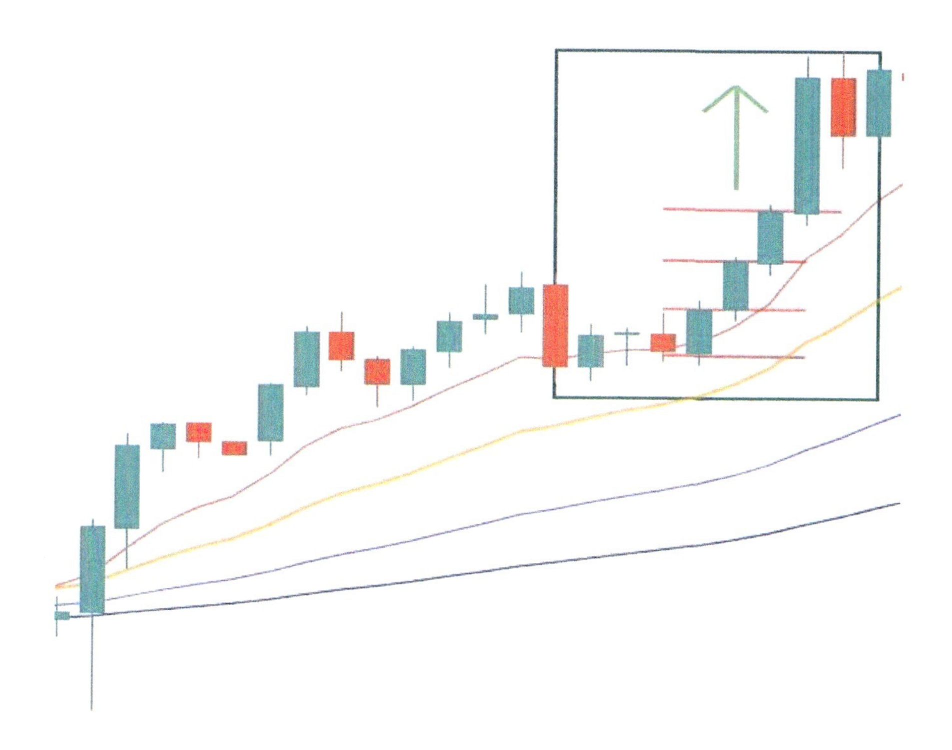

De préférence, la tendance de fond doit être haussière.
Cette figure peut intervenir après une très grosse baisse du cours et une tendance baissière pour éventuellement signaler un retournement de tendance, mais elle est plus rare.

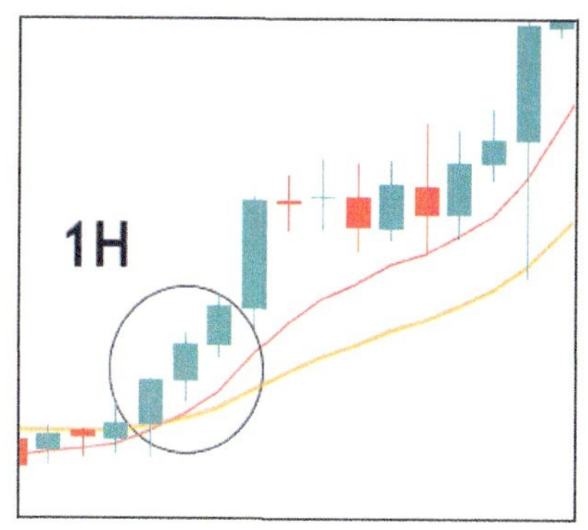

3. Les 3 corbeaux :

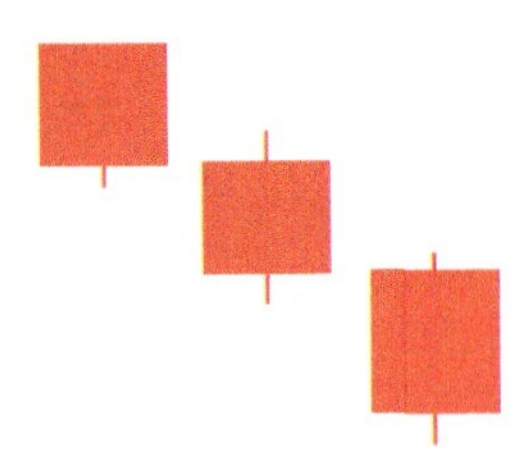

La figure des 3 corbeaux est composée d'une suite de 3 bougies rouges.
Les mèches aux extrémités des bougies doivent être les plus petites possibles.

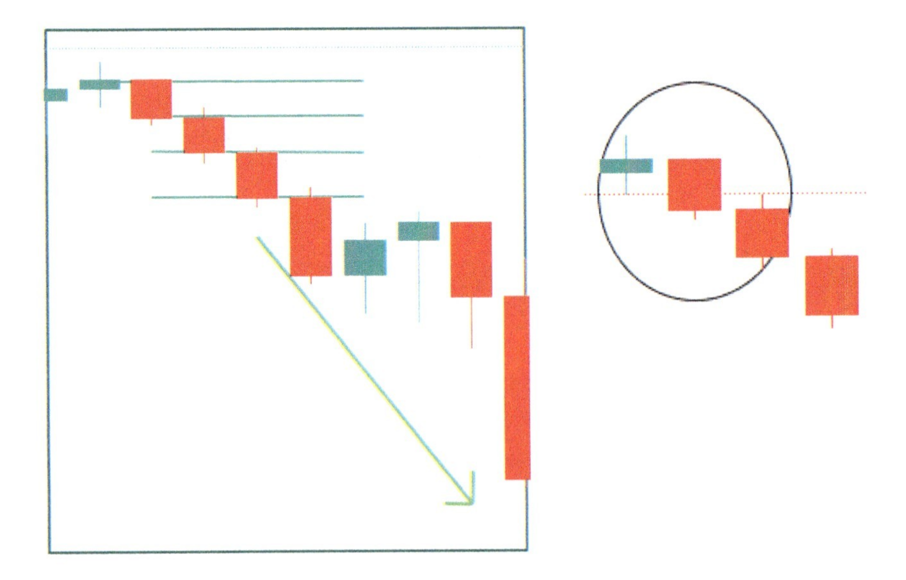

Le corps des bougies doit être assez volumineux et quasiment de même taille et forme.

Idéalement, lorsque la première bougie a une ouverture plus haute que la précédente et qu'elle se clôture en dessous de celle-ci, le signal est plutôt fort.

Les 3 corbeaux (suite)

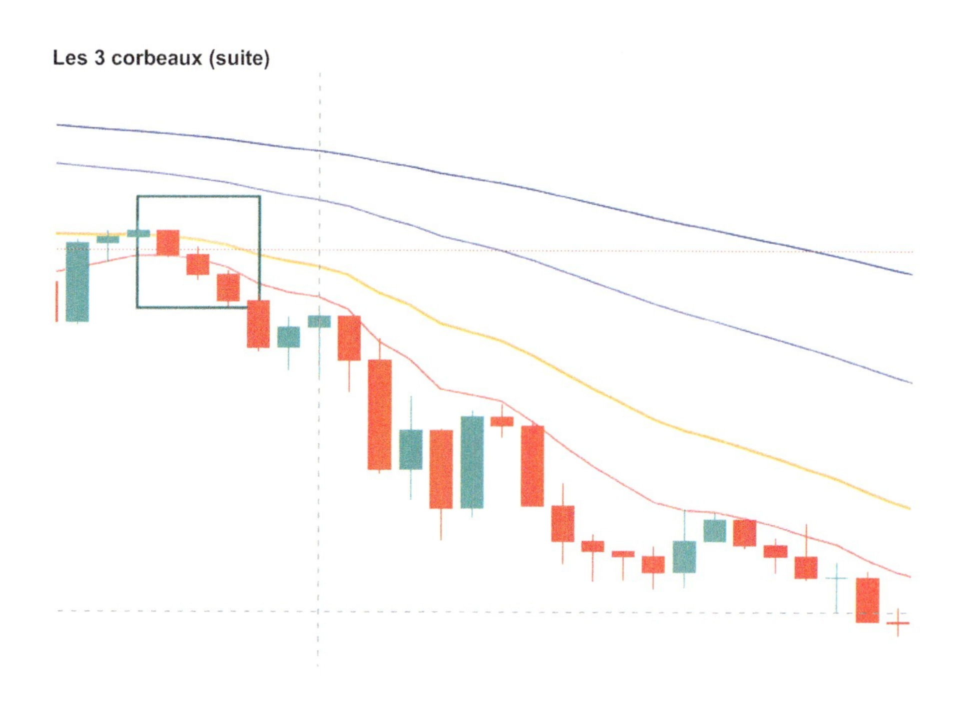

De préférence, la tendance de fond doit être baissière.
Cette figure peut intervenir après une très grosse hausse du cours et une tendance haussière pour éventuellement signaler un retournement de tendance, mais elle est plus rare.

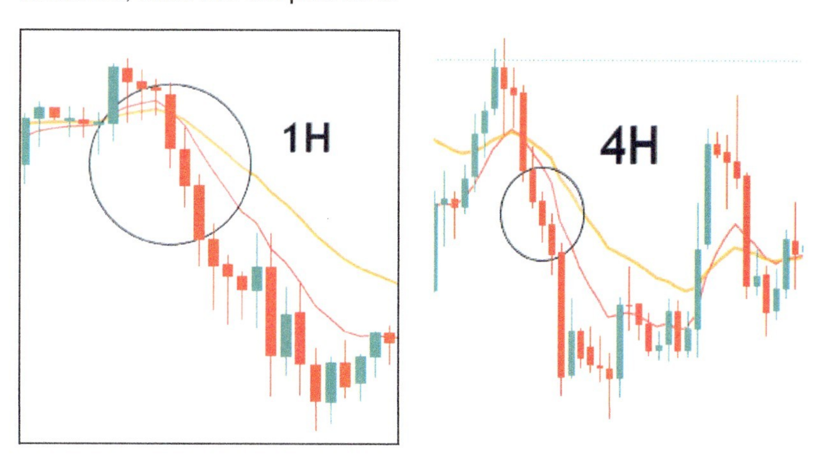

Figures de retournement

1. L'avalement haussier

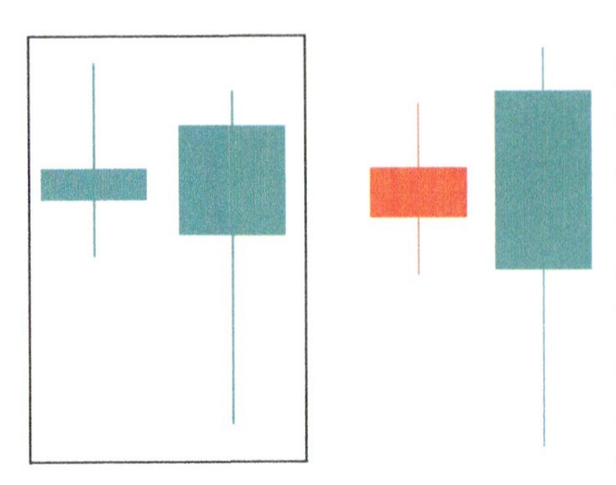

L'avalement haussier est une figure de retournement composée de 2 bougies. Pour être valide, il doit se former après une forte baisse ou une tendance baissière. La 1ere bougie doit être plutôt petite (peu importe la couleur), la 2eme doit être plus grande et haussière.

➠ Un gap doit se créer entre la fermeture de la première bougie et l'ouverture de la seconde. La deuxième bougie doit donc ouvrir **sous** la première.

➠ La deuxième bougie doit clôturer au-dessus de la première.

La deuxième bougie doit donc être plus conséquente et complètement **envelopper** la première.

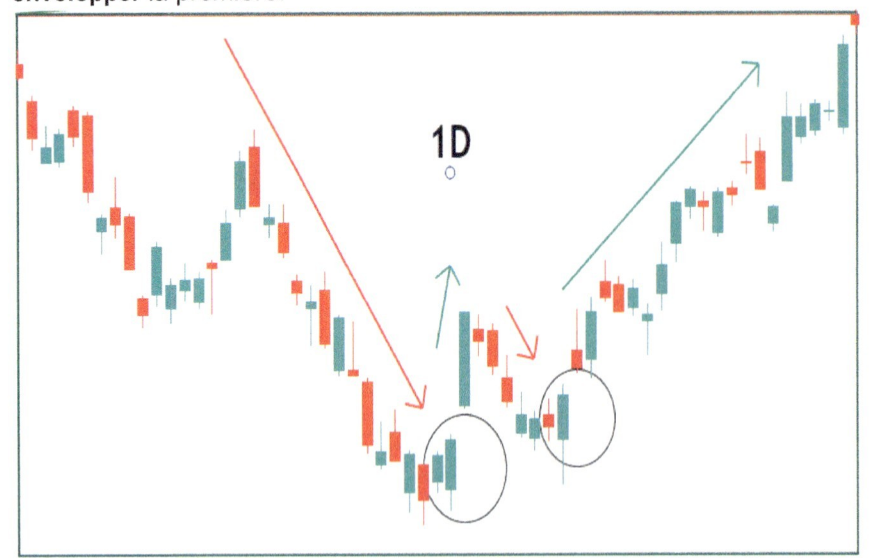

2. L'avalement baissier

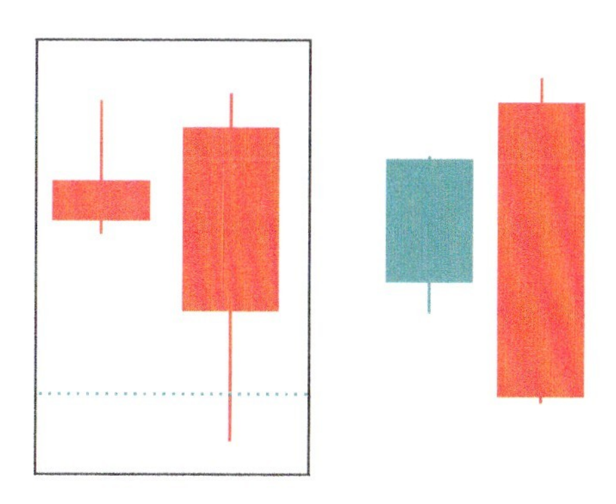

L'avalement baissier est une figure de retournement composée de 2 bougies. Pour être valide, elle doit se former après une forte hausse ou une tendance haussière. La 1ere bougie doit être plutôt petite, peu importe sa couleur, tandis que la 2eme bougie doit être plus grande et baissière.

➠ Un gap doit se créer entre la fermeture de la première bougie et l'ouverture de la seconde. La deuxième bougie doit donc ouvrir **au-dessus** de la première.
➠ La deuxième bougie doit clôturer **en dessous** de la première.
La deuxième bougie doit donc être plus conséquente et complètement envelopper la première.

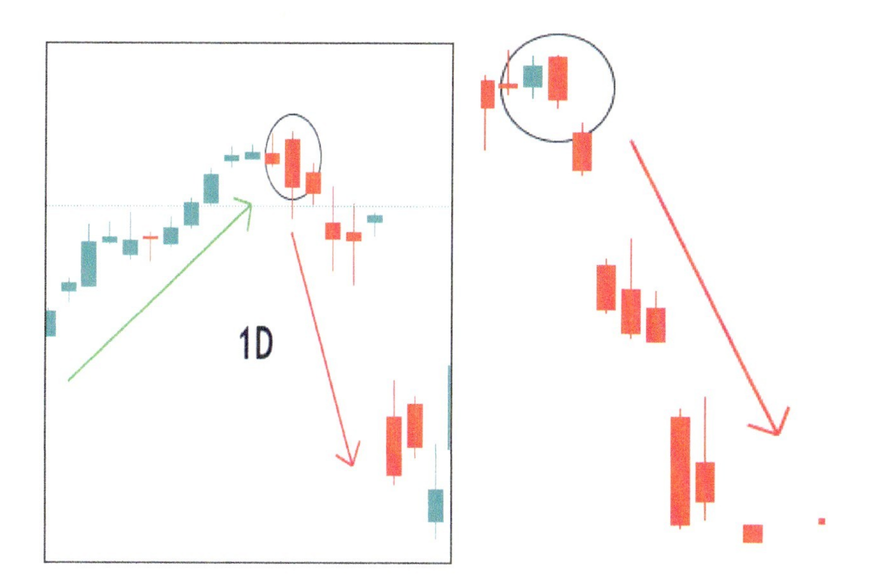

3. L'étoile du matin

La configuration en étoile du matin est une figure de retournement de tendance à la hausse et se compose de **3 bougies**.

➠ La première bougie est baissière (rouge).

➠ La deuxième bougie est petite et doit être placée et clôturée sous la première. Elle peut être baissière ou haussière (rouge ou verte).

➠ La troisième est une bougie haussière, grande et verte.

➠ la tendance précédent cette figure doit être baissière.

Les configurations en étoile du matin sont rares et ont un taux de réussite supérieur aux autres configurations, surtout dans les grandes unités de temps. Lorsque la deuxième bougie est un doji et qu'un gap est visible entre la première et la deuxième bougie, ainsi qu'entre la deuxième et la troisième bougie, la figure est renommée "bébé abandonné haussier".

4. L'étoile du soir

La configuration en étoile du soir est une figure de retournement de tendance à la baisse et se compose de **3 bougies**.

➠ La première bougie est haussière (verte).

➠ La deuxième bougie est petite et peut être baissière ou haussière (rouge ou verte), mais elle doit être placée et clôturée au-dessus de la première bougie.

➠ La troisième bougie est une bougie baissière, grande et rouge.

➠ La tendance précédant cette figure doit être haussière.

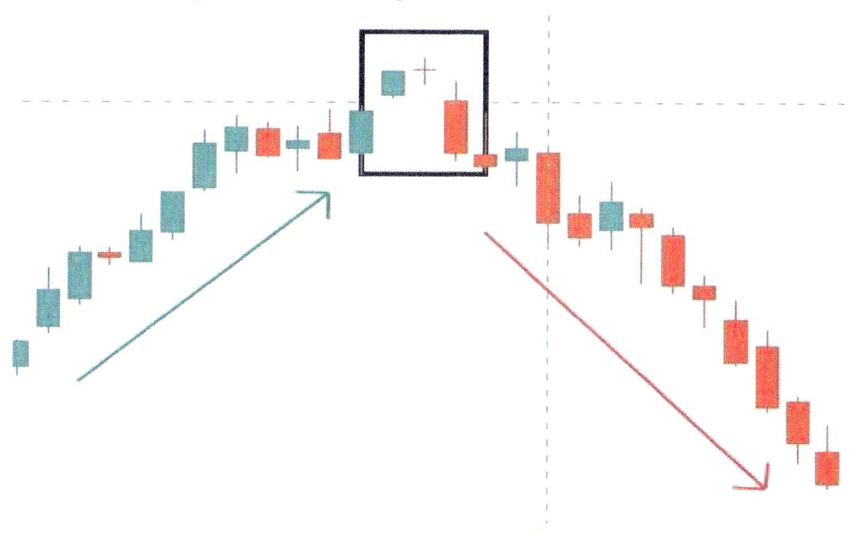

Les configurations en étoile du soir sont rares et ont un taux de réussite supérieur aux autres configurations, surtout dans les grandes unités de temps. Lorsque la deuxième bougie est un doji (une bougie avec une ouverture et une clôture presque égales) et qu'un gap est visible entre la première et la deuxième bougie, ainsi qu'entre la deuxième et la troisième bougie, la figure est renommée "bébé abandonné baissier".

5. Pendu

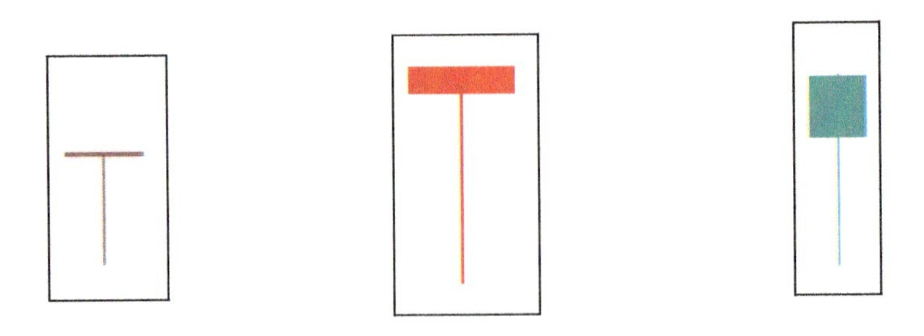

Le pendu est une bougie rouge ou verte (idéalement rouge) comportant un petit corps et une grande mèche inférieure. La mèche supérieure doit être minuscule voire inexistante. Il intervient après une forte tendance haussière et peut indiquer un manque de force de la part des acheteurs ainsi qu'un éventuel retournement de tendance.

6. Marteau

Le marteau est une bougie verte ou rouge (idéalement verte) comportant un petit corps et une grande mèche inférieure. La mèche supérieure doit être minuscule voire inexistante. Contrairement au pendu, le marteau intervient après une forte tendance baissière et peut indiquer une faiblesse des vendeurs ainsi qu'un potentiel retournement de tendance à la hausse. Il présente effectivement une forme similaire au pendu, mais avec une interprétation opposée.

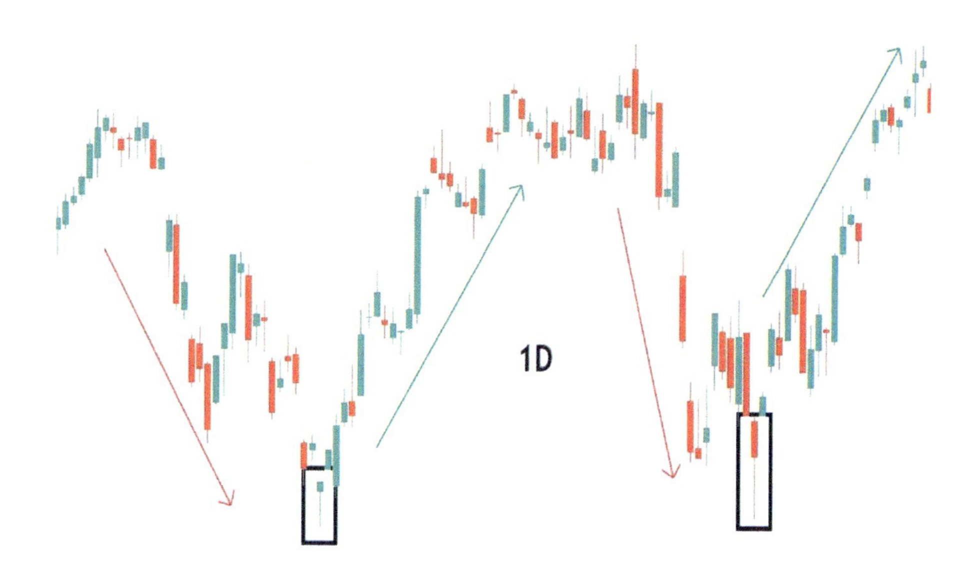

7. Ligne en passant de ceinture (baissier)

La ligne en passant de ceinture baissier est une composé d'une seule bougie baissière (rouge). Elle doit intervenir après une succession de bougies haussières (vertes) ou une tendance haussière.
La bougie doit ouvrir sur un gap haussier et chuter directement sans faire de plus haut au niveau de son ouverture (pas de mèche supérieur). Elle indique un changement de tendance à la baisse, ou une chute du cours plus ou moins conséquente.

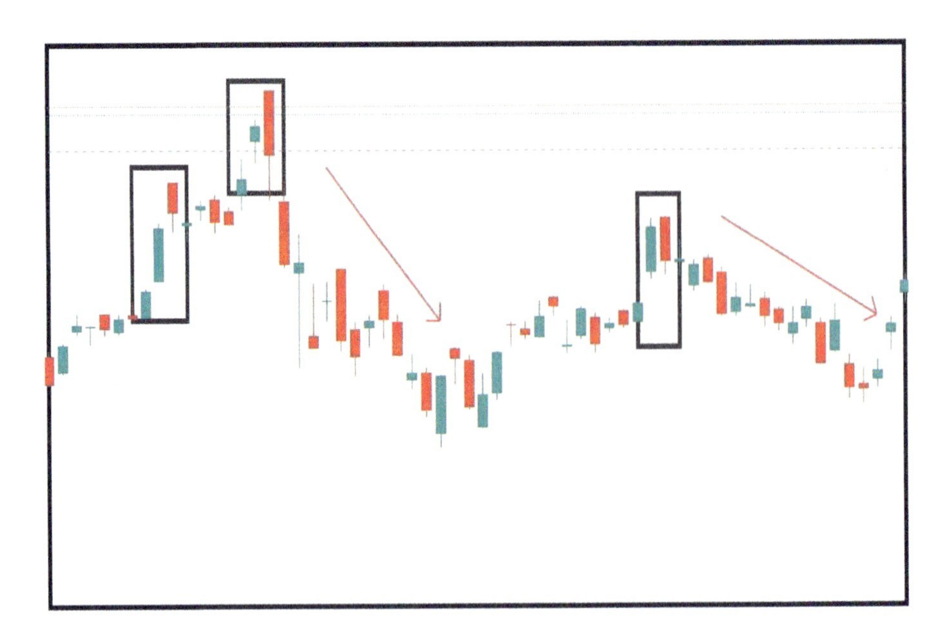

8. Ligne en passant de ceinture (haussier)

La figure en passant de ceinture baissière est composée d'une seule bougie baissière (rouge). Elle doit apparaître après une série de bougies haussières (vertes) ou dans une tendance haussière.

La bougie doit s'ouvrir avec un gap haussier, puis chuter immédiatement sans former de plus haut au niveau de son ouverture (sans mèche supérieure). Cette configuration indique un changement de tendance à la baisse ou une chute du cours significative.

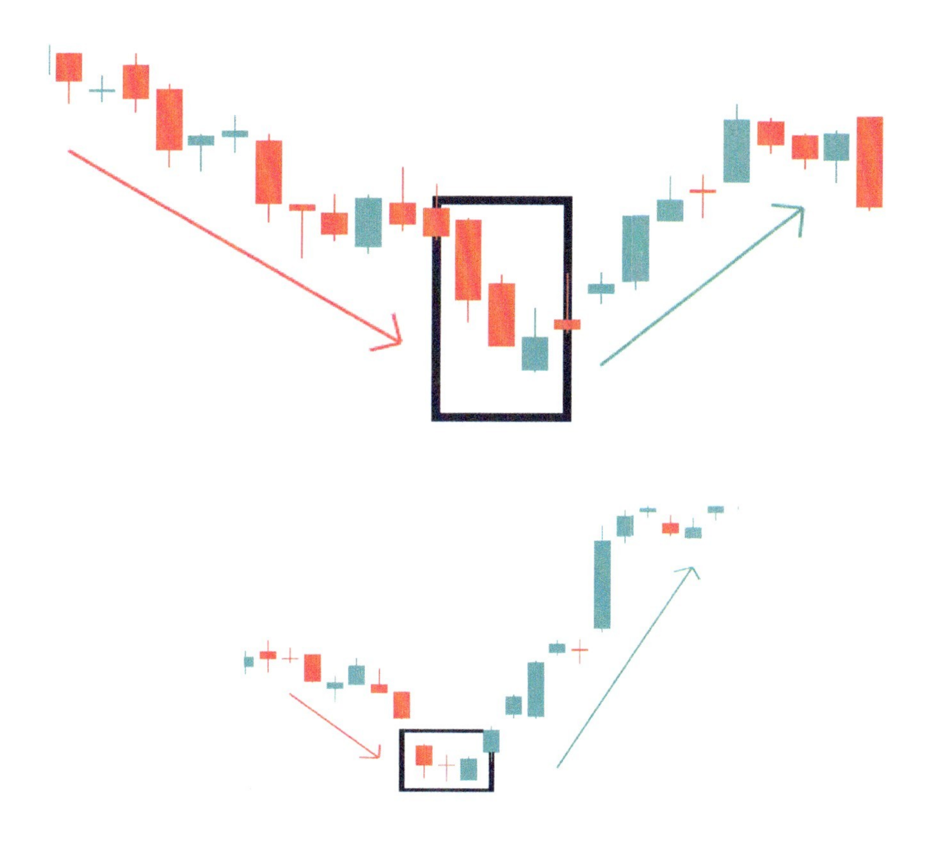

9. L'étoile filante

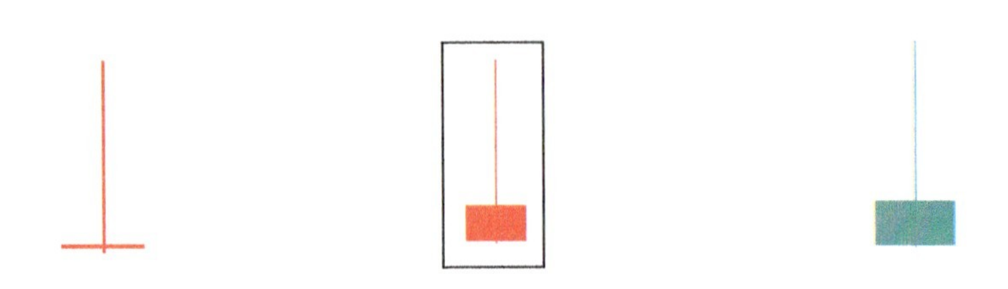

L'étoile filante est une bougie haussière ou baissière (idéalement baissière, rouge) comportant un petit corps et une grande mèche supérieure. La mèche inférieure doit être minuscule voire inexistante. Elle intervient après une forte tendance haussière ou une succession de bougies vertes et peut indiquer un manque de force de la part des acheteurs ainsi qu'un éventuel retournement de tendance.

10. Marteau inversé

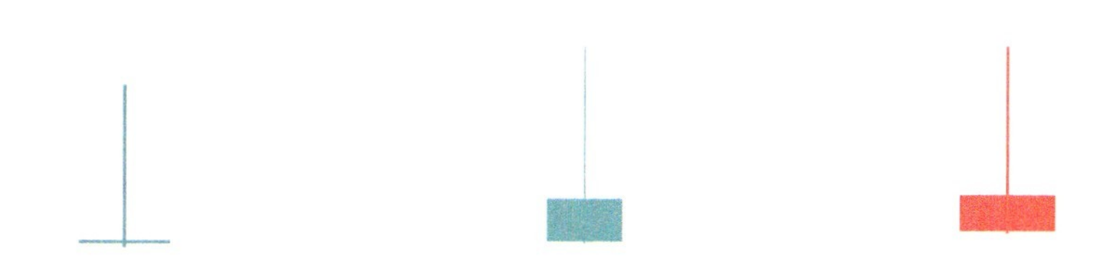

Le marteau inversé est une bougie haussière ou baissière (idéalement haussière, verte) comportant un petit corps et une grande mèche supérieure. La mèche inférieure doit être minuscule voire inexistante. Il a exactement la même forme que l'étoile filante, sauf que celui-ci intervient après une forte tendance baissière et peut indiquer un manque de force de la part des vendeurs ainsi qu'un éventuel retournement de tendance.

11. Doji

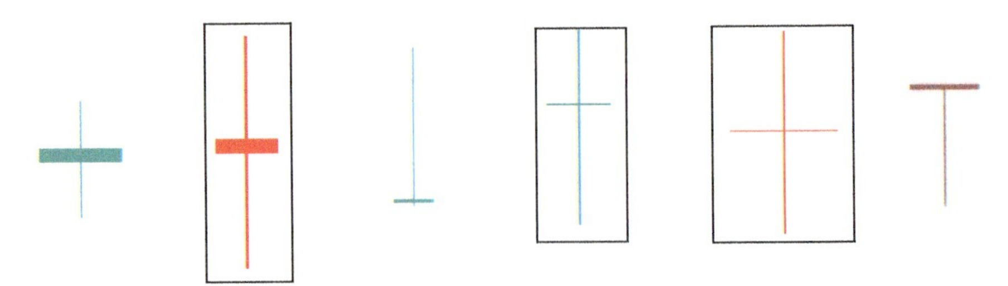

Le doji est une bougie dont le cours d'ouverture et de clôture est identique.

Elle peut avoir un petit corps, à condition que la mèche inférieure et la mèche supérieure soient de taille identique.

➠La formation de dojis témoigne de l'incertitude présente sur un actif.

➠Les dojis peuvent prédire un changement de tendance, surtout lorsqu'elle est haussière.

➠Leur impact est limité lorsque l'actif a historiquement tendance à se comporter ainsi ou lorsque le cours est en tendance latérale.

➠Ils sont plus efficaces et plus faciles à interpréter lorsqu'un doji apparaît sur une zone clé du cours (support, résistance, etc).

➠Ils peuvent faire partie de configurations haussières ou baissières, comme mentionné précédemment. Des figures en doji telles que l'étoile filante, le pendu, le marteau, le marteau inversé, l'étoile du matin ou l'étoile du soir ont tendance à être plus puissantes.

l’importance du backtest.

Les figures de chandelier, tout comme d'ailleurs les figures chartistes ou les indicateurs, peuvent avoir des performances et des résultats différents d'un actif à un autre. Voilà pourquoi il est toujours important, avant d'effectuer une action de vente ou d'achat, de travailler avec l'historique de son actif pour déterminer si une telle configuration a été efficace dans le passé, dans le but de mesurer les risques de perte ou de gain potentiel.

Par exemple :

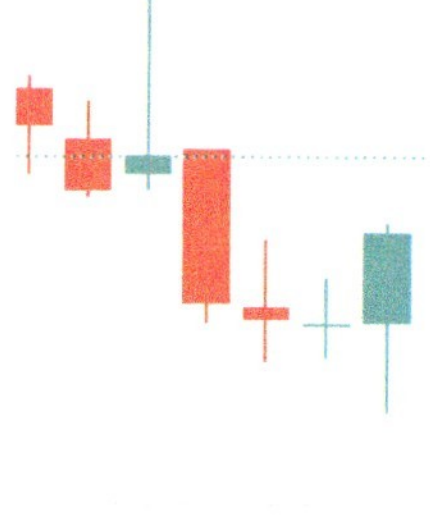

Ici, sur l'actif "DXY" qui n'est autre que la représentation du dollar contre toutes les autres monnaies du monde, l'unité de temps est hebdomadaire (1 bougie = 1 semaine). J'ai pu constater l'apparition d'une configuration étoile du matin avec doji (figure rare et haussière). Que faire ? Convertir une partie de mes euros en dollars pour au moins un certain temps dans le but d'éviter une baisse de mon capital ?

Dans le but de m'aider à prendre une décision, un choix, ou pour simplement vérifier si ma stratégie de trading ou d'investissement n'est pas obsolète et est toujours pertinente, je vais devoir effectuer un travail approfondi sur l'historique de l'actif.

Rappelons-le, la figure a été aperçue en unité de temps de grande valeur (1 bougie = 1 semaine) et la configuration étoile du matin + doji étant rare, il va falloir étendre mes recherches sur une longue période pour déterminer s'il vaut la peine de s'y intéresser.

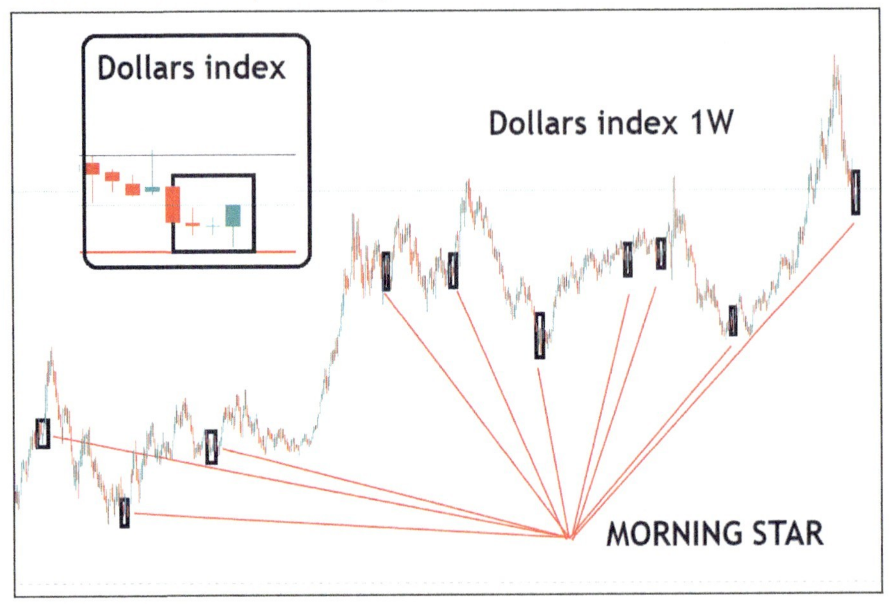

Après avoir effectué mes recherches sur 10 ans d'historique, j'ai constaté que cette configuration était apparue 9 fois en 10 ans.
Sur ces 9 apparitions, les cours ont augmenté à chaque fois sur plusieurs semaines.
Pour 5 configurations, le prix augmente immédiatement après leur apparition.
Pour les 4 autres, on observe une période de consolidation de quelques semaines au pire, avant que le prix ne reparte à la hausse.

D'après ces premières observations, tout me pousse donc à envisager d'échanger des euros contre des dollars. En effet, au cours des 10 dernières années étudiées, les 9 configurations ont entraîné une hausse du prix de l'actif, avec un ratio gain/perte de 9/9, ce qui est excellent dans ce cas.

Comme vous le savez, je souhaite échanger une partie de mes euros contre des dollars. Pour ce cas précis, mon backtest n'est pas terminé et pour conforter mon choix, il me faut analyser le cours de l'euro face au

dollar (EUR/USD), également en unité de temps hebdomadaire.
Une fois sur le graphique de l'euro/dollar, j'observe que le RSI est proche du surachat,
mais surtout que la même configuration mais inversée est visible.
Ici, on retrouve une configuration "étoile du soir + doji" (baissière) qui apparaît en parallèle de l'indice du dollar (DXY).
Cette fois-ci, tous les éléments convergent pour que je puisse passer à l'action et échanger une partie de mes euros contre des dollars.
Ma stratégie personnelle consistera ensuite à revendre une petite partie de mes dollars chaque semaine en cas de hausse.
Elle prévoit également, au cas où tout ne se passerait pas comme prévu, de tout revendre en euros si le cours vient à clôturer sous cette fameuse configuration de l'étoile du matin.
Dans mon cas personnel, j'achète simplement des dollars contre des euros, mais un backtest similaire peut, par exemple, servir à parier sur la baisse de l'euro ou tout simplement clôturer une ancienne position longue (achat) et récupérer les gains. **Il est important de back-tester régulièrement ses stratégies de trading, que l'on trade un actif que l'on connaît bien ou un nouveau. Le comportement d'un cours peut évoluer et changer dans le temps. Plus l'unité de temps sur laquelle vous travaillez est courte, plus la fréquence de backtest sera importante.**

Investissement et méthodes

L'investissement consiste à acheter des actifs tels que des actions, des crypto-monnaies, des indices, des métaux, etc, et à les conserver à long terme dans le but de voir leur valeur augmenter avec le temps et de faire croître son patrimoine et ses économies. Bien que l'investissement comporte des risques, ils sont généralement plus limités par rapport au trading. De plus, l'investissement est moins chronophage, moins anxiogène et accessible à tous, à condition d'être formé.

Les avantages de l'investissement :

➠Protection contre l'inflation.
➠Possibilité de recevoir des dividendes en possédant certaines actions.
➠Analyse technique de fond plus facile à interpréter avec moins de faux signaux.
➠Pas besoin d'être un trader expérimenté pour détenir et conserver des actions sur le long terme.
➠ En diversifiant les investissements, le risque de perte de capital est limité.
➠ Moins chronophage, moins anxiogène et moins risqué que le trading.

L'investissement repose sur **deux catégories d'analyse**, et on retrouve trois principaux types d'investisseurs :

- Les investisseurs qui se basent sur **l'analyse technique** (chartiste).
- Les investisseurs qui se basent sur **l'analyse fondamentale**.
- Un troisième type d'investisseurs qui combine ces deux catégories (considéré comme le plus efficace selon moi).

L'analyse technique : Elle consiste à étudier les graphiques, les indicateurs et les tendances du cours de l'actif souhaité afin de rechercher des points d'entrée (achat) et de sortie (vente), similaire au trading, mais sur des unités de temps plus longues (journalières, hebdomadaires, mensuelles).

L'analyse fondamentale :
Elle consiste à analyser les fondamentaux d'un actif (actions, métaux, etc.). Par exemple, pour une action, il s'agit d'analyser la santé financière de l'entreprise, son chiffre d'affaires, ses pertes, son bénéfice. Il faut également analyser les facteurs géopolitiques, économiques et environnementaux du pays où l'actif est implanté, car cela peut avoir un impact conséquent sur le cours. De plus, il est important d'analyser le secteur auquel l'actif appartient, qu'il s'agisse du secteur technologique, industriel, des métaux, de l'énergie, etc. L'objectif est de trouver des entreprises solides et performantes dans le temps, ou celles qui pourraient révolutionner et changer nos modes de vie, tout comme l'ont fait Internet, les smartphones d'Apple, les réseaux sociaux de Meta ou encore les ventes en ligne et livraisons à domicile d'Amazon. Il est essentiel d'être convaincu de l'actif que l'on achète.

Quelques règles à respecter pour devenir un bon investisseur :

➠ Ne pas être impatient.

➠ Ne pas succomber à l'avarice. Il ne faut pas être trop gourmand et ne pas hésiter à prendre des bénéfices, surtout lorsque ceux-ci sont conséquents. (valable en trading)

➠ Être formé, connaître les risques et se renseigner sur les actifs dans lesquels on investit.

➠ Ne pas utiliser le capital destiné à l'investissement pour le trading. Il est nécessaire de rester rigoureux et discipliné, surtout lorsque de l'argent est en jeu, et de se tenir à sa stratégie initiale.

➠ Diversifier ses investissements en ne misant pas tout sur un seul actif, car celui-ci pourrait chuter et entraîner la perte de toutes vos économies. Il est préférable d'acheter plusieurs actions de différents secteurs, ainsi que d'investir dans des crypto-monnaies, des métaux précieux, etc. En ayant un portefeuille varié, vous diminuez les risques de perte et augmentez les chances de réaliser des bénéfices à long terme.

➠ Bien choisir la plateforme qui vous permettra d'acheter, de conserver, de vendre vos actifs, ainsi que de retirer et récupérer votre argent. Il est recommandé de se renseigner sur Internet, de consulter les avis et les notes, et de croiser les informations provenant de différents sites afin de choisir la plateforme la plus fiable.

➠ Si vous le souhaitez, vous pouvez opter pour une deuxième, voir une troisième plateforme, afin de ne pas mettre tous vos œufs dans le même panier. Bien que cela soit moins pratique, c'est plus sécurisé, surtout lorsque les sommes investies sont importantes. Ainsi, si pour une raison quelconque ou malchance, le courtier, la plateforme ou l'échange fait faillite, vous ne perdrez pas tout.

➠ Ne pas acheter d'actif à l'aveugle, sur un coup de tête, simplement parce que quelqu'un vous a dit de le faire, ou parce que vous avez lu sur un site internet un article qui conseille d'acheter un actif. Ce livre a pour but de vous former afin que vous puissiez prendre vos propres décisions.

➠ N'investissez que des sommes que vous êtes prêt à perdre, des sommes dont vous pouvez vous passer pour vivre. C'est important, d'autant plus que lorsque l'argent investi ne correspond pas à vos besoins, vous serez moins affecté sur le plan émotionnel en cas de perte de bénéfices. Une fois de plus, ne pas garder la tête sur les épaules peut avoir des répercussions plus que négatives sur vos performances.

➠Idéalement, ne pas investir tout le capital dédié d'un seul coup. Il est toujours bon de garder un peu de liquidité pour de futurs investissements ou autres.

➠Définir et avoir un plan, une stratégie d'investissement, et s'y tenir sur le long terme en ne laissant pas ses émotions et intuitions influencer ses décisions, mais en faisant preuve de logique. Sinon, autant jouer au casino.

➠ Ne pas acheter à des niveaux de cours trop élevés. Il est important de connaître l'analyse fondamentale et surtout l'analyse technique pour définir les tendances et trouver des points d'achat pour du long terme.

➠Enfin, surveiller régulièrement ses investissements.

Observons maintenant quelques marchés de manière globale et élargie dans le temps.
Pour l'exemple, nous allons regarder les cours du :
➟ **Nasdaq 100**, qui est l'indice boursier correspondant aux 100 entreprises américaines les plus performantes.
➟ **Cac 40**, qui est l'indice correspondant aux 40 entreprises les plus performantes et cotées en bourse en France.
➟ Et enfin, le cours de l'**or**, qui est un métal précieux.

Depuis 1986 et malgré les crises, on peut constater que la bourse américaine continue de performer.

Attention, les performances passées d'un marché ne garantissent pas les performances futures !

Même après quelques remous, le marché finit souvent par se redresser, mais rien n'est jamais certain.

Il est donc essentiel de prendre en compte la **diversification**, la gestion des risques et une analyse approfondie avant de prendre des décisions d'investissement.

L'idée selon laquelle "le marché finit toujours par remonter" ne doit pas être considérée comme une garantie absolue, mais plutôt comme une tendance historique observée dans de nombreux cas.

Ces indices nous montrent que depuis les 30-40 dernières années, les marchés ne cessent d'évoluer à la hausse. La tendance de fond est plus que haussière. On peut retrouver dans ces périodes des moments de correction, dus à des périodes économiques en crise, des événements géopolitiques qui peuvent faire corriger ou crasher le cours. Par exemple, des crises mondiales telles que la pandémie de Covid-19, des guerres et d'autres événements ont eu un impact négatif sur les cours pendant de longs mois ou années. Toutefois, ces corrections ne sont généralement pas définitives et les cours finissent par se reprendre. **Comme vous le savez maintenant, ces indices (à l'exception de l'or) représentent chacun un ensemble d'actions de sociétés, Il est cependant possible d'investir sur ces indices sans acheter les actions individuelles qu'ils comprennent**. **Ils servent aussi de support de travail en fonction de l'action que l'on souhaite acheter**. De nombreux facteurs, tels que la croissance économique, l'innovation technologique, l'augmentation de la productivité et les politiques monétaires accommodantes, contribuent à la tendance haussière à long terme des marchés.

Les actions/actifs à privilégier : **tendance de fond très long terme haussières**

Les graphiques ci-dessous sont présentés en unités de temps annuelles, (1 bougie = 1 année).

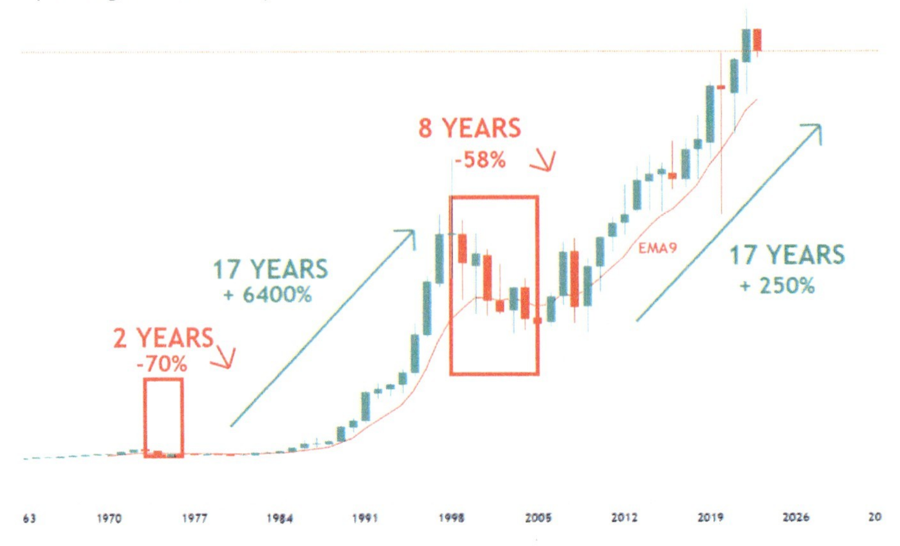

Pour cet exemple, nous avons pris le cours de l'action d'une société américaine travaillant dans le commerce de boissons gazeuses et caféinées, une entreprise très célèbre et ancienne. La tendance de fond reste haussière et les fondamentaux de l'entreprise sont très solides.

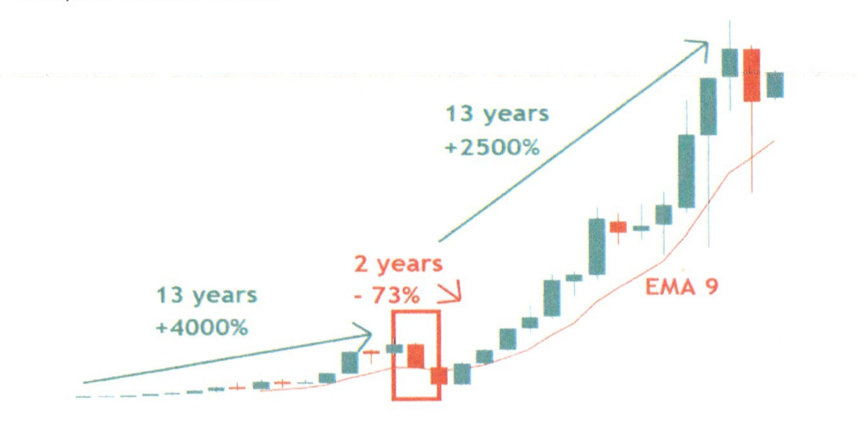

Ici, il s'agit de l'action d'une chaîne de fast-food plus récente, avec de solides fondamentaux et une tendance haussière.

À savoir que plus l'entreprise est jeune, en tendance haussière et possède de bons fondamentaux, plus elle a de chances de vous rapporter d'importants gains dans le temps.

Investir dans une entreprise très jeune dont la tendance n'est pas encore définie en raison de sa jeunesse, mais qui présente de très bons fondamentaux, est un pari qui peut changer une vie et l'avenir d'un investisseur.

Par exemple, ci-dessous, le graphique d'une action opérant à l'échelle mondiale et étant cotée en bourse depuis 5 ans.

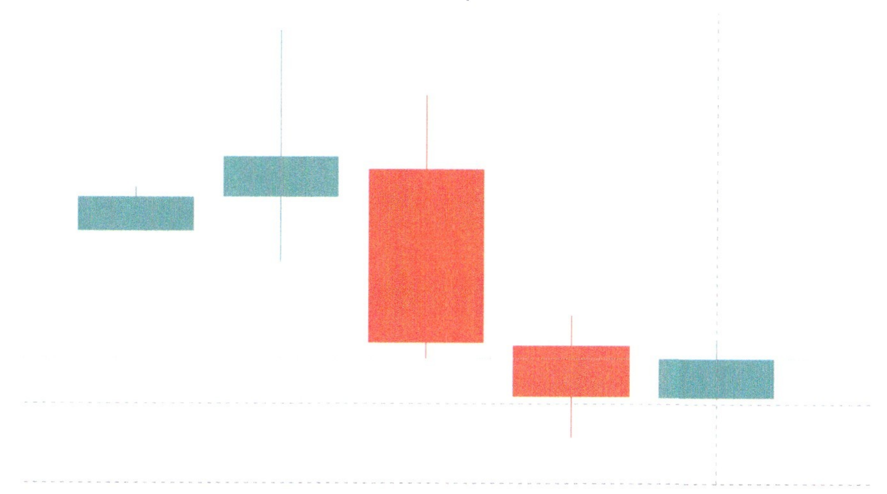

Avec les graphiques précédents, vous avez constaté les pourcentages de gains énormes que peut rapporter une société prometteuse si vous vous positionnez suffisamment tôt et si celle-ci performe dans le temps.

Pour résumer, privilégiez les actifs en tendance haussière et/ou présentant de bons fondamentaux, et diversifiez vos achats. Même si un actif a toujours été haussier, cela ne signifie pas que les choses ne peuvent pas s'inverser. C'est pourquoi il est important de ne pas tout investir sur un seul actif, mais plutôt d'en choisir plusieurs afin de limiter les risques. Diversifiez vos investissements en incluant des actifs plus anciens qui ont déjà fait leurs preuves, des actifs plus jeunes et également des actifs nouveaux qui pourraient être prometteurs dans le futur. Les périodes de crash et de correction représentent souvent de bonnes opportunités d'investissement pour le long terme.

Pourquoi diversifier ?

Il existe la possibilité d'investir dans un marché peu fructueux et de constater la diminution progressive de votre investissement au fil du temps, sans perspective de reprise, ce qui peut engendrer une expérience profondément désagréable.

Admettons, entre 2005 et 2006, que vous n'investissez que sur un seul actif. Celui-ci vous paraît prometteur, la tendance est haussière depuis plus de 10 ans depuis l'entrée en bourse de l'action. Les creux sont de plus en plus hauts, de même que les sommets. Bref, toutes les conditions semblent réunies et tout semble bien parti.
Sur le graphique ci-dessus, l'unité de temps est mensuelle (1 bougie = 1 mois). Les cercles représentent des zones hypothétiques d'achat pour un investisseur débutant, qui aurait acheté à l'un de ces endroits simplement en tenant compte de la tendance, sans réfléchir à une zone d'achat spécifique car il compte garder son investissement pendant au moins les 10 prochaines années. L'entrée dans l'actif n'a donc aucune importance pour lui.

Pourquoi diversifier ? (suite)

Plus de 10 ans plus tard, le cours n'est jamais remonté à ses niveaux d'achat et les pertes vont de -60% à -80%, (atypique certes, mais pas impossible).
En choisissant d'investir dans plusieurs actifs tout en prêtant attention à leurs fondamentaux et en analysant la tendance, vous augmentez :

➠Les chances de réaliser de bonnes performances sur l'un de vos actifs, ce qui compensera un éventuel rendement négatif sur un autre et vous permettra de rester en gain malgré tout.
➠Les chances d'être en positif sur la plupart de vos actifs, ce qui couvrira les pertes potentielles d'autres investissements.

Il est nécessaire d'être mentalement solide et prêt à voir vos positions d'investissement potentiellement dans le négatif pendant de longs mois, voire des années.
Voilà pourquoi il est toujours important d'investir des sommes que vous pouvez vous permettre de ne plus récupérer à long terme, des sommes dont vous n'aurez pas besoin immédiatement ni dans le futur. Investissez ce que vous pouvez vous permettre de laisser travailler à long terme sans que cela ne vous empêche de dormir la nuit ou n'ait un impact financier négatif sur votre vie quotidienne. Il est important de trouver un équilibre entre l'investissement à long terme et la satisfaction des besoins financiers à court terme.
Cette règle est également valable pour le trading.

Les différences en pourcentage entre les pertes et les gains :

Une erreur courante commise par de nombreux débutants, que ce soit en trading ou en investissement, est de penser à tort que si une position sur un actif subit une perte de, par exemple, 50%, l'actif devra ensuite augmenter de 50% pour que mon achat retrouve sa valeur initiale et n'affiche plus de perte. Cependant, cette pensée est fausse et illogique si l'on y réfléchit attentivement.
Plus la chute du prix d'un actif est importante, plus l'effort nécessaire pour retrouver le même niveau de prix en pourcentage est considérable.

Prenons un exemple extrême : depuis le sommet jusqu'au dernier creux, le cours a **subi une baisse de 75%**. Pour revenir à ce niveau de prix précédent, le cours **devra augmenter de 295%**. Cette tendance se poursuit : plus la baisse est forte, plus le pourcentage nécessaire pour remonter est multiplié.

Par exemple :
➡ Pour 65% de baisse, 185% de hausse est nécessaire.
➡ Pour 50% de baisse, 100% de hausse est nécessaire.
➡ Pour 25% de baisse, 34% de hausse est nécessaire.
➡ Pour 10% de baisse, 11% de hausse est nécessaire.

Les actions/actifs à éviter : tendance de fond très long terme baissière.

Le graphique ci-dessous est présenté en unités de temps annuelles (1 bougie = 1 année).

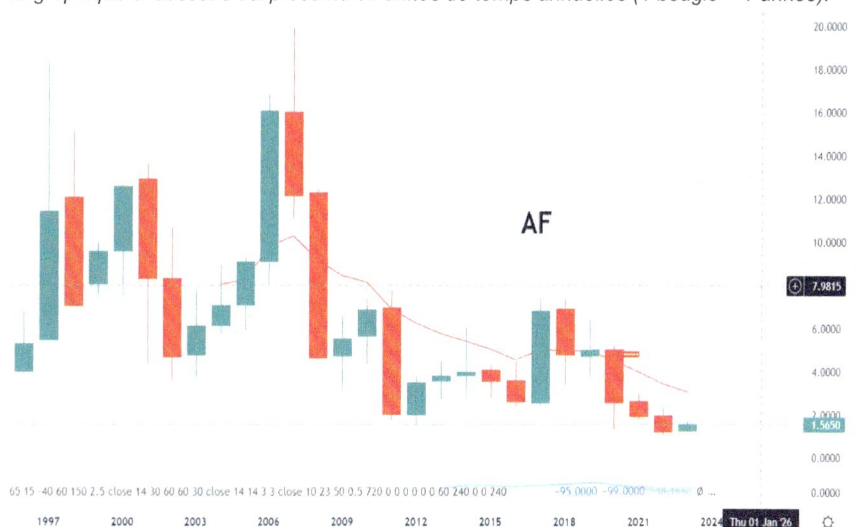

Il est préférable d'éviter cet actif car la tendance est baissière, l'actif se trouve en dessous de la moyenne mobile, et les sommets ainsi que les creux deviennent de plus en plus petits.

Pour les investisseurs plus expérimentés, il est possible de parier sur un rebond en cas de nouvelles positives concernant les fondamentaux de l'actif, ce qui pourrait entraîner un retournement de tendance visible sur le graphique.

Cependant, il est important de noter qu'un investisseur non averti et mal formé est généralement perdant à long terme sur ce type d'actif présentant ces configurations.

Dans les prochains chapitres du livre, nous explorerons comment trouver des points d'entrée et de sortie plus pertinents plutôt que d'acheter sans une analyse approfondie. Ces conseils s'adressent aux personnes souhaitant s'impliquer davantage dans leurs investissements.

Les stratégies d'investissement : bear market et bull market.

Avant de continuer, revenons sur les notions de bull market et bear market.

➠ **le bull market est simplement une période plus ou moin longue ou le ou les marchés sont haussier.**
➠ **le bear market est au contraire, un cycle de tendance baissière sur le ou les marchés.**

Même si il est facile d'identifier les cycles de bull market ou bear market passé d'un ou plusieurs actif grâce aux historiques de marché, la tâche peut être plus compliqué pour déterminer dans quel cycle nous nous trouvons à l'instant T.

Ici le Bitcoin de 2014 à 2019 en vue hebdomadaire(1 bougie=1 semaine). On constate que les cycles peuvent durer plusieurs années, alors autant être patient et stratégique dans ses choix

Il est impossible de prédire avec exactitude la fin d'un cycle bear ou bull. Nous pourrons nous aider de différents indicateurs comme les moyennes mobiles ou du price action par exemple, et le comportement du cours peut nous donner quelques indices, mais il faut être conscient que le risque n'est jamais nul.

Les signes pour tenter de déterminer la fin d'un cycle bull et le début d'un cycle bear :

En grande unité de temps (1 bougie = 3 jours, 1 semaine ou 2 semaines), le cours commence à s'essouffler. Les bougies sont de moins en moins hautes, témoignant d'un manque de force après une longue période de hausse. Le cours teste plusieurs fois les moyennes mobiles exponentielles 9 et 21 avec de longues tiges de bougie, semblant vouloir passer en dessous. Le RSI montre de petites divergences bear en surachat.

Sur Bitcoin (UT = 3J) en 2021 :
En 1, le cours se trouve au-dessus des EMA 21, 50 et 100, indiquant une tendance bull. Le cours réagit rapidement et rebondit au-dessus de la EMA 21 pour poursuivre la hausse.
En 2, le sommet atteint est à peine plus haut que le précédent, signalant une perte de force du cours.
En 3, certaines bougies commencent à entrer en contact avec la EMA 21, puis à la casser.

On peut observer que par la suite, l'actif entre dans un cycle de petit bear market. Plusieurs signaux du passé nous ont envoyé des indices.

Fin de cycle bull market (suite)

Toujours sur Bitcoin 2018 :

Le marché entre plus rapidement dans un bear market et nous disposons de moins de temps, mais de nombreux indices sont présents. Le cours a connu une tendance bull pendant une période prolongée et présente quelques divergences bear au niveau du RSI. À la fin, on observe plusieurs grandes bougies, suivies de bougies avec de longues mèches, qui entrent en contact de manière répétée avec la EMA 21. Le cours perd en force et forme un dernier sommet plus bas que le précédent.
Selon l'actif, il peut être nécessaire d'effectuer une analyse dans d'autres unités de temps, d'utiliser d'autres indicateurs ou de se concentrer sur d'autres moyennes mobiles. Il est important d'étudier attentivement les cycles et les historiques de chaque actif dans lequel vous souhaitez investir afin de déterminer la situation actuelle du cours.

Sur certains marchés, il peut arriver que les signaux provenant d'indicateurs ne soient ni crédibles ni efficaces. Dans de tels cas, l'utilisation du price action devient nécessaire pour détecter un éventuel changement de cycle, notamment lorsqu'il s'agit de passer d'une tendance bull à une tendance bear.
Si les indicateurs ou les signaux du cours ne semblent pas efficaces dans les unités de temps de 3 jours ou 1 semaine, il peut être judicieux d'essayer des unités de temps plus grandes, telles que 2 semaines ou 1 mois.

Par exemple :

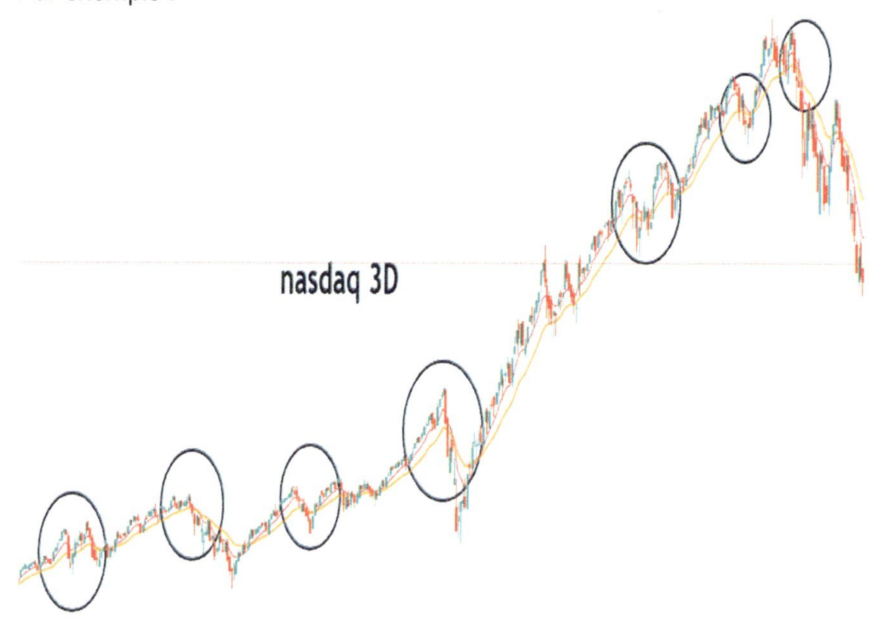

Prenons l'exemple du Nasdaq (indice du marché américain) où l'on constate que le marché peut nous piéger à la baisse en cassant fréquemment les moyennes mobiles pour ensuite rebondir rapidement, ce qui peut nous conduire à prendre de mauvaises décisions. Toutefois, en utilisant une unité de temps plus grande, comme 1 mois, le cours peut être moins trompeur.

“Toutefois, en utilisant une unité de temps plus grande, comme 1 mois, le cours peut être moins trompeur.”

Il est essentiel d'adapter nos analyses et nos stratégies en fonction des caractéristiques propres à chaque marché. Chaque marché a ses particularités, sa volatilité, ses cycles et ses tendances spécifiques. Ce qui fonctionne bien sur un marché peut ne pas être aussi efficace sur un autre.

Il est donc primordial de prendre en compte ces spécificités et d'utiliser les outils les plus pertinents pour la prise de décisions. Cela peut inclure l'utilisation d'indicateurs techniques, l'analyse du price action, l'étude des fondamentaux, la surveillance des nouvelles et événements économiques. Il faut s'adapter aux particularités de chaque marché et utiliser les bons outils d'analyse.
La compréhension du marché et l'utilisation d'approches flexibles sont des éléments clés pour réussir dans le domaine de l'investissement et du trading.

Les signes pour tenter de déterminer la fin d'un cycle bear et le début d'un cycle bull :

La manière la plus simple pour déterminer si un marché entre en bull market va être de travailler avec les moyennes mobiles exponentielles, notamment les EMA 9, 21 et 50. Nous allons pour commencer analyser l'action d'Apple en unité de temps hebdomadaire. Pour augmenter ses chances et prendre une position optimale, il sera nécessaire de suivre ces étapes.

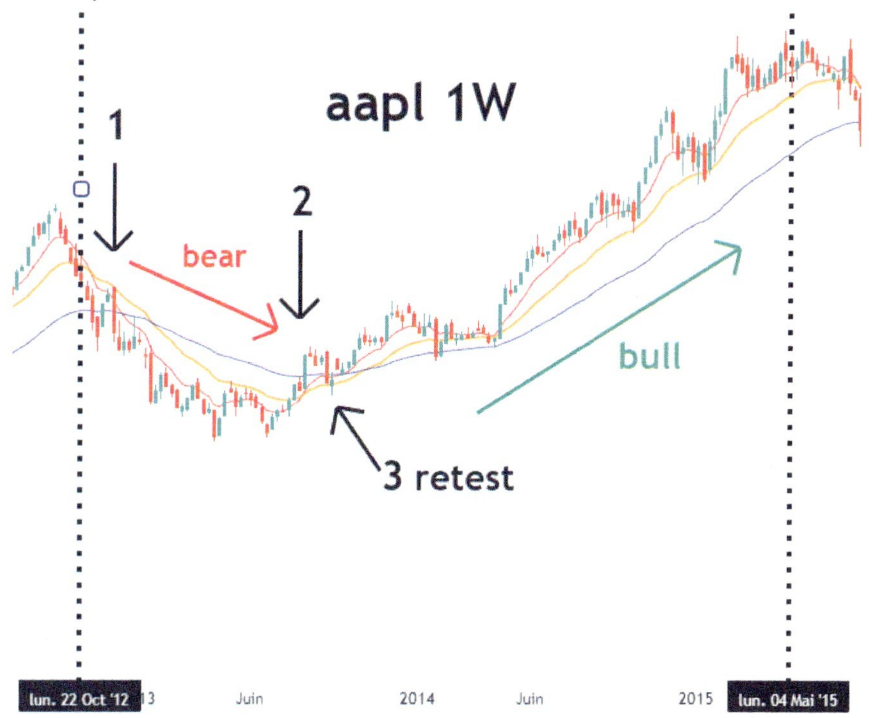

En 1 : Le cours passe sous les EMAs et entre en bear market de 2012 à 2013.
En 2 : Après une certaine période, le cours repasse au-dessus des 3 moyennes mobiles.
En 3 : Le cours vient retester les moyennes mobiles sans les casser, puis repasse franchement au-dessus d'elles. Un golden cross a eu lieu avant ou après le retest. (Action AAPL 2012-2015).

Fin de cycle bear market (suite)

Si on regarde l'historique du précédent bull run de l'action d'Apple, on constate qu'il a commencé à partir plus ou moins du même schéma :

Une période de plusieurs mois minimum en bear market, à un certain moment le cours repasse au-dessus des moyennes mobiles, vient retester les moyennes mobiles pour ensuite rebondir au-dessus d'elles. On observe un golden cross des moyennes mobiles avant ou après un retest.

Ici, toujours sur l'action d'Apple en vue hebdomadaire, mais de 2008 à 2012, le schéma est le même.

Notez que cette technique peut être utilisée en scalping, trading et swing trading, mais les faux signaux seront simplement plus nombreux.

voyons maintenant sur d'autres actifs les schémas avec les moyennes mobiles.

Bitcoin de 2013 à 2018 :

Bitcoin de 2018 à 2021 :

AIRBUS de 2002 à 2013 :

Sur les actions, les actifs les plus connus, performants et prometteurs, vous rencontrerez très souvent ce schéma. Bien entendu, selon le moment où vous vous lancez sur les marchés, la période de hausse peut déjà être entamée ou se dérouler en pleine période de bear market. Sachez que les meilleures opportunités se trouvent souvent pendant les périodes de bear market ; il suffit d'être patient. Si le cours est déjà en hausse et que vous avez manqué une partie de cette progression, ne vous inquiétez pas ! Si le cours est en tendance haussière, se situe au-dessus des EMAs **et suit l'ordre** 9, 21, 50 (vous pouvez également inclure les EMAs 100 et 200), et que les bougies sont ne pas excessivement grandes, (spéculatives) il y a encore de bonnes chances que le cours continue de progresser à la hausse pendant des années.

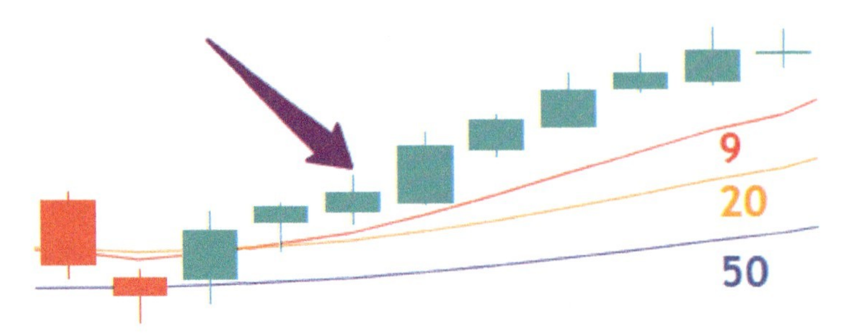

Ici GOOGLE (alphabet) de 2005 à 2003 en mensuel :

Ici, l'action a connu une progression constante sur une période de 18 ans, que vous ayez pris des positions en 2005 ou en 2020, vous auriez réalisé des gains. Pour commencer à réaliser des bénéfices, il est important d'observer le comportement du cours, comme expliqué dans les pages précédentes.

Toujours sur l'action GOOGLE.

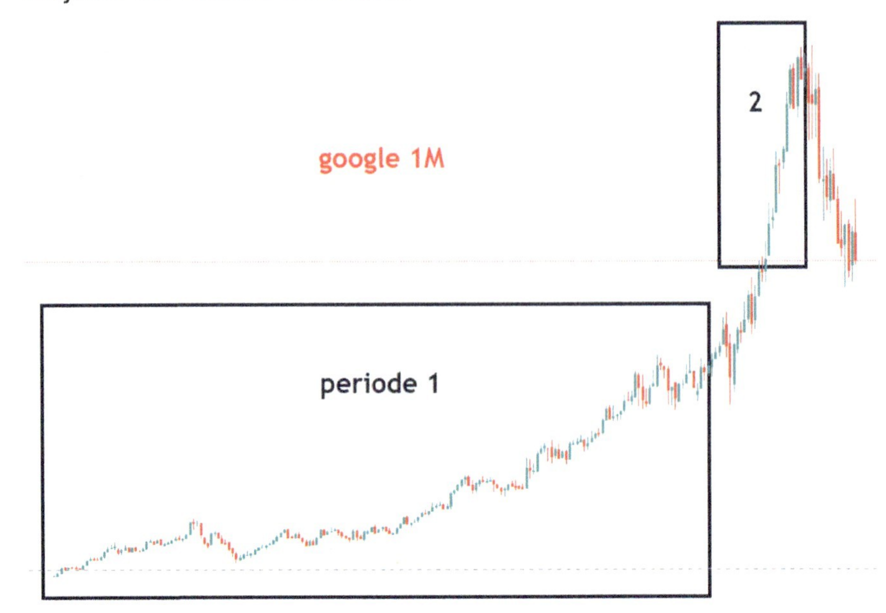

Sur toute la période 1, on observe une progression régulière du cours, avec des bougies de taille similaire.

Sur la période 2, on remarque un changement dans l'apparence des bougies, elles sont beaucoup plus grandes, et le cours connaît une hausse spectaculaire. Cela est dû à l'hyper-spéculation et à l'arrivée de nouveaux investisseurs ou traders tardifs sur le marché, qui achètent massivement par crainte de manquer une opportunité. De même, les débutants ou les personnes non confirmées peuvent se laisser emporter par la hausse du cours et acheter sans réflexion, ce qui n'est jamais une bonne stratégie. En réalité, entre 80% et 90% des personnes qui entrent sur les marchés finissent par perdre de l'argent.

Le trading exige de l'expérience et une bonne compréhension de l'analyse technique et des marchés. L'investissement demande moins de connaissances techniques, mais nécessite davantage de patience et une capacité à reconnaître les débuts et les fins de cycle.

En résumé, travailler avec les bougies Heikin Ashi et les bougies conventionnelles, ainsi que les moyennes mobiles et avoir une connaissance de base du price action, devrait constituer la base de votre approche.

graphique arithmétique ou logarithmique ?

Sur TradingView, en bas à droite du graphique, on retrouve un onglet "auto" pour automatique et un autre "log" pour logarithmique.

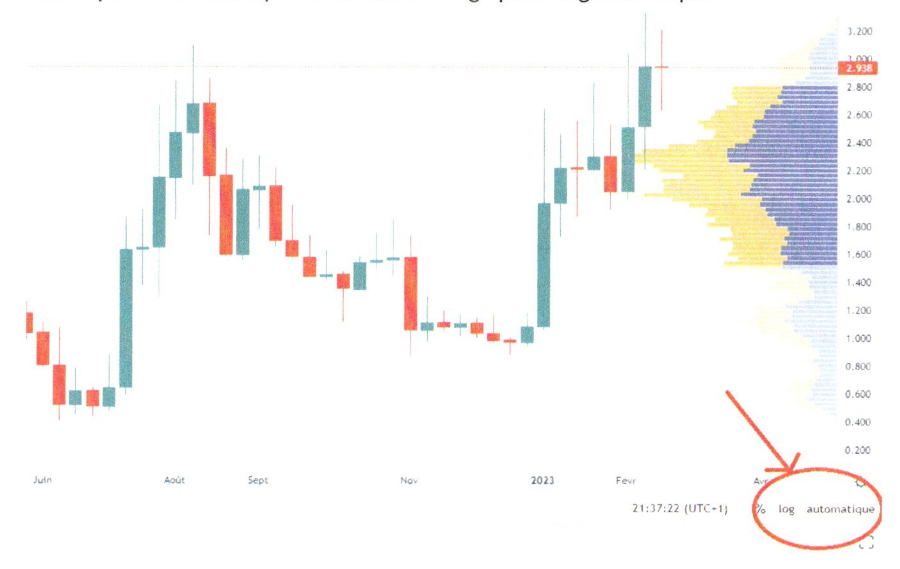

Généralement, à l'ouverture du graphique, celui-ci sera réglé automatiquement en mode arithmétique et l'option logarithmique sera décochée.

Si vous êtes traders et que vous ne souhaitez voir votre graphique que dans une petite échelle de temps, laissez tel quel, ne sélectionnez pas le logarithmique. Les graphiques en mode logarithmique seront pratiques dans le cas où vous voulez avoir une vision dézoomée du cours à grande échelle, c'est-à-dire sur plusieurs années, afin de faciliter sa lecture et d'avoir un graphique plus lissé en vue long terme.
Regardons maintenant les différences entre le mode normal et le mode logarithmique

En mode arithmétique :

En vue dézoomée et à long terme, on constate que la période de 2012 à 2017 est difficilement identifiable.

En mode logarithmique :

En mode logarithmique, les échelles d'affichage changent et nous pouvons observer toute la période de façon plus nette et précise.

➠ **L'échelle arithmétique**, celle proposée de base sur la plupart des courtiers, dont TradingView, représente le coût en fonction de l'évolution brute du prix.

➠ **L'échelle logarithmique** propose, quant à elle, une représentation des cours en fonction de l'évolution en **pourcentage** du prix de l'actif.

*Ici, en **arithmétique**, on retrouve en bas du graphique l'échelle de temps et à droite l'échelle des prix. On remarque que les prix sur la droite vont du plus petit au plus grand de façon normale et logique. Chaque ligne de prix est de +4000 USD par rapport à la précédente.*

Graphique arithmétique ou logarithmique (suite)

Ici, sur le même graphique en échelle logarithmique, on observe un changement de logique dans l'échelle des prix à droite du graphique. Pour ce type de graphique, chaque palier de prix supérieur au précédent correspond à une hausse d'environ 70% en pourcentage. Ainsi, l'apparence du graphique est représentée en fonction des hausses en pourcentage plutôt que par une suite de prix par palier.

➠ L'échelle logarithmique est plus adaptée pour les analyses à très long terme, offrant un confort visuel pour observer les graphiques à grande échelle. Il est également possible de tracer des lignes de tendance, des supports ainsi que des résistances dans ce mode.
➠ Pour des échelles de temps plus courtes, l'échelle arithmétique est généralement préférable.

Comme nous l'avons vu précédemment, il est possible de tracer des lignes de tendance, des niveaux de support et de résistance, qui ne seront pas les mêmes en échelle arithmétique. Dans l'exemple ci-dessus, en utilisant l'échelle logarithmique, nous avons pu tracer une ligne de support qui a été touchée en 2014, 2017, 2018 et 2020. En revanche, lorsque nous observons la même ligne en échelle arithmétique, nous constatons que la résistance ne correspond plus à la précédente.

Méthode d'investissement : Le DCA.

Le DCA (Dollar Cost Averaging) est une méthode d'investissement dont le but est d'investir par **paliers de temps identiques** ainsi que la **même somme** à chaque fois, quel que soit le niveau du cours, le prix de l'actif.

Par exemple :

➠ Investir 50 euros ou dollars chaque début de mois et ce, pendant plusieurs mois, années dans chaque actif où l'on souhaite investir.
➠ Investir 200 euros tous les 3 mois.
➠ Investir 20 euros chaque milieu de semaine.

Quels sont les avantages ?
➠ Avoir un prix d'achat moyen plus lissé et être moins exposé au pourcentage de baisse d'un actif, surtout lorsque celui-ci perd beaucoup en période de bear market.
➠ Encore moins chronophage que l'investissement de base, puisque ici, qu'importe le prix, vous achetez.
➠ Augmente les chances d'être en bénéfice sur le long terme, même si ceux-ci seront moins performants que ceux d'une personne qui aura acheté en une fois et à un niveau plus intéressant.
➠ Pas de stress à se demander si l'on a loupé une bonne occasion pour investir.
➠ Simplicité ; méthode facile à mettre en place, à suivre et à automatiser.

⚠ **Encore une fois, on va le répéter, mais investir comporte des risques. N'investissez que l'argent que vous pouvez vous permettre de perdre ou de bloquer sur plusieurs années. Diversifiez les investissements de façon intelligente (actions, crypto, ETF, métaux, etc.).**
Dissociez bien le fait que l'investissement n'est pas du trading et inversement. Votre portefeuille alloué à l'investissement doit rester à l'investissement. Au contraire, les gains gagnés au trading, s'il y en a, peuvent être en partie alloués à l'investissement ou mis de côté.
En plus d'avoir un portefeuille alloué à l'investissement et/ou au trading, il est toujours intelligent de constituer une réserve de sécurité, c'est-à-dire de mettre de l'argent de côté pour vous tout simplement.

Nous allons examiner ici un exemple concret de l'efficacité du DCA à travers trois investisseurs fictifs qui utilisent des méthodes d'investissement différentes.

Investisseur n°1 : **il applique la méthode du DCA en investissant 100 euros tous les 3 mois, de novembre 2012 à juillet 2020, pour un montant total investi de 3200€.**

Investisseur n°2 : **il a investi l'intégralité des 3200€ en novembre 2012.**

Investisseur n°3 : **il a choisi d'attendre une correction et a acheté au milieu de la période pour un total de 3200€.**

Dans cet exercice, le cours commence en octobre 2012 à un prix de 1700€ et se termine en décembre 2019 au même prix de 1700€, sur une période d'environ 8 ans.
Nous ajouterons également les 6 mois supplémentaires de hausse qui suivent jusqu'en juillet 2020 pour observer les différences entre les stratégies.

Au cours de la période observée :

➠Le cours subit une baisse pendant environ 3 ans, atteignant un creux de -40% par rapport au prix initial.

➠Ensuite, il se stabilise pendant environ 2 ans.

➠Enfin, il connaît une hausse pendant 2 ans, atteignant une augmentation de +50%.

Cet exemple est parfait pour mesurer l'efficacité des différentes stratégies.

Le cours subit une chute, se stabilise, puis revient au même prix après 8 ans, ce qui nous place sur un terrain neutre.

Investisseur n°1 : Tous les 3 mois, 100 € ont été investis pendant 8 ans pour une somme totale de 3200 €. (DCA)

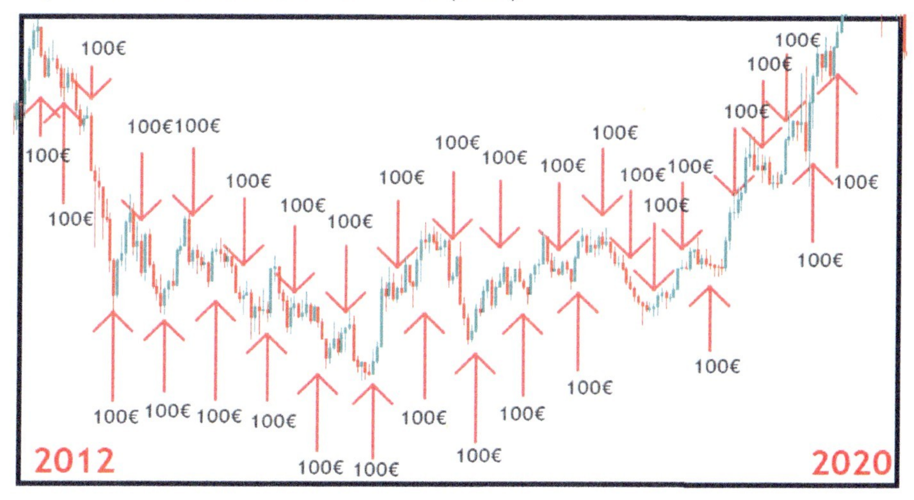

Investisseur n°2 : Achète pour 3200 € le 1er octobre 2012. **Investisseur n°3 :** Achète pour 3200 € le 13 mars 2017 après avoir attendu une période de baisse (bear market) suivie d'un potentiel changement de tendance.

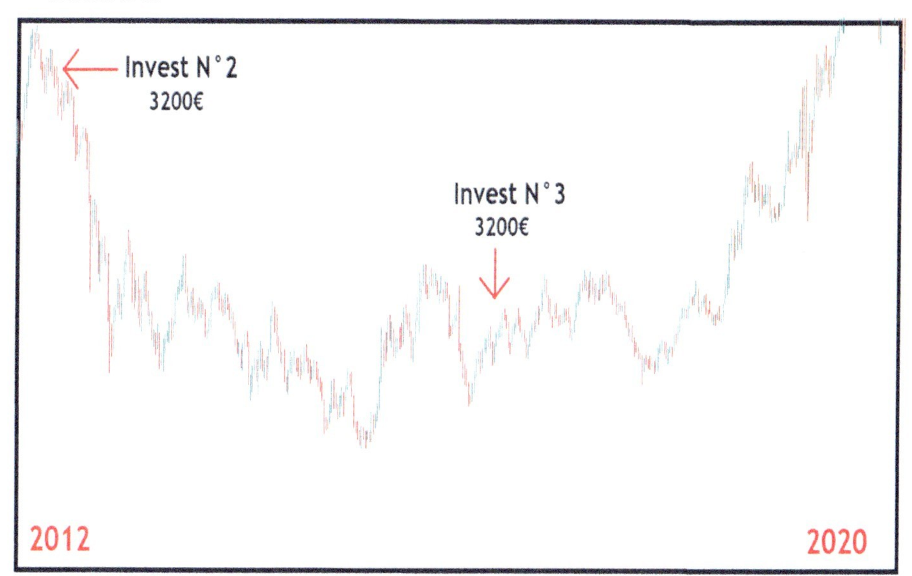

Résultat de l'investisseur n°1 appliquant le DCA.

Prix du gold	1 : DATE	2 : INVEST	3 : evo Price %	4 :Price €	5 : evo price %
1 700€	05/11/00	100	-4.8%	95.2€	**-4.8%**
	31/12/12	200	-4.6%	186.2€	**-8%**
	01/04/13	300	-25%	214.6€	**-29%**
	01/07/13	400	13%	355.5€	**-11%**
	01/10/13	500	-10%	410€	**-18%**
	31/12/13	600	5.6%	538.5€	**-10%**
	01/04/14	700	3%	657.6€	**-6%**
	01/07/14	800	-7.8%	698.5€	**-13.5%**
	01/10/14	900	-3.2%	773€	**-14%**
	31/12/14	1000	1%	881.7€	**-12%**
	01/04/15	1100	-1.7%	965€	**-12.5%**
	01/07/15	1200	-3.1%	1 031€	**-14%**
	01/10/15	1300	-2.2%	1 106€	**-15%**
	31/12/15	1400	11.2	1 341€	**-4%**
	01/04/16	1500	10.3%	1589.4€	**6%**
	01/07/16	1600	-7.4%	1 564€	**-2%**
	01/10/16	1700	-9.6%	1504.2€	**-11.5%**
	31/12/16	1800	10.6%	1774.2€	**-1.5%**
	01/04/17	1900	-0.5%	1864.8€	**-2%**
	01/07/17	2000	2.1%	2 006€	**0.3%**
	01/10/17	2100	2.4%	2 156€	**2.7%**
	31/12/17	2200	2.8%	2 319€	**5.5%**
	01/04/18	2300	-6%	2273.9€	**-1%**
	01/07/18	2400	-5.8%	2236.2€	**-6.8%**
	01/10/18	2500	8.8%	2 523€	**1%**
	31/12/18	2600	-0.2%	2617.7	**0.7%**
	01/04/19	2700	10.3%	2997.6€	**11%**
	01/07/19	2800	3.52%	3296.6€	**17.7%**
	01/10/19	2900	2.8%	3491.7	**20.4%**
1 700€	31/12/19	3000	7%	3843.1€	**28%**
	01/04/20	3100	10.4%	4353.2€	**40.4%**
	01/07/20	3200	0.8%	4488.8€	**40.3%**

Résultat de l'investisseur n°2 ayant acheté en une seule fois, et au plus haut du cours, et comparaison de l'évolution avec l'investisseur n°1.

Prix du gold	1 : DATE	2 : evo cours %	3: evo price% invest n°1	5: evo price% invest n°2
1 700€	05/11/12	-4.8%	-4.8%	-4.8%
	31/12/12	-4.6%	-8%	-9.4%
	01/04/13	-25%	-29%	-34.4%
	01/07/13	13%	-11%	-21.4%
	01/10/13	-10%	-18%	-31.4%
	31/12/13	5.6%	-10%	-25.8%
	01/04/14	3%	-6%	-22.8%
	01/07/14	-7.8%	-13.5%	-30.6%
	01/10/14	-3.2%	-14%	-33.8%
	31/12/14	1%	-12%	-32.8%
	01/04/15	-1.7%	-12.5%	-34.5%
	01/07/15	-3.1%	-14%	-37.6%
	01/10/15	-2.2%	-15%	-39.8%
	31/12/15	11.2	-4%	-28.6%
	01/04/16	10.3%	6%	-18.3%
	01/07/16	-7.4%	-2%	-25.7%
	01/10/16	-9.6%	-11.5%	-35.3%
	31/12/16	10.6%	-1.5%	-24.7%
	01/04/17	-0.5%	-2%	-25.2%
	01/07/17	2.1%	0.3%	-23.1%
	01/10/17	2.4%	2.7%	-20.7%
	31/12/17	2.8%	5.5%	-17.9%
	01/04/18	-6%	-1%	-23.9%
	01/07/18	-5.8%	-6.8%	-29.7%
	01/10/18	8.8%	1%	-20.9%
	31/12/18	-0.2%	0.7%	-21.1%
	01/04/19	10.3%	11%	-11.1%
	01/07/19	3.52%	17.7%	-7.6%
	01/10/19	2.8%	20.4%	-4.8%
1 700€	31/12/19	7%	28%	2.2%
	01/04/20	10.4%	40.4%	12.6%
	01/07/20	0.8%	40.3%	13.4%

Différences entre l'investisseur n°1 et l'investisseur n°2 :

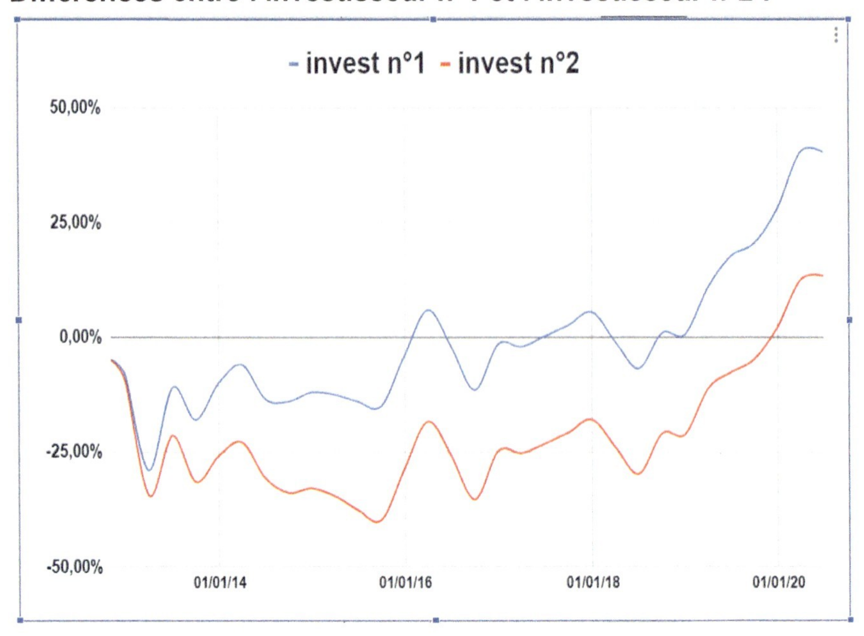

➠ La courbe bleue correspond aux gains et pertes en pourcentage de l'investissement de l'investisseur n°1.

➠ La courbe rouge correspond aux gains et pertes en pourcentage de l'investissement de l'investisseur n°2.

Comme vous pouvez le constater, le DCA s'est avéré beaucoup plus efficace et sécurisant.

➠ Par exemple, le 1er décembre 2015, l'investisseur n°1 subit une perte de 15% seulement sur une partie partielle de son portefeuille, tandis que l'investisseur n°2 subit une perte de près de 40% sur la totalité de son portefeuille.

➠ Fin 2019, lorsque le cours revient à son prix de départ de 2012, l'investisseur n°1 accumule environ 25% de gains avec son DCA, tandis que l'investisseur n°2 n'a rien accumulé.

➠ Puis, sur une période de 6 mois où le cours monte, l'investisseur n°1 réalise 40% de bénéfices, tandis que l'investisseur n°2 ne réalise que 13%.

➠ Sur toute la période, la moyenne totale des pertes potentielles a été de **-9,8%** pour **l'investisseur n°1** et de **-24%** pour **l'investisseur n°2**.

Résultat de l'investisseur n°3 :

L'investisseur n°3 a acheté à mi-parcours en 2017, comme l'investisseur n°2. Il a déposé une somme de 3200 euros en une seule fois, mais après une correction, ce qui le place dans une zone potentiellement plus intéressante.

Il a subi un drawdown de -5%, puis a terminé avec un gain allant de 44% à 51%.

Différence entre l'investisseur n°3 et les n°2 et n°1 :

	DRAWDOWN max / PRIX	BENEFICES %	BENEFICES % periode + 6 Mois	GAINS periode	GAINS periode + 6
INVESTISSEUR N°1	-15% / 1300 €	28%	40%	896€	1 280€
INVESTISSEUR N°2	-39% / 3200 €	0%	13%	0€	416€
INVESTISSEUR N°3	-5% / 3200 €	44%	51%	1 400€	1 632€

Comme on peut le constater, l'investisseur n°3 a obtenu des performances supérieures de 10 à 15% par rapport à l'investisseur n°1, qui a effectué un investissement plus réfléchi. Cependant, l'investisseur n°3 risque, comme l'investisseur n°2, de voir une grande partie de ses gains s'effondrer. Le cours aurait très bien pu continuer à chuter pendant des années, mettant ainsi en péril l'intégralité de la somme investie. Un risque non négligeable plane donc toujours.

Conclusion :

Le DCA, comme toutes les autres méthodes d'investissement, comporte bien évidemment des risques, mais il reste néanmoins le plus facile d'approche et le moins compliqué à mettre en place. Il demande peu de connaissances en trading et en analyse. Cependant, il est nécessaire d'être patient, de diversifier ses investissements, d'être discipliné et d'investir uniquement l'argent dont on n'a pas besoin.
Cela passe avant tout par une bonne gestion de son patrimoine, de ses ressources et de ses économies. Il vous revient de choisir dans quelles actions, ETF ou cryptos vous allez programmer votre DCA, ainsi que la quantité et l'intervalle de temps auxquels vous allez investir (chaque semaine, chaque mois, tous les 3 mois, etc.). Lorsque vous investissez, il est essentiel d'avoir une vision à long terme et de ne pas paniquer au bout de quelques jours si votre portefeuille affiche une perte de 5%, par exemple. L'investissement n'est pas du trading, et en pratiquant le DCA, vous gérez et réduisez vos risques. Chaque nouveau plus bas dans le graphique représente une nouvelle opportunité d'acquérir l'actif à un meilleur prix. De plus, le fait d'investir dans plusieurs actifs limite également les risques à long terme.

Analyse fondamentale : À savoir.

Les données économiques externes peuvent avoir une influence significative sur les marchés financiers, qu'elle soit négative ou positive. Nous allons aborder ces différentes données en prenant l'exemple des États-Unis (le marché le plus important, le plus liquide et le plus influent au monde au moment où j'écris ces lignes) et le marché européen.

Deux acteurs jouent un rôle plus qu'important dans l'économie des États-Unis et de l'Europe : la Fed pour les États-Unis et la BCE pour l'Union européenne.

■ **La Réserve fédérale des États-Unis**, communément appelée la **Fed**, est la banque centrale du pays. La Fed a le pouvoir de réguler les taux d'intérêt et de contrôler l'offre monétaire, ce qui lui permet d'ajuster l'activité économique pour atténuer les fluctuations économiques et maintenir la stabilité des prix. Elle agit également en tant que prêteur en dernier ressort pour les banques commerciales et joue un rôle clé dans la surveillance et la gestion des risques financiers systémiques.

■ **La Banque centrale européenne** (BCE) est l'institution monétaire qui supervise la politique monétaire de la zone euro. La BCE est chargée de maintenir la stabilité économique et financière en prenant des décisions relatives à la politique monétaire et à la régulation financière.
La BCE exerce son mandat en influençant les taux d'intérêt et en gérant la politique monétaire.
Elle fixe les taux directeurs, tels que le taux de refinancement, qui ont un impact sur les taux d'intérêt pratiqués par les banques commerciales. La BCE peut également mener des opérations de refinancement pour fournir des liquidités aux banques de la zone euro.
Outre son rôle dans la politique monétaire, la BCE surveille également les marchés financiers, contribue à la stabilité financière et participe à la régulation bancaire. Elle peut jouer un rôle important dans la gestion de crises financières ou de dettes souveraines de certains pays.

Les annonces de la Réserve fédérale américaine (Fed) et du gouvernement concernant le taux de chômage ont un impact significatif sur les marchés financiers, notamment le NASDAQ, le S&P 500 et l'indice du dollar. Voici une analyse des principales dates d'annonce, de leur fréquence et de leur supposé impact sur ces marchés :

■Annonces de la Fed:

➡**Fréquence:** Les réunions du Comité de politique monétaire de la Fed (FOMC) ont lieu environ huit fois par an.
Les dates varient, mais elles sont généralement publiques.
➡**Impact supposé:** L'annonce d'une baisse des taux d'intérêt peut stimuler les marchés boursiers (comme le NASDAQ et le S&P 500) en rendant les investissements plus attractifs par rapport à d'autres options. Cela peut également affaiblir l'indice du dollar si les taux d'intérêt plus bas rendent le dollar moins attractif pour les investisseurs étrangers.
➡**Autres données économiques à considérer:** Les annonces sur la croissance économique (PIB) sont également importantes. Un PIB plus élevé que prévu peut influencer positivement les marchés en indiquant une économie vigoureuse, tandis qu'un PIB plus faible peut avoir l'effet inverse. De plus, les décisions de la Fed concernant les taux d'intérêt ont un impact majeur sur les marchés financiers, car elles influencent les coûts d'emprunt et les rendements des investissements.

■Annonces du Gouvernement (Taux de chômage):

➡**Fréquence:** Les données sur l'emploi, y compris le taux de chômage, sont généralement publiées chaque mois et chaque semaine.
Dates d'annonce : Les dates de publication sont généralement le premier vendredi de chaque mois et le jeudi de chaque semaine.
➡**Impact supposé:** Un taux de chômage plus faible que prévu peut renforcer la confiance des investisseurs dans l'économie et stimuler les marchés boursiers. Cependant, si le taux de chômage est significativement plus bas que prévu, cela pourrait également amener la Fed à envisager une réduction des mesures de soutien, ce qui pourrait influencer les marchés à la baisse.

Les annonces concernant l'inflation en Europe, tout comme aux États-Unis ou en Asie, ont également un impact significatif sur les marchés financiers, notamment les indices boursiers européens et l'euro. Voici un résumé des effets :

■Annonces Européennes sur l'Inflation:

➡**Fréquence:** Les données sur l'inflation en Europe sont publiées chaque mois.
➡**Dates d'annonce:** Les dates varient, mais elles sont généralement publiées à des moments fixes chaque mois.
➡**Impact supposé:** Une inflation plus élevée que prévu peut initialement entraîner de la volatilité sur les marchés financiers. Si l'inflation est jugée incontrôlable, la Banque centrale européenne (BCE) pourrait envisager des mesures de resserrement monétaire, ce qui pourrait influencer les marchés à la baisse.
➡**Autres données économiques à considérer:** Les décisions de la BCE concernant les taux d'intérêt et les mesures de politique monétaire sont cruciales pour les marchés européens. De plus, les indices de confiance des consommateurs et des entreprises donnent un aperçu de l'optimisme économique et peuvent influencer les marchés.

En ce qui concerne le chômage, veuillez vous référer au pays de votre choix.

L'inflation est mesurée par l'Indice des prix à la consommation (IPC) et est largement surveillée par les économistes, les analystes financiers et les investisseurs car elle offre des indications sur la stabilité des prix et l'évolution économique.

Lors d'annonces économiques et financières importantes, les cours peuvent devenir très volatils et rendre le trading compliqué. Pour l'investissement, une volatilité accrue sur une très courte période n'aura que peu d'impact. Plusieurs jours, voire semaines avant certaines annonces, les cours peuvent anticiper une déclaration, un résultat, et ainsi prendre une direction baissière ou haussière prématurée.

Voici comment l'inflation peut potentiellement affecter les marchés boursiers :

■**Effets sur les taux d'intérêt** : Une forte inflation peut conduire à une augmentation des taux d'intérêt par les banques centrales pour contenir la hausse des prix. Des taux d'intérêt plus élevés peuvent rendre les emprunts plus coûteux pour les entreprises et les consommateurs, ce qui peut réduire la demande et potentiellement affecter les performances des entreprises. En réponse à des taux d'intérêt plus élevés, les investisseurs peuvent préférer des actifs moins risqués que les actions.

■**Impact sur les coûts d'exploitation** : Pour les entreprises, une inflation élevée peut augmenter les coûts de production, y compris les coûts des matières premières et de la main-d'œuvre. Cela peut potentiellement réduire les marges bénéficiaires et avoir un impact négatif sur les performances boursières des entreprises.

■**Confiance des investisseurs** : Une inflation galopante peut réduire la confiance des investisseurs et des consommateurs, ce qui peut entraîner des ventes sur les marchés boursiers.

■**Répartition des investissements** : En période d'inflation élevée, les investisseurs peuvent être plus enclins à se tourner vers des investissements tels que l'or ou d'autres actifs considérés comme des valeurs refuges.

■**Effets sectoriels** : L'impact de l'inflation peut varier selon les secteurs. Certaines entreprises peuvent mieux résister à l'inflation en raison de leur capacité à augmenter les prix de leurs produits ou services, tandis que d'autres peuvent souffrir davantage.

▲Il est important de noter que l'inflation, ou les données du chômage par exemple, sont seulement l'un des nombreux facteurs qui influencent les marchés boursiers. Les réactions des marchés aux fluctuations de l'inflation peuvent être complexes et dépendent également d'autres nouvelles économiques, des attentes des investisseurs, de la politique monétaire et de nombreux autres éléments.

Les valeurs refuges en cas de Crise et d'Inflation :

Les actifs considérés comme des valeurs refuge sont des investissements qui tendent à maintenir ou à augmenter leur valeur pendant les périodes d'incertitude économique ou de volatilité sur les marchés financiers. Les investisseurs se tournent vers ces actifs pour protéger leur capital lorsque les marchés boursiers sont en baisse ou lorsque des événements géopolitiques créent de l'incertitude.

Voici quelques exemples :

■**Métaux** : Pendant les périodes d'instabilité économique ou de volatilité des marchés, l'or a tendance à maintenir sa valeur voire à augmenter. Il est considéré comme une réserve de valeur et est souvent utilisé comme une protection contre l'inflation.

■**Devises stables** : Certaines devises sont considérées comme relativement stables et sont recherchées comme valeurs refuge pendant les périodes de turbulences. Le dollar américain, le yen japonais et le franc suisse sont des exemples de devises souvent perçues comme des valeurs refuge (au moment de l'écriture de ces lignes).

■**Liquidités** : Les investisseurs peuvent choisir de conserver de la liquidité en espèces ou sur des comptes d'épargne en attendant que les marchés se stabilisent. Cela ne génère pas de rendement significatif, mais peut offrir une protection contre les pertes potentielles en période de volatilité.

■**Crypto-monnaies** : Certaines crypto-monnaies, comme le Bitcoin, sont parfois considérées comme des valeurs refuge numériques en raison de leur décentralisation et de leur éloignement des institutions financières traditionnelles. Cependant, leur volatilité élevée peut rendre leur statut de valeur refuge moins stable que d'autres actifs, diversifier !

La perception des valeurs refuges peut varier en fonction de l'évolution économique, des événements mondiaux et des préférences individuelles des investisseurs.

▲Il est parfois possible que les cours réagissent à l'opposé de ce que certaines nouvelles économiques sont supposées apporter.

La réponse à cela est parfois :

Une attente dépassée : Par exemple, si les marchés ont déjà intégré une amélioration du marché du travail dans les prix des actifs en réponse aux précédentes annonces, une nouvelle annonce positive pourrait ne pas susciter une réaction aussi forte. Les investisseurs peuvent avoir des attentes élevées qui sont déjà reflétées dans les cours. Comme vu précédemment, il s'agit d'une anticipation passée des nouvelles.

Une prise de bénéfices : Après une période de gains prolongée, les investisseurs peuvent décider de prendre leurs bénéfices, ce qui peut entraîner une correction des prix malgré les bonnes nouvelles économiques.

Des facteurs extérieurs : Les marchés sont influencés par divers facteurs, y compris les développements géopolitiques, les taux d'intérêt, les fluctuations des devises, etc.

Réactions exagérées et volatilité accrue : Les marchés peuvent réagir de manière excessive, à court terme, en fonction de réactions impulsives des investisseurs, de manipulations ou de mouvements algorithmiques.

Ce livre est avant tout un ouvrage sur l'analyse technique des graphiques. Vous n'êtes pas obligé de rentrer dans les petits détails de l'analyse fondamentale et de tout connaître par cœur. Cependant, il est important d'avoir une vision et une connaissance globale de ces sujets. Il faut savoir détecter, considérer et synthétiser les informations. Le plus important est de prendre en compte et de connaître ces éléments pour que vous puissiez les associer à vos analyses techniques et vous aider dans la prise de décisions. Nous avons pris ici quelques exemples sur l'Europe et les États-Unis, mais ces données sont applicables aussi pour les marchés asiatiques. Notez que d'autres données, économiques, géopolitiques ou sanitaires, peuvent également peser dans la balance, comme la dette publique d'un État, une guerre ou encore une pandémie.

Quelques cas de figures :

La crise des subprimes était une crise financière mondiale qui a débuté aux États-Unis en 2007. Elle a été déclenchée par la défaillance de remboursement de prêts hypothécaires risqués, appelés « subprimes ». Ces prêts étaient octroyés à des emprunteurs ayant une solvabilité faible ou incertaine. Lorsque les taux de défaut sur les prêts subprimes ont augmenté, la valeur de ces produits a chuté, entraînant des pertes massives pour les institutions financières et une panique sur les marchés. La crise s'est rapidement propagée à l'échelle mondiale, provoquant une contraction du crédit, des faillites d'entreprises et une chute des marchés boursiers.

Voici les résultats de la même période sur d'autres actifs :

La crise financière de 2008 a provoqué des changements importants sur les marchés mondiaux. Avec la chute considérable des marchés de l'époque, beaucoup de liquidité ont été redistribuées, notamment dans les monnaies.

Pendant cette période, les investisseurs ont cherché des endroits sûrs pour mettre leur argent en raison de la volatilité et des pertes sur les marchés.
Le dollar américain et l'euro sont devenus des choix populaires en raison de leur stabilité et de leur liquidité de l'époque. De plus, l'or et l'argent ont été considérés comme des valeurs refuge car ils maintiennent leur valeur même en période d'incertitude économique. Le franc suisse a également été recherché en raison de la stabilité de l'économie suisse et de sa politique conservatrice.

Quelques cas de figures (suite)

Pendant la crise sanitaire COVID, sous l'effet de la panique, de nombreux investisseurs se sont retirés du marché, entraînant une cascade de chutes de liquidités, là où l'or, considéré à l'époque en tant que valeur refuge, a enregistré une hausse de 12% et atteignant jusqu'à 37% en quelques mois, alors que dans le même temps le marché français a mis une année avant de retrouver son niveau de prix d'avant la crise.

Gestion du risque, mindset et psychologie

Le "mindset" et la "psychologie" sont des concepts similaires :

Le mindset *fait référence à l'état d'esprit, à la manière de penser et de percevoir les choses. Il comprend les croyances, les comportements, les perspectives et schémas de pensée qui influencent nos actions.*
La psychologie*, quant à elle, est une discipline scientifique qui étudie le comportement humain, les processus mentaux et les mécanismes qui sous-tendent notre façon de penser, de ressentir et d'agir.*

➠La base ultime de la gestion du risque consiste en premier lieu à évaluer la somme d'argent que vous pouvez vous permettre de perdre et quelle somme vous pouvez allouer à cette activité sans que cela ait un impact financier sur votre vie quotidienne. Calculez vos dépenses quotidiennes (frais, impôts, nourriture, assurance, loisirs, économies, etc.) et n'allouez que ce que vous pouvez vous permettre de perdre.

➠Pourquoi le mot "perdre" ? Parce que vous allez perdre, surtout en trading, et cela fait également partie de l'apprentissage. On apprend de ses erreurs, en identifiant les fautes commises, en les notant, en les assimilant tout en étudiant les graphiques, les configurations de bougies, etc. Le pourcentage évolue constamment, mais celui de 90 % des personnes qui négocient sur les plateformes de trading enregistrent des pertes, revient souvent dans les statistiques.

➠La route peut être longue et épuisante avant de voir ses premiers mois de bénéfices. C'est pourquoi, avant de se lancer, et malheureusement beaucoup ne respectent pas cette règle, il est nécessaire de se former, d'étudier les graphiques, de se renseigner sur les entreprises ou les crypto-monnaies dans lesquelles vous souhaitez investir. Surtout en trading, il est conseillé de commencer avec de l'argent virtuel, (pour minimiser les fameuses pertes du débutant).

➠Une autre règle de base en trading consiste à ne jamais "mettre tous ses œufs dans le même panier", c'est-à-dire ne pas investir tout son portefeuille dans un seul trade. Il est toujours important de conserver de la liquidité, surtout si vous utilisez des effets de levier que vous ne maîtrisez pas (voir le chapitre sur les effets de levier).

➠Pour bien gérer votre risque, vous devez savoir combien vous pouvez vous permettre de perdre avant de lancer un trade, ainsi que la perte potentielle associée au mouvement du cours (chapitre sur le ratio risque/récompense - chapitre sur les ordres stop-loss et take-profit). Cela nécessite également de maîtriser tous les points de l'analyse technique abordés dans ce livre.

➠Lorsque vous tradez, les pertes ne doivent avoir aucun impact sur vous, car vous avez établi un plan en amont, effectué des backtests et intégré les pertes dans ce plan (discipline, travail).

➠Évitez le "revenge trading" (chercher à se refaire après une perte). Nos émotions peuvent nous pousser à faire n'importe quoi et cela peut avoir un impact non seulement sur nos activités de trading, mais aussi sur notre vie quotidienne (famille, travail, etc.).

➠Ne tradez pas lorsque vous ne vous sentez pas bien, que ce soit en raison de la maladie, de la fatigue, du décès d'un proche, de la dépression, de la tristesse, etc. Vous devez être dans de bonnes conditions pour cette activité qui demande attention, concentration et discipline.

➠Ne vous éparpillez pas, le but n'est pas de travailler avec trop d'indicateurs, de stratégies et de s'emmêler les pinceaux. Pour les débutants, travaillez plutôt à 100% sur une seule stratégie, en utilisant quelques indicateurs avec lesquels vous êtes le plus à l'aise.

➠Si à un moment vous perdez pied et n'arrivez plus à vous contrôler, que vous vous énerver, c'est que vous n'avez pas respecté les règles de base citées ci-dessus. C'est le moment de faire une pause, de vous recentrer sur vous-même, de faire du sport et de continuer à étudier.

➠Fuyez les influenceurs qui vous proposeront des stratégies promettant monts et merveilles, de vous rendre riches, de payer pour suivre des signaux de trading, etc. Encore une fois, croisez toujours vos sources, faites des recherches, ne suivez pas aveuglément une seule personne ou un seul média sur les réseaux sociaux parce qu'ils semblent convaincants. Suivez et lisez plusieurs sources et forgez-vous votre propre avis. Les décisions doivent être les vôtres !

➠N'écoutez pas également les personnes qui vous proposeront par exemple d'investir dans telle ou telle nouvelle crypto monnaie car celle-ci vous rendra riche. Les ¾ du temps vous perdrez tout votre argent.

➠Lorsque vous souhaitez commercer avec une plateforme de trading ou d'investissement, renseignez vous bien avant sur celle ci avant d'y mettre vos fonds. et dans la mesure du possible diversifier vos fonds sur différentes d'entre elles.

Il est essentiel d'adopter une approche réfléchie, mathématique et lucide lors de vos actions sur les marchés financiers, que ce soit en investissement ou en trading. Privilégiez l'utilisation des probabilités plutôt que de vous fier à votre instinct. Ne laissez pas l'influence du monde extérieur vous guider, mais recherchez, découvrez et travaillez en fonction des informations et de vos propres recherches. Maintenez toujours un regard critique et lucide sur ce qui se passe sur les différents marchés.

La rationalité est la clé de la réussite. L'objectif ultime est de réaliser des gains, pas des pertes. Ainsi, lorsque vous envisagez d'investir dans un produit, ne le faites pas simplement parce que vous aimez le logo ou que vous êtes fan de la marque ou de l'actif en question. Étudiez les fondamentaux et effectuez une analyse technique de l'actif pour prendre des décisions éclairées.

Il est courant de constater que de nombreux débutants sont impatients de se lancer dans le trading ou l'investissement le plus rapidement possible, sans vraiment comprendre où ils investissent, ce qu'ils font et ce qu'ils achètent. Il est important de ne pas avoir l'impression de passer à côté de quelque chose, mais plutôt de prendre le temps de bien comprendre les marchés et les produits financiers avant de prendre des décisions.

En somme, la discipline, la connaissance et la rationalité sont des atouts précieux dans le monde des marchés financiers. En les cultivant, vous augmentez vos chances de succès et vous serez mieux préparé à faire face aux défis et aux opportunités qui se présentent à vous.
C'est notamment ce qui vous apprendra à faire la différence entre une prise de risque maîtrisée et une prise de risque imprudente.

Comme vous le savez déjà, environ 90 % des intervenants sur les marchés sont perdants, et de fait, une majorité de ces intervenants peuvent passer par tout un panel d'émotions en fonction de l'endroit où ils se situent sur le cours et des actions qu'ils ont entrepris. Ces données nous donnent un aperçu de l'impact de la psychologie sur notre personne et des influences que cela peut avoir sur nous lors de la prise de décisions.

Voici les différentes émotions auxquelles les traders et investisseurs peuvent être confrontés lors des différentes étapes du marché :

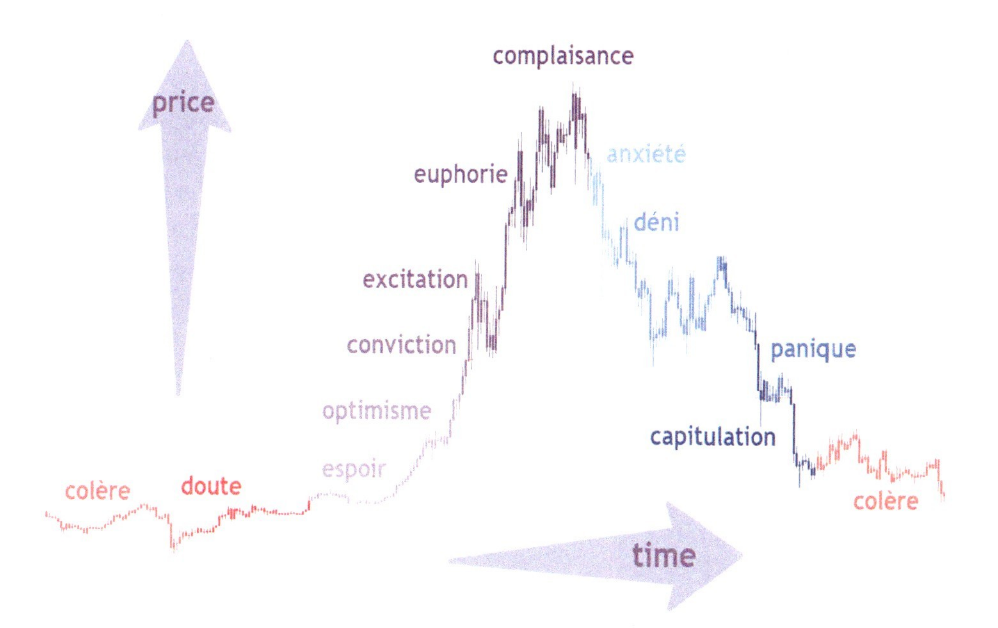

La vision est globale et théorique, en fonction des différentes étapes de marché. Si vous avez déjà été confronté aux émotions citées dans l'exemple, essayez de retrouver à quel moment sur l'actif vous avez eu ces émotions. Le but est de comprendre la psychologie des intervenants sur les marchés. Il sera nécessaire de contrôler ses émotions pour agir efficacement, en toute lucidité, et de ne pas répéter les erreurs de la majorité des acteurs.

L'espoir : lorsque le marché redevient haussier ou marque des signes de hausse. L'espoir est un concept émotionnel important qui peut influencer les décisions et comportements pendant les différentes étapes du marché financier. L'espoir peut inciter à investir ou trader davantage. Pendant une phase de correction, l'espoir d'une remontée des prix peut aussi être observé et influencer nos actions.
Il est crucial que les investisseurs et les traders reconnaissent l'impact de l'espoir sur leurs décisions et maintiennent une approche équilibrée et rationnelle malgré les fluctuations du marché. Bien que l'espoir puisse être une motivation, il ne doit pas prédominer dans le processus de prise de décision. Celui-ci doit reposer sur une analyse objective, une gestion des risques appropriée et un plan d'investissement bien défini.

L'optimisme : l'optimisme est une émotion positive qui se caractérise par la croyance que les conditions favorables vont se maintenir ou s'améliorer. Cela peut inciter à renforcer encore plus certaines positions. L'optimisme peut aussi comporter des risques s'il n'est pas équilibré par une évaluation réaliste des conditions de marché et des facteurs de risque potentiels. Pendant cette étape, il est donc essentiel que les investisseurs maintiennent un certain degré de prudence et de vigilance. Il faut continuer à suivre les actualités financières, à analyser les données du marché, à surveiller les tendances et à ajuster les stratégies en conséquence. Une approche équilibrée qui intègre à la fois l'optimisme et la lucidité peut être la clé pour naviguer avec succès dans les marchés financiers.

La conviction : lorsque la hausse du marché se poursuit, les investisseurs peuvent développer une forte conviction dans leurs choix d'investissement ou de trading. Ils peuvent être convaincus que leurs décisions sont les bonnes et que le marché continuera à évoluer dans la direction qui leur est favorable. Cette conviction peut être renforcée par des gains continus et la perception d'une excellente compétence d'investissement.

L'excitation : À mesure que les marchés continuent de prospérer, l'excitation peut s'emparer des investisseurs et traders. Les gains rapides et importants peuvent susciter des émotions intenses et positives. L'excitation peut inciter les investisseurs à être plus actifs sur le marché, à prendre davantage de risques et à chercher des opportunités de profit maximal alors que ceux- ci sont déjà conséquents.

L'euphorie : L'étape de l'euphorie est caractérisée par un sentiment d'euphorie extrême et irrationnel. Les investisseurs peuvent se sentir invincibles et croire que les gains seront infinis. À ce stade, l'euphorie peut conduire à des comportements excessifs, des spéculations excessives et un manque de réalisme quant aux risques associés aux investissements. C'est souvent à ce moment-là que le marché atteint son sommet avant de commencer à décliner.

La complaisance : La complaisance se produit lorsqu'une personne adopte une attitude de satisfaction excessive et de confiance aveugle envers ses investissements ou sa stratégie de trading, malgré les signaux d'avertissement du marché. Après une période de hausse prolongée ou de gains importants, les investisseurs peuvent se sentir trop sûrs d'eux et croire que les bonnes performances vont se poursuivre indéfiniment. Ils peuvent minimiser les risques potentiels, ignorer les informations négatives et négliger de revoir ou d'ajuster leurs stratégies. La complaisance peut être dangereuse car elle peut empêcher les investisseurs de prendre des mesures appropriées pour protéger leur capital ou éviter des pertes importantes. Lorsque le marché subit des revers ou commence à baisser, les investisseurs complaisants peuvent être pris au dépourvu et subir des pertes importantes, car ils n'ont pas été suffisamment prudents.

L'anxiété : Lorsque le marché commence à montrer des signes de faiblesse ou de volatilité, les investisseurs complaisants peuvent commencer à ressentir de l'anxiété. L'anxiété survient lorsque les investisseurs sont inquiets ou nerveux face à l'incertitude et aux fluctuations du marché. Ils peuvent craindre de subir des pertes ou de voir leurs gains diminuer.

Le déni : Certains investisseurs peuvent entrer dans un état de déni face aux signes de retournement du marché. Ils peuvent refuser d'accepter la réalité et continuer à croire que le marché va rebondir, même si les preuves suggèrent le contraire. Le déni peut conduire à l'adoption d'une attitude irrationnelle et à l'ignorance des signaux négatifs.

La panique : Si les conditions du marché se détériorent rapidement, l'anxiété et le déni peuvent se transformer en panique. La panique se caractérise par une peur intense et un sentiment de précipitation pour prendre des décisions impulsives. Les investisseurs peuvent vendre à la hâte leurs actifs dans le but de limiter leurs pertes, entraînant souvent une baisse rapide des prix.

La capitulation : La capitulation se produit lorsque les investisseurs abandonnent complètement leurs positions ou leurs stratégies en raison des pertes et de l'incertitude. Cela peut entraîner une vente massive d'actifs, ce qui peut aggraver la baisse du marché.

La colère : Après avoir subi des pertes importantes, certains investisseurs peuvent éprouver de la colère. Ils peuvent se sentir frustrés, impuissants ou blâmer les autres pour leurs propres mauvaises performances. La colère peut nuire à la prise de décision rationnelle et conduire à des comportements impulsifs.

Les phases de capitulation et de colère peuvent également signaler une phase de survente où les actifs peuvent être sous-évalués. Lorsque l'élan négatif diminue et que les vendeurs épuisent leurs positions, une nouvelle vague d'acheteurs peut entrer sur le marché, ce qui peut entraîner une consolidation du cours et une reprise de structure haussière avec le temps.

Pour les investisseurs qui ont su rester disciplinés pendant les périodes difficiles, les phases de capitulation et de colère peuvent représenter des opportunités d'achat attractives. À mesure que le marché rebondit et que de nouvelles tendances haussières se développent, des actifs sous-évalués peuvent être achetés à des prix attractifs avant qu'ils ne se redressent.

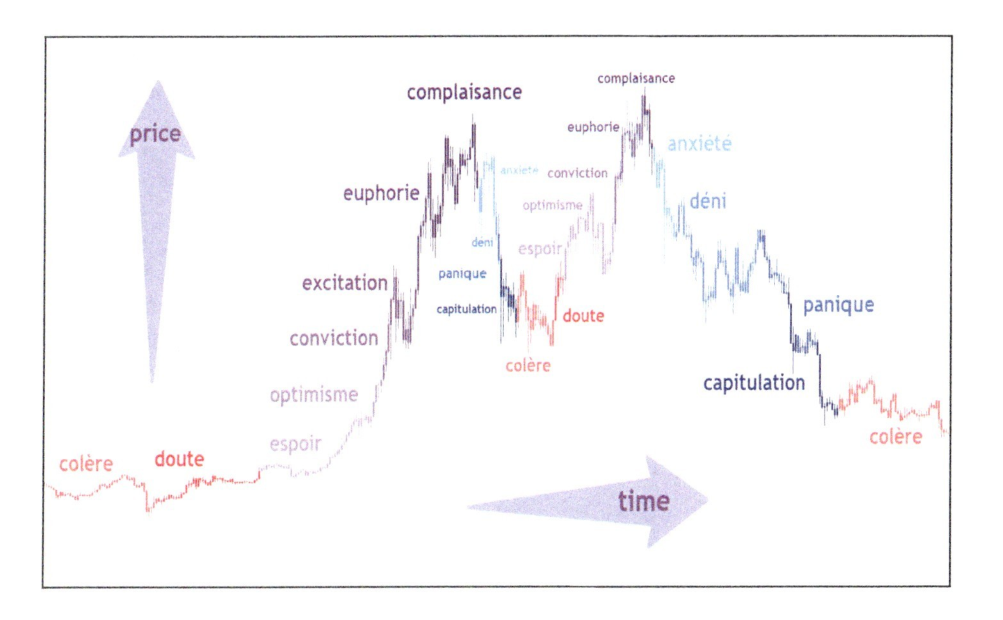
price
complaisance
complaisance
euphorie
euphorie
anxiété
anxiété
conviction
optimisme
déni
déni
espoir
excitation
panique
panique
capitulation
doute
conviction
colère
capitulation
optimisme
espoir
colère
colère
doute
time

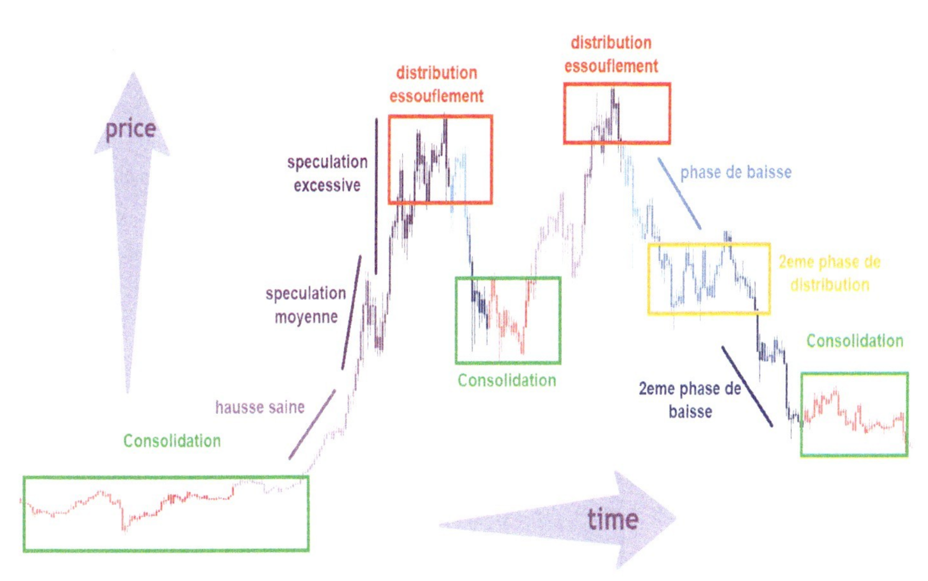
distribution
essouflement
distribution
essouflement
price
speculation
excessive
phase de baisse
2eme phase de
distribution
speculation
moyenne
Consolidation
Consolidation
2eme phase de
baisse
hausse saine
Consolidation
time

Les émotions peuvent créer un cycle émotionnel chaotique et entraîner des décisions irrationnelles qui peuvent être préjudiciables aux résultats financiers. Il est important pour les investisseurs de reconnaître l'influence des émotions et de développer des mécanismes pour gérer efficacement ces réactions émotionnelles.

Ces cycles émotionnels sont courants sur les marchés financiers, et ils peuvent se répéter à plusieurs reprises. Les investisseurs et les traders doivent se concentrer sur une approche disciplinée, rationnelle et équilibrée, en évitant de se laisser emporter par les émotions du moment. La gestion des émotions et la mise en place de stratégies d'investissement bien réfléchies sont essentielles pour atteindre des résultats financiers durables.

Il est donc toujours nécessaire d'effectuer une analyse approfondie, de diversifier son portefeuille et de prendre des décisions d'investissement en fonction de sa situation financière et de ses objectifs à long terme. La patience et la prudence sont également essentielles pour naviguer avec succès sur des marchés en constante évolution.

Il convient de noter que les graphiques sont en perpétuelle évolution et que rien n'est jamais statique. Sur la dernière illustration, par exemple, une deuxième phase de redistribution a été encadrée en jaune, mais cela aurait pu aussi être une phase de consolidation. C'est pourquoi l'analyse technique est importante dans vos phases de recherche.

N'oubliez pas que vous pouvez vous aider d'indicateurs tels que le RSI, les Moyennes Mobiles, le MACD ou encore la taille et la forme des bougies pour vous aider à détecter d'éventuels changements de tendances ou autres configurations.

Cryptomonnaies : infos utiles

Les plateformes centralisées :

Les plateformes centralisées constituent le moyen le plus simple d'acheter et d'investir dans les cryptomonnaies. Elles sont détenues par des entités commerciales, des sociétés, voire même cotées en bourse. Il est important de garder à l'esprit que lorsque vous utilisez ces plateformes, les crypto-monnaies ne vous appartiennent pas complètement, car les jetons sont détenus par la plateforme elle-même au niveau de la blockchain. Il existe des risques de banqueroute dans ce domaine, c'est pourquoi il est essentiel de bien se renseigner sur les plateformes où vous déposez vos fonds. N'hésitez pas à lire les retours des utilisateurs, les avis, à vérifier où est basée l'entreprise et qui en est le PDG, par exemple.

Les plateformes et portefeuilles décentralisés

Contrairement aux plateformes centralisées, les plateformes et les portefeuilles décentralisés vous permettent de réellement posséder vos crypto-monnaies. Cependant, la procédure est plus complexe et nécessite un apprentissage et une compréhension, surtout pour les débutants. Ne vous inquiétez pas, de nombreux tutoriels sont disponibles sur Internet pour vous aider. Vous devrez créer un portefeuille décentralisé en ligne où vos crypto monnaies seront stockées (par exemple, Metamask est l'un des plus connus), puis le relier à une plateforme décentralisée telle que Uniswap, Pancakeswap, etc., pour pouvoir échanger vos cryptomonnaies. Notez que contrairement aux plateformes centralisées qui peuvent vous demander des informations d'identification, les plateformes décentralisées ne vous demanderont rien de tel. Une simple adresse e-mail suffira pour créer le portefeuille en ligne, le tout de manière anonyme. Il est également possible de stocker vos crypto-monnaies sur une clé physique que vous pouvez connecter à votre ordinateur.
Lorsque vous souhaitez convertir vos crypto-monnaies en un versement sur votre compte bancaire, vous devrez bien évidemment passer par une plateforme centralisée.

CoinMarketCap

CoinMarketCap est le site que vous devez connaître si vous vous lancez dans la cryptomonnaie. On peut y retrouver une multitude d'informations sur l'écosystème des crypto-monnaies. Passons en revue les plus importantes.

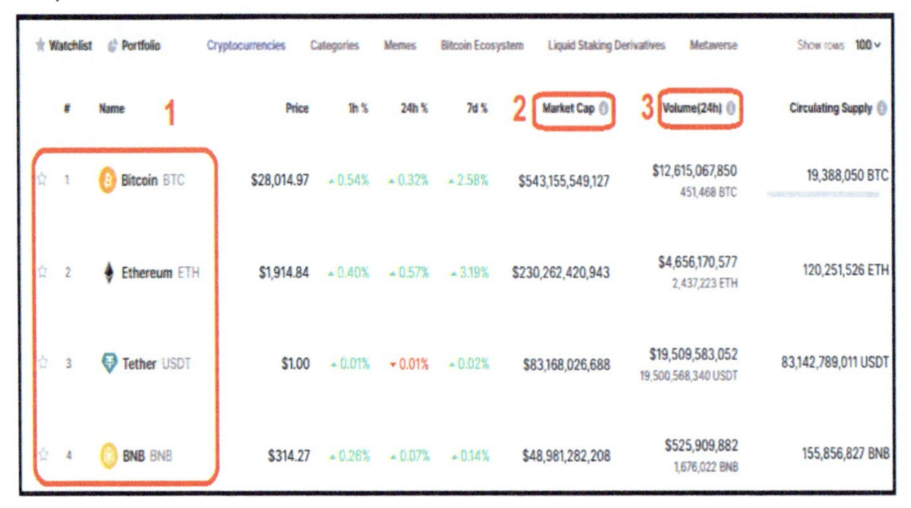

Watchlist | Portfolio | Cryptocurrencies | Categories | Memes | Bitcoin Ecosystem | Liquid Staking Derivatives | Metaverse | Show rows 100

#	Name 1	Price	1h %	24h %	7d %	2 Market Cap	3 Volume(24h)	Circulating Supply
1	Bitcoin BTC	$28,014.97	0.54%	0.32%	2.58%	$543,155,549,127	$12,615,067,850 451,468 BTC	19,388,050 BTC
2	Ethereum ETH	$1,914.84	0.40%	0.57%	3.19%	$230,262,420,943	$4,656,170,577 2,437,223 ETH	120,251,526 ETH
3	Tether USDT	$1.00	0.01%	0.01%	0.02%	$83,168,026,688	$19,509,583,052 19,500,568,340 USDT	83,142,789,011 USDT
4	BNB BNB	$314.27	0.26%	0.07%	0.14%	$48,981,282,208	$525,909,882 1,676,022 BNB	155,856,827 BNB

Sur l'écran d'accueil, en **1** vous trouverez la liste des crypto-monnaies classées par ordre de capitalisation (en 1er position se trouve la crypto la plus capitalisée, et ainsi de suite pour les suivantes). Juste à droite, vous verrez le prix du jeton de chaque cryptomonnaie.
En **2**, vous trouverez le market cap, c'est-à-dire la capitalisation, et en **3**, le volume total de chaque cryptomonnaie des 24 dernières heures.

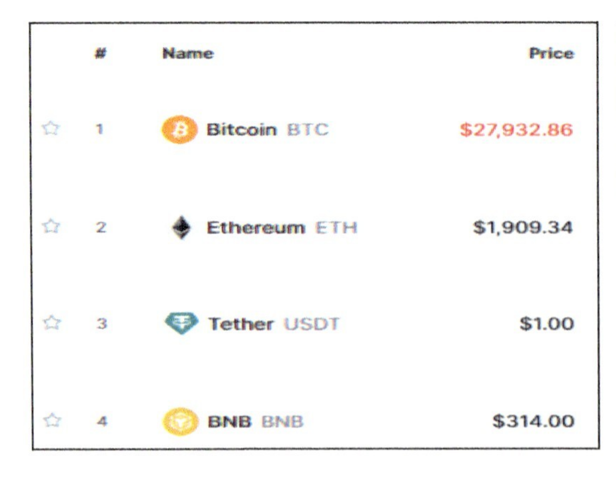

#	Name	Price
1	Bitcoin BTC	$27,932.86
2	Ethereum ETH	$1,909.34
3	Tether USDT	$1.00
4	BNB BNB	$314.00

1h %	24h %	7d %
0.10%	0.07%	2.04%

Seront également visibles les mouvements de prix en pourcentage de la dernière heure, des dernières 24 heures et des 7 derniers jours.

Les catégories :

Il est possible de filtrer les cryptomonnaies par catégorie ou écosystème.

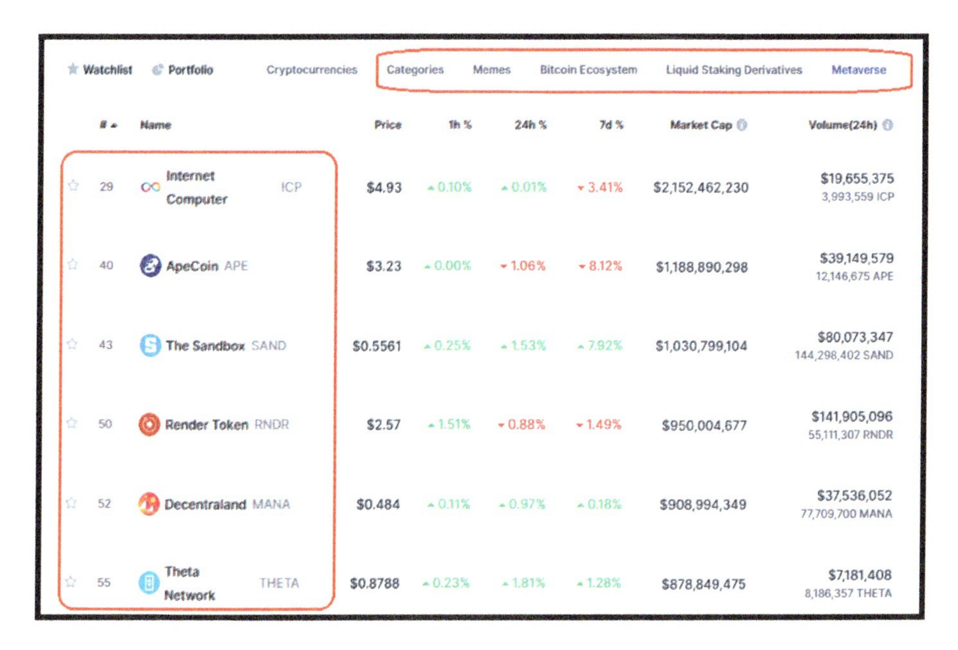

Watchlist Portfolio Cryptocurrencies Categories Memes Bitcoin Ecosystem Liquid Staking Derivatives Metaverse

#	Name	Price	1h %	24h %	7d %	Market Cap	Volume(24h)
29	Internet Computer ICP	$4.93	0.10%	0.01%	3.41%	$2,152,462,230	$19,655,375 3,993,559 ICP
40	ApeCoin APE	$3.23	0.00%	1.06%	8.12%	$1,188,890,298	$39,149,579 12,146,675 APE
43	The Sandbox SAND	$0.5561	0.25%	1.53%	7.92%	$1,030,799,104	$80,073,347 144,298,402 SAND
50	Render Token RNDR	$2.57	1.51%	0.88%	1.49%	$950,004,677	$141,905,096 55,111,307 RNDR
52	Decentraland MANA	$0.484	0.11%	0.97%	0.18%	$908,994,349	$37,536,052 77,709,700 MANA
55	Theta Network THETA	$0.8788	0.23%	1.81%	1.28%	$878,849,475	$7,181,408 8,186,357 THETA

Dans l'onglet "Catégorie", vous trouverez une liste des cryptomonnaies classées selon leurs écosystèmes. Dans les autres onglets, vous trouverez le classement des mêmes coins, mais cette fois-ci spécifiquement dans l'écosystème du Bitcoin, des dérivés de staking, ainsi que dans la catégorie du metaverse.

Dans cet exemple, nous avons sélectionné la partie "Metaverse". À droite, vous pouvez voir le nom des différents jetons et leur position dans le classement général. Ensuite, vous trouverez les variations en pourcentage des prix, la capitalisation et le volume d'échanges.

Grâce à ces outils, vous pouvez connaître les meilleures crypto-monnaies, en fonction de la catégorie qui vous intéresse. Il est souvent moins risqué d'investir dans un jeton fortement capitalisé et ayant de bons fondamentaux. N'oubliez pas de toujours vous renseigner sur les fondamentaux d'un actif avant d'investir.

Liste des exchanges (plateformes d'échange et de trading) :

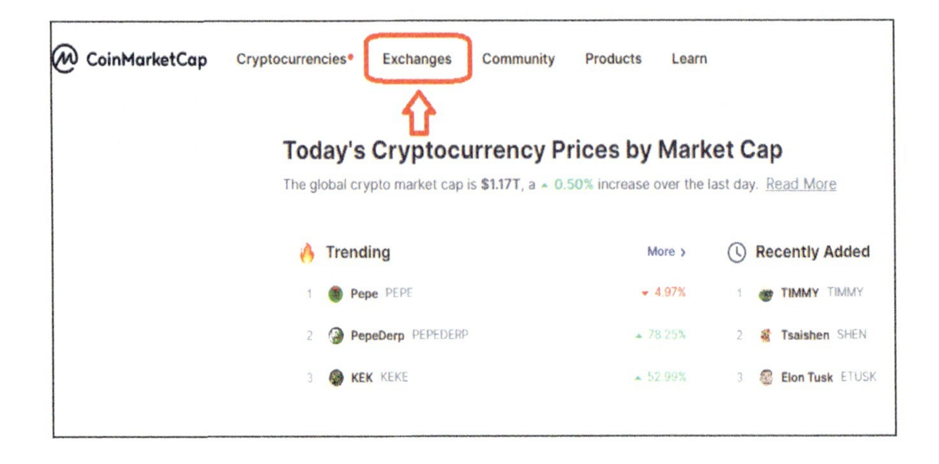

En haut de la page d'accueil, cliquez sur Exchanges.

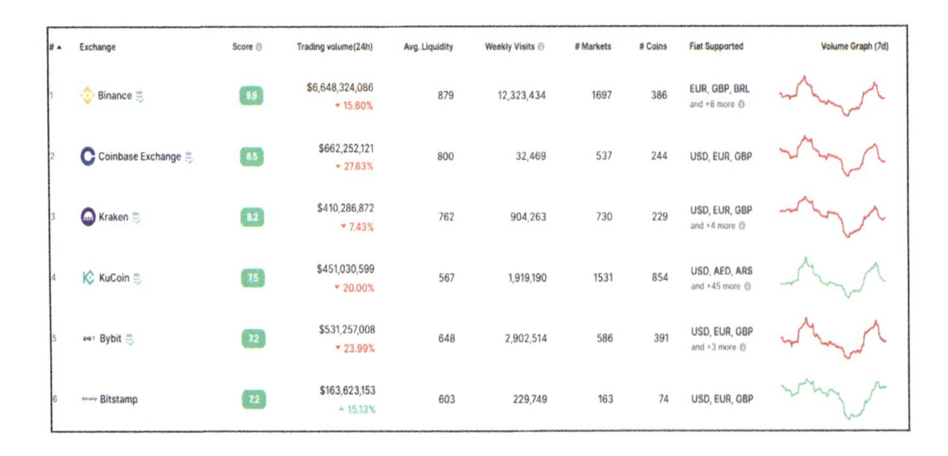

#	Exchange	Score	Trading volume(24h)	Avg. Liquidity	Weekly Visits	# Markets	# Coins	Fiat Supported	Volume Graph (7d)
1	Binance	9.9	$6,648,324,086 ▾ 15.80%	879	12,323,434	1697	386	EUR, GBP, BRL and +8 more	
2	Coinbase Exchange	8.5	$662,252,121 ▾ 27.63%	800	32,469	537	244	USD, EUR, GBP	
3	Kraken	8.2	$410,286,872 ▾ 7.43%	762	904,263	730	229	USD, EUR, GBP and +4 more	
4	KuCoin	7.5	$451,030,599 ▾ 20.00%	567	1,919,190	1531	854	USD, AED, ARS and +45 more	
5	Bybit	7.2	$531,257,008 ▾ 23.99%	648	2,902,514	586	391	USD, EUR, GBP and +3 more	
6	Bitstamp	7.2	$163,623,153 ▴ 15.13%	603	229,749	163	74	USD, EUR, GBP	

Une liste de toutes les plateformes décentralisées d'échange et de trading de crypto-monnaies apparaît. En un coup d'œil, vous avez accès au volume d'échange, au nombre de crypto-monnaies disponibles sur chaque plateforme, ainsi qu'aux monnaies FIAT disponibles sur la plateforme, telles que l'euro ou le dollar, par exemple.

score de la plateforme :

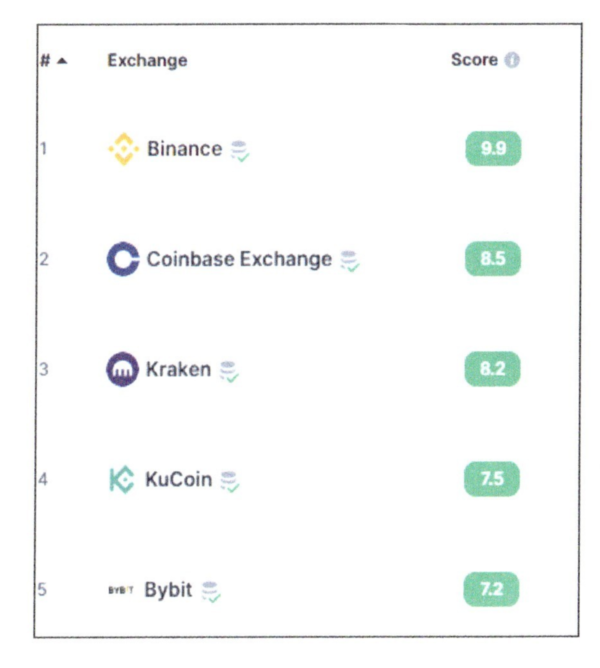

#	Exchange	Score
1	Binance	9.9
2	Coinbase Exchange	8.5
3	Kraken	8.2
4	KuCoin	7.5
5	Bybit	7.2

Nous allons nous concentrer sur le score qui apparaît à droite du classement des plateformes de crypto-monnaies. Les notes peuvent aller de 0 à 10, et bien entendu, les plateformes obtenant les meilleures notes se retrouvent en haut du classement. La note est attribuée en fonction du trafic, de la liquidité, des volumes et de la fiabilité de la plateforme.

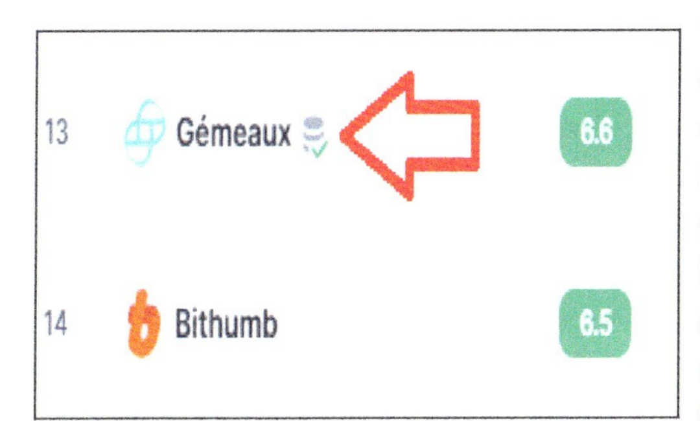

13	Gémeaux	6.6
14	Bithumb	6.5

Un petit logo peut parfois être visible à côté du nom d'une plateforme dans le classement. Cela signifie qu'un audit sur les fonds de la société a été réalisé ou qu'une preuve de fonds a été fournie publiquement. Cela apporte une sécurité supplémentaire quant à la fiabilité de l'échange, et cela doit être pris en compte dans vos choix.

Ce classement peut vous aider à choisir une ou plusieurs plateformes, et à évaluer leur fiabilité et leur transparence. Cependant, n'oubliez pas de vous renseigner en lisant les avis et en vérifiant les frais, entre autres.

Les arnaques

Assurez-vous tout d'abord d'avoir des mots de passe différents pour chaque plateforme et compte que vous créez, et notez et conservez-les précieusement. Ne les communiquez jamais. Lorsque vous créez un portefeuille dématérialisé et décentralisé, une clé de sécurité comportant un grand nombre de mots vous sera communiquée. Notez-la bien, car il ne sera pas possible de la récupérer ultérieurement. Enfin, à aucun moment vous ne devez communiquer vos clés secrètes. Des sites d'hameçonnage se faisant passer pour des plateformes décentralisées pourraient essayer de récupérer votre clé secrète de portefeuille lorsque vous souhaitez la lier à la plateforme. Il ne faut surtout pas le faire, car des pirates sont derrière tout cela et utilisent des noms de plateformes connues pour imiter les sites officiels et ainsi récupérer vos clés ainsi que vos fonds. A aucun moment une plateforme ne doit vous demander votre clé privée pour relier un portefeuille (wallet) a l'exchange.
Chaque jour, de nouvelles cryptomonnaies voient le jour, ainsi que leurs lots d'arnaques. De préférence, il est toujours préférable d'investir dans des cryptos déjà listées sur les échanges les plus populaires, mais aussi de regarder leur position dans le classement sur CoinMarketCap.

Si la crypto choisie ne répond pas à ces critères et que vous souhaitez vraiment investir, faites-le à vos risques et périls. Rendez-vous sur le site officiel de la crypto et vérifiez que le site paraît professionnel. Jetez un œil au whitepaper (pages ou document décrivant l'intérêt, l'utilité et l'histoire d'un projet crypto), celui-ci doit être professionnel, bien écrit, fourni et cohérent. Ensuite, la "société" derrière la crypto doit être au moins visible sur les réseaux sociaux tels que Twitter ou Telegram. Vérifiez que l'équipe ou la personne derrière le projet crypto ne soit pas anonyme. Vérifiez le pays d'où le projet est lancé (certains pays, comme Dubaï par exemple, abritent bon nombre d'escrocs sur Internet). Sur les réseaux sociaux de ces projets, la parole doit être libre. Si l'espace commentaire est bloqué ou si vous constatez que plusieurs personnes ont été bloquées, fuyez. Si le projet ne repose sur rien, fuyez aussi. Le CV des personnes derrière un projet doit également être visible et non anonyme. Des outils et des sites tels que Bubble Map ou Coin Sniffer peuvent vous aider à repérer les arnaques.

Les Actions : infos utiles

Tout comme pour les crypto-monnaies, il existe des sites internet qui recueillent en direct des informations précieuses sur le marché des actions, notamment la performance du jour et du passé, l'évolution des prix, la rentabilité, le chiffre d'affaires des entreprises, leur score, les prévisions, etc. Je vais vous en partager un que j'affectionne particulièrement et qui propose une version gratuite avec un abonnement assez satisfaisant. Une application mobile est également disponible gratuitement.

Le site en question s'appelle **Finance.yahoo.com.**

En plus de pouvoir créer votre propre liste de surveillance et un portefeuille pour suivre vos investissements, le site vous propose quotidiennement des articles et des informations liés à l'économie, aux entreprises, aux actions, ainsi que d'autres informations déjà mentionnées ci-dessus.

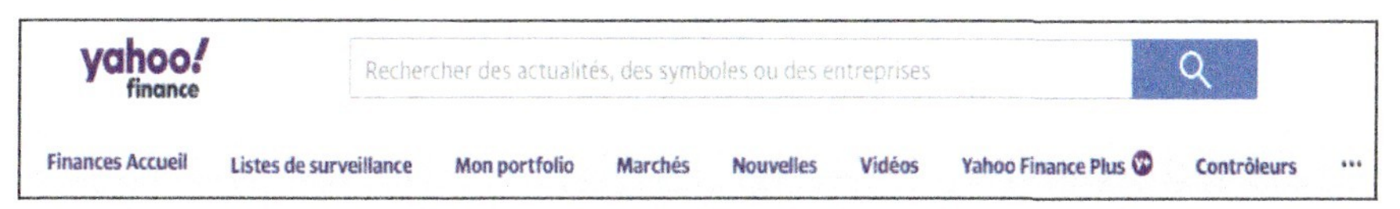

Grâce à la barre de recherche, vous pourrez trouver des articles, des informations et des analyses sur les actions et les entreprises.

Ce genre de site internet peut s'avérer très précieux pour l'analyse fondamentale des actions dans le cadre de l'investissement.

Prenons l'exemple de l'action NVIDIA :

Sur la page dédiée à l'entreprise, on retrouve le cours de l'action en direct, son prix ainsi que son évolution en pourcentage.

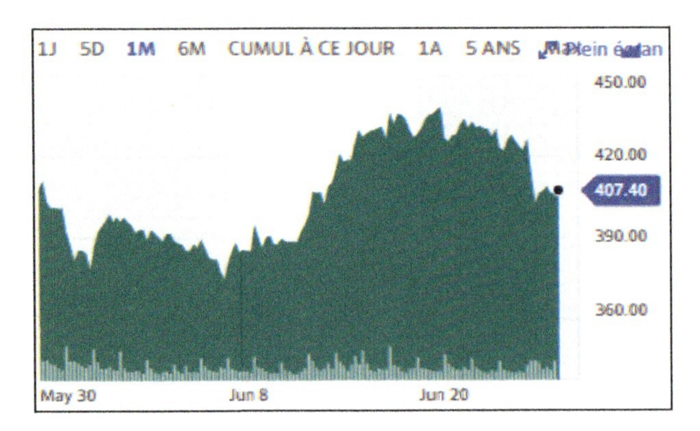

Il y a une section offrant une vue globale du cours où il est possible de changer l'unité de temps.

Une partie est consacrée à l'analyse réalisée par des analystes travaillant pour le site. On peut y trouver des estimations des perspectives de performance. Dans cet exemple, une baisse à court terme est prévue, avec la détection d'un modèle baissier. En revanche, à moyen et long terme, l'analyste prévoit une hausse. Vous pouvez cliquer sur les icônes pour obtenir plus de précisions.

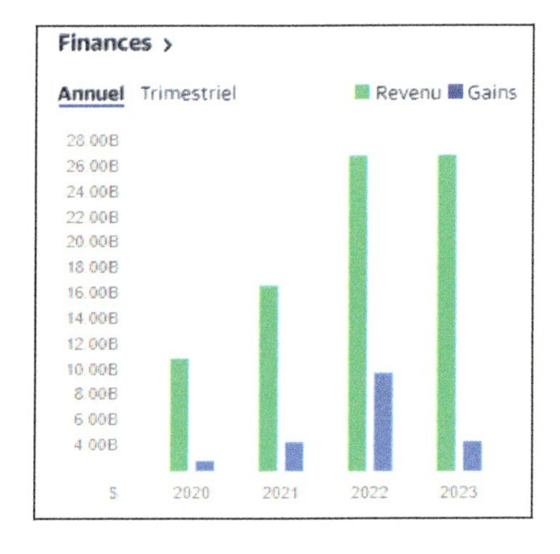

On retrouve, entre autres, un aperçu du revenu et des gains de l'entreprise. Vous pouvez cliquer sur l'onglet "Finance" pour accéder à plus de détails. Si les dernières informations concernant les chiffres de l'entreprise ne sont pas disponibles, il est possible de les retrouver sur internet.

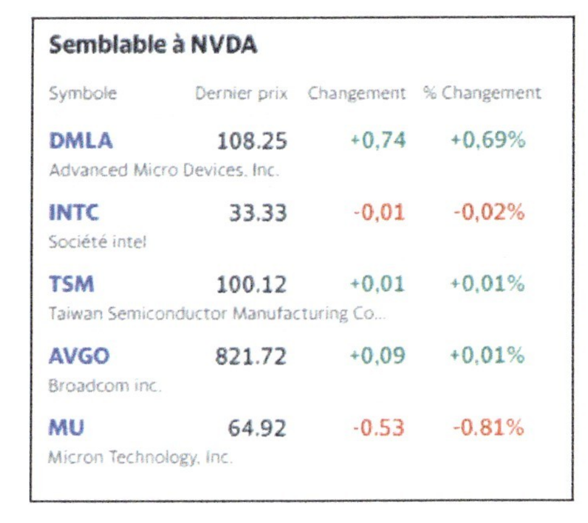
Semblable à NVDA

Symbole	Dernier prix	Changement	% Changement
DMLA Advanced Micro Devices, Inc.	108.25	+0,74	+0,69%
INTC Société intel	33.33	-0,01	-0,02%
TSM Taiwan Semiconductor Manufacturing Co...	100.12	+0,01	+0,01%
AVGO Broadcom inc.	821.72	+0,09	+0,01%
MU Micron Technology, Inc.	64.92	-0.53	-0.81%

Des actions similaires à celle que vous observez seront affichées. Dans cet exemple, nous avons choisi l'action NVIDIA, une action du secteur technologique. Les actions proposées sont donc également issues du même secteur.

Il est également possible de consulter la capitalisation boursière de l'actif, les volumes en direct, la moyenne des volumes, ainsi que les dates et pourcentages des dividendes, le cas échéant.

Comme mentionné précédemment, en investissement, l'analyse fondamentale est nécessaire en complément de l'analyse technique.
Un autre outil d'analyse disponible sur la plupart des sites nous permettra de vérifier si le prix de l'action est en concordance avec la valeur réelle de l'entreprise.

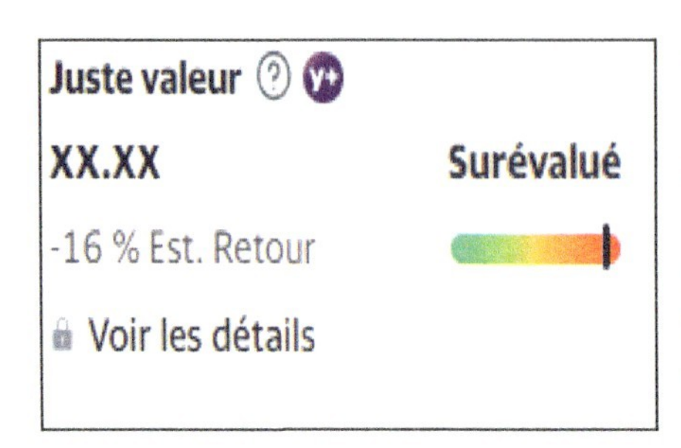

Par exemple, dans ce cas, l'action est considérée comme **surévaluée**, ce qui signifie que **le prix de son action est considéré comme trop cher par rapport à la valeur réelle de l'entreprise** (revenus commerciaux, chiffre d'affaires, dette, etc.).

Il est important de noter que cette action a connu une hausse de plus de 100% ces derniers mois et que le cours est très volatil.
L'analyse technique me montre que c'est risqué d'investir maintenant, et l'analyse fondamentale me le confirme en montrant que l'action est trop chère par rapport à la valeur réelle de l'entreprise. Cependant, cela ne signifie pas que le cours va nécessairement chuter, car d'autres facteurs peuvent intervenir. Cela indique plutôt qu'il est plus risqué d'investir à ce moment-là et qu’il faut commencer à réfléchir à une porte de sortie. Rappelons-nous la règle de base mentionnée précédemment dans le livre : toutes les actions que nous entreprenons doivent être faites de manière réfléchie, lucide et mathématique, en mettant les statistiques et les probabilités de notre côté.
Il est également préférable de croiser les sources, et vous pouvez utiliser votre moteur de recherche internet pour trouver des "stock screeners gratuits" ou des sites similaires.

Voici quelques sites pour croiser les sources : "zonebourse.com", "investing.com", "gurufocus.com", ainsi que le site **boursophile.com**, qui est complètement gratuit et fournit des chiffres, des rendements et des évolutions de chiffre d'affaires et de résultats des entreprises de manière détaillée.

Conclusion

L'écriture de ce livre m'a pris près d'un an et demi. Il n'a pas été réalisé de manière linéaire, j'ai pris mon temps pour vous offrir la meilleure expérience d'apprentissage possible sur papier. J'y ai mis tout mon cœur.

L'idée est de permettre à quiconque, peu importe qui il est, de s'intéresser aux marchés financiers, aux analyses et à l'étude des graphiques, et ce, à moindre coût. Que nous le voulions ou non, ils font indirectement ou directement partie de notre vie. Par exemple, les énergies fossiles qui nous permettent de voyager ou de nous rendre au travail ont leurs propres cours et graphiques. La valeur de notre monnaie par rapport à une autre a également son cours. Le simple fait de pouvoir comprendre un graphique peut ensuite éveiller votre intérêt pour d'autres sujets, qu'ils soient économiques ou politiques, et solliciter votre cerveau d'une manière différente et insoupçonnée.

Que ce soit à des fins d'information, de trading ou d'investissement, je vous invite à persévérer, à être discipliné et constamment informé, car ce domaine est en constante évolution. N'hésitez pas à relire des parties du livre et à prendre des notes. Continuez à approfondir votre compréhension des marchés financiers et mettez en pratique toutes les informations que vous avez acquises, mais toujours de manière raisonnable, surtout au début. Les modes démo, les portefeuilles virtuels ou simplement les prévisions graphiques avec suivi sont recommandés. Ne vous inquiétez pas, il y aura toujours des marchés et des opportunités à saisir. Ne jamais aller plus vite que le train.

Enfin, du fond du cœur, j'espère que ce livre, qui m'a demandé beaucoup de travail et qui a été écrit avec passion, vous plaira, vous aura appris beaucoup choses et vous sera bénéfique.

Vincent.

Je tiens à exprimer mes chaleureux remerciements à mes amis David, Kevin, Kelly, Claire, à ma Maman, à ma femme Tanya, et tout particulièrement à Marine, pour leur précieuse contribution à la finalisation de cet ouvrage. Vos conseils et votre soutien m'ont été d'une valeur inestimable.

Printed by Amazon Italia Logistica S.r.l.
Torrazza Piemonte (TO), Italy